全国中小学有效教学指导丛书

丛书主编：赵亚夫

小学英语有效教学

王笃勤 / 主　编

XIAOXUE
YINGYU
YOUXIAO
JIAOXUE

北京师范大学出版集团
BEIJING NORMAL UNIVERSITY PUBLISHING GROUP
北京师范大学出版社

图书在版编目(CIP)数据

小学英语有效教学/王笃勤主编. —北京：北京师范大学出版社，2015.5 (2018.1重印)
(全国中小学有效教学指导丛书)
ISBN 978-7-303-18818-5

Ⅰ.①小… Ⅱ.①王… Ⅲ.①英语课－课堂教学－教学研究－小学 Ⅳ.①G623.312

中国版本图书馆 CIP 数据核字(2015)第 072288 号

营 销 中 心 电 话　010-58802181　58805532
北师大出版社高等教育分社网　http：//gaojiao.bnup.com
电 子 信 箱　gaojiao@bnupg.com

出版发行：北京师范大学出版社　www.bnup.com
　　　　　北京新街口外大街 19 号
　　　　　邮政编码：100875

印　　刷：三河兴达印务有限公司
经　　销：全国新华书店
开　　本：730 mm×980 mm　1/16
印　　张：15.5
字　　数：300 千字
版　　次：2015 年 5 第 1 版
印　　次：2018 年 1 月第 2 次印刷
定　　价：29.00 元

策划编辑：李　志　　　责任编辑：李洪波　王　蕊
美术编辑：焦　丽　　　装帧设计：小吴设计
责任校对：王　婉　　　责任印制：陈　涛

全国中小学有效教学指导丛书
编 委 会

总 序

在很久以前，有一所为了应付新世界的变化，以造就英雄为教育目的的动物学校。教学目标便是克服所有动物与生俱来的缺点。为此，学校设置了跑、跳、爬、飞、游泳等课程，期望把每一种动物都培养成全能型动物。学校的办学理念是：大家都是英雄！谁也没有弱点！因此，每个进学校的动物都必须修完全部课程。

鸭子是游泳能手，飞行水平也就刚刚及格，跑的能力极差。于是，它必须拼命地加课以强化跑的技能，直到它把脚都跑烂了，跑的成绩仍长进不大。不过，学校认为，这个成绩还可以接受。但是，鸭子愈加担心，因为它可能再也没有什么可以骄傲的强项。

兔子是另一个类型。它跑得极快，可不会游泳。老师要它拼命地练习游泳，由于过度训练，最终导致它精神崩溃。

松鼠爬得飞快，却没有飞行的本领。老师不让它爬到树上，而是飞上树。在飞行课上，它一再受挫，使自己最后的一点自信也丧失了。同样的老师，还超负荷地训练了马，让马专注于爬行。结果，马在爬行课上勉强得了个 C 的成绩。然而，由于过度训练爬行，马最擅长的跑，成绩却是个 D。

鹰是个问题学生。在爬行课上，它最终打败了所有对手立于大树的顶端。但是，取得这样的成绩，并不是老师教的——尽管老师总是对它严加管教，它却始终坚持自己的方法，才保持了骄人的成绩。

草原鼠没有上这所学校，因为学校没有打洞的课程。结果是，它们依然能够把自己的后代个个训练成专门打洞的能手。再后来，还创办了自己的私立学校。[①]

显而易见，动物学校是失败的。究其主要原因：一是它的教育目的和理念是空想的，以致教学无效；二是它的教学目标是学生不可能做到的，即便

---

① Fred Stopsky，Sharon Shockley Lee，Roy Tamashiro. *Social Studies in a Global Society*. Delmar Publishers Inc.，1994.3

有低效的例子，也是耗费了太多的教育成本，本质上依然是无效教学。

要彻底告别动物学校，深挖学科教学内涵，提高教学质量，需要推进和实现有效教学。从操作的角度简单表述有效教学，可以用"简洁、多样、生成、意义"八字概括。"简洁"是指教学目标简单明了，该引导学生做什么、做到什么程度一目了然；教学设计结构明朗、层次清晰，怎样引导学生去做、做了或可发生的结果一目了然。"多样"是指营造开放的学习环境，引导学生多角度、多方面地进行探究活动。"生成"是指多样化的学习活动，理应促成学生的独立思考和自我建构，既然有效的教学活动的出发点和立脚点都在学生身上，教学活动本身就是引发学生提出问题和解决问题的过程。"意义"是指教学生成的结果是有意义的，即学生的进步或发展能够显见于他们的表现，既包括时下的外在行动，也包括潜在的内化过程。

我们强调把握有效教学的核心标准和操作规程，希望一线教师在实践中自我创新。为此，在编写体例方面，采用更适宜培训和自修的学习板块，帮助教师们对有效教学有更为整体的认识，以便自觉地去超越固有的教学观念，把教学中蕴含的行动智慧与力量还给学生。在编写方法方面，由问题切入、案例指引、策略运用、教学建议构成具体内容，以便教师们更容易从操作的层面理解有效教学。我们期望这套丛书，能够让教师们一看就懂、一用就灵。

我们对丛书编写强调"一个意图"和"三个视点"。

"一个意图"是为教师们"减负"提供一条途径。当然，"减负"不是不要学习，而是减去不必要的学习负担，包括各种有形的和无形的压力和无效工作，其目的是提高教学质量。为此，这套丛书力图做到：(1)精选问题和案例，尽可能减少教师们在探索有效教学过程中的困难，强化有效教学的核心观念；(2)纠正过度备课、过度使用资源和活动的现象，尽可能帮助教师们找到简便易行、效率高、效益好的办法进行教学；(3)理论结合实践，尽可能通过小文本读物呈现丰富且实用的内容，使之成为有学习价值的"备案图书"。

"三个视点"是"速成""速立""速用"。"速成"，即让教师们能够很快掌握有效教学原理；"速立"，即让教师们能够运用有效教学原理，进行有效的教学设计，做一个有效教师；"速用"，即让教师们能够运用各种有效的学习指导技能，完成学生的有效学习。

赵亚夫

2015 年 3 月

前　言

您如何评价当下的小学英语教学？看看我们的孩子，也许您就已经有了自己的评判。你的评判也许就是本书要探讨的问题：小学英语教学的有效性。但是，与一般的理论著述不同，本书不研究有效教学的理论问题，而是聚焦具体的课堂教学实践，结合真实案例剖析小学英语课堂教学的有效性，帮助教师形成有效教学的理念，发现教学中存在的问题，提高教学能力，促进教学质量。本书可以用于小学英语教师培训，也可以用于教师自修。

本书重点探讨课堂有效教学，也因此从课堂教学的角度出发分为五章。第一章探讨有效教学的内涵，从效果、效率和效益三方面诠释如何评价一节课是否符合有效教学的标准。本章从目标的综合性、多元性、生成性，从儿童的认知和多元差异等角度介绍了如何达成评价目标。介绍了如何根据教学需求，根据学习者需求，利用信息技术调整和开发教学资源。最后介绍了小学英语课堂教学方式的选择，包括隐性为主、显性为辅；经验型为主，避免分析型教学和语言学习生活化三个教学原则。

第二章介绍了如何根据教学目标、话题和学习者需求选择教学内容，强调小学英语教学必须关注语用，不可忽视基本技能的训练，同时必须兼顾非语言知识，包括策略、文化、生活知识和图式知识。同时，本章认为教学内容的处理必须基于教学目标，关注儿童的语言基础，关注语言认知和儿童的认知。

第三章从教学设计的角度出发介绍了活动设计的原则，如真实性原则、认知原则、变化性原则，介绍了呈现活动、训练和应用活动的设计原则与方法，强调语言习得、直观性和认知在呈现中的重要性，情境、交际、趣味性和游戏性对训练的意义，专门介绍了游戏的设计以及交际和任务性活动的设计，介绍了活动序列设计中应该注意的问题。

第四章从导入、组织、反馈和互动几方面介绍了如何提高课堂组织效率。本章认为导入必须具有直观性、启发性、趣味性、情境性和真实性，必须保证导入与学习内容的关联性，然后介绍了如何组织活动，如何管理课堂，如何保证学生参与和如何反馈。本章最后介绍了如何促进师生交互和学生之间的交互。

本书第五章首先介绍的是如何评价教学评价的有效性，认为终结性评价必须能够评价课堂教学目标，而形成性评价也必须能够实施诊断和促进的功能。随后介绍了评价内容和评价方式的选择，重点介绍了如何有效实施终结性评价和形成性评价。本章认为，形成性评价必须以诊断为目标，评价方式要多元化，既要评价阶段性目标的达成，又要评价过程。课堂教学终结性评价必须关注目标的多元性、评价内容的多元性和评价方式的多元性，强调评价要突出学生主体。

本书从课前的需求分析到教学设计，从课堂实施到最后的评价，完整地展示一个从预设到生成的过程，探讨了如何保证小学英语课堂教学的有效性。本书案例丰富，语言通俗，以案例揭示教学规律和教学原则，同时又通过案例指导教师做好分析、设计、实施与评价。

本书由王笃勤教授拟定编写大纲和编写体例，同时负责第一章、第二章和第五章书稿，第三章、第四章分别由朱文利和黄艳老师负责，王笃勤教授负责最后通稿，完成终稿。在写作过程中，北京市大兴区小学英语教研员高新明老师做了大量的工作，提供了很多视频、教学设计和课件案例。安徽蚌埠教师进修学校教务处牛婷婷和安徽董宣老师也提供了大量的案例。另外，本书还使用了北京市丰台、顺义等地区的小学英语教师的案例，在此一并表示感谢。

由于时间紧张，水平有限，一些想传达的理念未必能表达出来。本书中的一些观点也仅供参考，不当之处望各位读者不吝赐教。

王笃勤
2014 年 12 月于北京

目　录

第一章

有效教学的内涵

本章要点

◆如何评价一堂小学英语课的有效性？

◆影响有效教学的因素有哪些？

◆如何评估课堂目标的达成？

◆如何评估课堂教学的效率与效益？

◆如何有效利用资源？

◆如何选择适当的教学方式？

引言

有效教学有课程有效教学和课堂有效教学之分。本书将主要介绍小学英语课堂有效教学，小学英语课程的有效性不作为本书的焦点。

那么，如何判断一节小学英语课是否有效呢？在讨论有效教学之前，有必要首先明确有效教学的判断依据。本章所展示的案例可以帮助教师了解有效教学判断的标准，引导教师思考教学目标及教学目标的达成问题，教学资源和信息技术应用问题以及教学经验问题。通过案例，教师还可以了解如何分析影响有效教学的因素。

一、如何有效评价目标达成

【案例展示】

本节案例是一则故事教学，材料来自北师大版小学英语第八册"Unit 11 Uncle Jack's Farm"。案例以歌曲"Old MacDonald had a Farm"导入，之后教师引导学生预测故事内容，通过一次次地倾听、观看动画了解故事，最后要求学生根据教师在黑板上呈现的故事线索复述故事。课堂比较活跃，学生参与度比较高(具体见本章附录案例1[①])。

【案例指引】

每节课都有其教学目标。有的教师会告知学生教学目标，明确当堂的学习任务。多数教师不告知教学目标，也不告知课堂任务。本案例中教师同样没有告知学生课堂教学目标。那么，本节课的教学目标到底是什么？教学目标是否达成，具体教学成效如何？

不管老师们在备课时是不是描述教学目标，但是心中总有具体的教学目标。从本案例的课堂操作来看，其核心目标是了解故事的情节，能够借助教材中的图片复述故事。从课堂上学生的表现来看，本节课也的确达成了教学目标。但是，教材中每个图片中都有对话的文本，如果学生根据图片分角色对话，其实也就是朗读对话。那么，我们不禁要问，课堂教学目标是否可以再提高一点。比如，让学生在不看图片的情况下讲故事，或者在课堂上让学生根据教师黑板上呈现的脉络和提示讲故事，而不是把讲故事布置为课下作业。

故事在儿童的成长中具有十分重要的作用，故事教学不只是语言学习的需求，同时也是儿童成长的需求。故事带给孩子的也不只是语言，所以就这一节课而言，我们或许要问，是否还可以包括非语言目标，比如情感态度等。因此，在评价课堂教学的有效性时我们不仅要评估目标达成情况，同样应该对教学目标的设定进行评估。

如果一节课没能达成预设目标，自然不能称其为有效教学。即使达成了目标，但是资源和时间方面的投入太多，投入与产出不成正比，也只是低效的教学。如果目标达成，但是课堂所学与儿童的成长需求不符，也不是我们想要的有效教学。因此，在评价一节课是否有效时，我们有必要考虑其效果、效率和效益问题。

影响课堂目标达成的原因很多。目标不能达成可能与教学组织有关，教学组织不得力再好的设计也难以实施；但是，如果教学活动和教学过程的设计不合理，不能满足目标达成的要求，再好的组织能力也无济于事；也许教学活动和教学过程设计科学，教学组织也十分到位，但是目标仍旧未能达成，

---

① 本案例由北京市丰台区五小宋红莉提供。

这可能与目标定位不当有关。这也是我们在本书中要与大家探讨的问题。仅就教学目标而言，在制定具体课堂教学目标时，我们关注总体教学目标，注意协调语言目标与综合目标的关系，注意目标的统一性与差异性。

(一)教学目标要关注儿童的认知发展

与其他学段不同，小学阶段儿童正处于认知发展期，认识世界的能力、观察能力、思维能力等都处于相对低级的阶段。外语教学在设定教学目标时必须关注儿童的已有认知基础，将儿童的认知发展作为课堂教学目标之一。

所谓关注儿童的认知基础是指，虽然儿童在外语学习方面可能是零起点，但是其认知并不是零。目前人们在编写教材时已经开始关注到儿童的认知问题，比如下面的案例中母鸡在教小鸡认识老鹰、蚯蚓等，培养小鸡的生存技能，这是符合认知需求的。但是，如果我们把教学目标也定位认识 eagle，worm，sparrow，那就忽视了儿童的认知，而有关禁止标志的学习则符合儿童的认知需求(见下图)。就母鸡教小鸡认识 eagle，worm 和 sparrow 的故事，我们应该关注故事背后的信息，培训儿童认识世界的能力、培养儿童的生存能力。小学三年级的儿童对日常生活中的禁止的标志还不是很熟悉，那么这一案例中的教学目标除语言目标外就可以包括对禁止标志的认识。

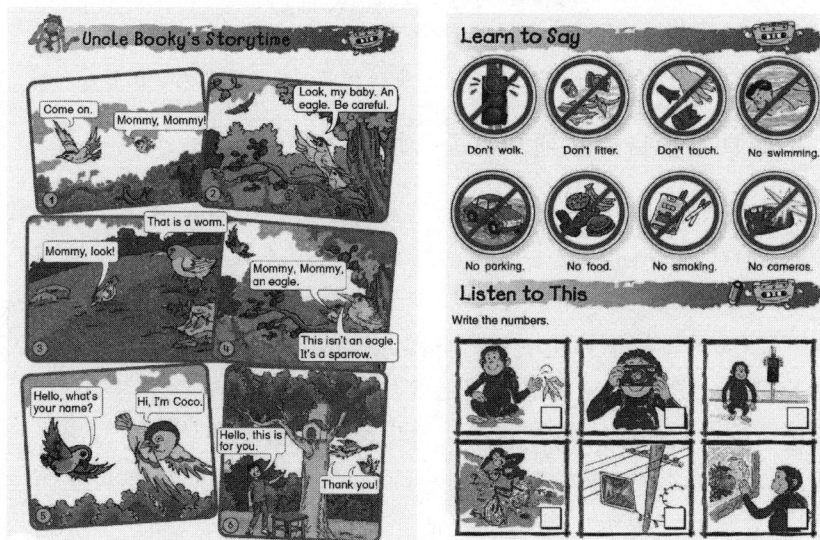

(程晓堂，王蔷，Ken Methold. 英语第七册. 北京：北京师范大学出版社，2012：4，24)

以本章案例1为例，故事"Uncle Jack's farm"是学生认识农场生活，尤其是国外农场生活的一个很好的机会。因此，课堂教学目标不能只是要求儿童会复述故事或能够借助图片讲故事，同时还应该注意课堂活动在学生认知发展方面发挥的作用。再以北师大版 Unit 8 Shapes（如下图所示）[①]为例，对形状的认识属于认知的范畴，对鸵鸟、章鱼的认识属于儿童认识世界的范畴。如果课堂只是要求儿童知道各种形状的英语表达方式，会吟唱韵文，目标就显得过于肤浅，应该让学生认识到世界上的万物虽然形状千差万别，但又有一定的规律；儿童在学校学习的过程也应该是逐步认识世界的过程。

Say the rhyme.

An ostrich has two legs,
Two, two, two.
A snake has no legs,
None, none, none.

A pig has four legs,
Four, four, four.
A snake has no legs,
None, none, none.

An octopus has eight legs,
Eight, eight, eight.
A snake has no legs,
None, none, none.

（程晓堂，王蔷，Ken Methold. 英语第二册. 北京：北京师范大学出版社，2009：14）

（二）课堂教学目标必须具有综合性

虽然语言教学以培养学生语言能力为核心目标，但是就小学英语教学而言，除语言能力之外还必须关注儿童的认知能力、学习能力以及情感态度的发展，帮助儿童形成良好的学习习惯和品质。《义务教育英语课程标准》（2011版）（以下皆称《课程标准》）也明确把培养儿童的学习兴趣，培养儿童的感知能力和学习习惯，了解外国文化和习俗等纳入小学阶段英语教学的目标之列。本章案例1中，教师通过各种方式让学生最后能借助图片听懂故事、复述故事，达到《课程标准》所说的"能在图片的帮助下听懂、读懂并讲述简单的故事"的目标要求。如果教师能够关注故事所包的对认识农场、了解农场的生活、热爱动物等内容，则达成的不仅仅是语言目标，同时还包括非语言目标，

———————————

① 本案例由北京市顺义区瓮学海老师提供。

可以体现目标的综合性。我们应该帮助孩子以正确的方式认识世界，学会与人相处，与环境相处，学习如何做事。这些对孩子来说远比知识本身重要得多。

不管是哪家出版社编写的教材，不管教材中的活动是侧重语言还是也包括了非语言目标，教师都可以根据具体的教学内容确定非语言目标。有时一个简单的"Color Aa，Bb，Cc and Dd"(如下左图)就可以培养学生的观察能力，而猪八戒乱扔香蕉皮的故事(如下右图)和 The broken computer 的故事(北师大版①小学英语教材第九册第50页)可以培养学生诚实的品质。

(程晓堂，王蔷，Ken Methold. 英语第三册.
北京：北京师范大学出版社，2012：7)

(程晓堂，王蔷，Ken Methold. 英语第五册.
北京：北京师范大学出版社，2012：12)

(三)教学目标要关注儿童的多元差异

即使在低年级，儿童的英语基础也很难完全统一。到高年级，这种语言的差异可能更为明显。因此，在设计课堂教学目标时应该考虑学生的不同语言基础。除此以外，儿童在多元智能、学习能力、学习习惯等方面都存在很大的差异。这不仅要求教师在设计教学活动时注意活动的多元性，在预设教学目标时也必须保证教学目标的多元性，以便所有的学生都可以看到自己通过课堂学习而获得的进步，而不是采取整齐划一的目标。以本章案例1为例。

_____

①　北师大版指由程晓堂等主编北京师范大学出版社出版的小学英语教材。

我们可以要求大部分同学能借助图片复述故事，但是同时可以要求基础较好、学习能力较强的同学能够在没有图片提示的情况下讲故事，而不是复述故事。

如果我们承认儿童多元智能、学习风格和学习能力等方面存在差异，那么，课堂教学目标也必须适应儿童的差异。第一，目标要求应该具有层次性，能适应不同能力水平的要求；第二，目标达成的表现方式应该具有多元性，可以有不同的展示方式，视觉型、听觉型、动觉型的学习者都可以展示自己目标达成的情况；第三，评价的标准应该具有差异性和多元性，教师不能用一种方式检查课堂教学目标是否达成。

(四)目标应该具有生成性

对教学有效性的评价不能只是看预设目标是否达成。具体教学中影响目标达成的因素很多，包括环境因素、条件因素、学习者因素，更有教师实践能力等因素。对目标达成的评价也因此必须考虑到目标的生成性。任何教学目标都是教学中各种因素共同作用的结果，都是教师、学生、环境交互的结果。最终达成的目标也因此与最初预设的目标具有一定的差异性。可能最终达成的目标比原来预设的要高，也许比预设的目标要低；也许没有达成预设的所有目标，也许最终会有某种意想不到的收获。我们不能只把预设的目标作为评价的依据，要关注教师在具体教学过程中能否通过形成性评价手段获取信息，适当调整教学组织，以达成最大值目标。以本章案例1为例，班级中有几名学生十分活跃，其中一名女生英语水平特别高并且有自己的思维。比如在老师问到如果 Ken 不会骑马 What can he do? 时，该学生能够自如地回答 If I were Ann, I would say if you don't want to ride horses, let's feed the cow. 并且语音语调纯正。在设定教学目标时，教师应该考虑到这类同学的需求，可以要求其独立讲故事，而不只是能够根据书中的图片和提示复述故事。

(五)教学目标应该注意区分核心目标

随着课程改革的推进，《课程标准》的理念被老师们接受，很多教师们也习惯于将教学目标分解为"知识与技能""过程与方法""情感态度与价值观"或知识、技能、策略、文化和情感态度等。就课程目标而言，确实既要有知识与技能目标，又要有过程与方法目标，也要有情感态度与价值观方面的目标。但是，就具体一节课而言，其核心目标可能是听作能力的发展，也有可能是说唱、玩演方面的进步，同样有可能是读写能力的培养等。在小学阶段，一般情况下，我们不赞成把文化、情感、策略等作为课堂教学的核心目标。小学阶段儿童的心智发展、儿童认识世界能力的发展十分重要，应该作为小学教育的核心目标之一。但是，就小学英语而言，这些能力是与听、说、读、写等技能联系在一起的。我们希望教师在听、说、读、写、画、做、演、唱等活动中培养学生的非语言素质，包括情感态度、学习能力、多元智能等。

再以本章案例1为例，其核心目标应为讲故事，而讲故事所涉的词汇学习目标、情感态度目标、认知发展目标等是在听故事讲故事的过程中，在培养学生讲故事能力的同时达成的，我们称之为衍生目标。

在设定小学英语教学目标时应该注意目标与学习内容之间的相关性。以本章案例2(见本章附录案例2)①为例，由于课堂教学内容为词汇，其教学核心目标也因此就是词汇学习、衍生目标为词汇学习策略。虽然教学中也涉及听、说、写、做、画、唱等，可以培养学生听力能力、表达能力和动手能力，但是这都是服务于学生的语言学习。因此，设置教学目标可不描述与之相关的目标。

(六)教学应该区分阶段性目标和终结性目标

课堂教学由一系列活动组成，每个活动的功能不同，可以实践的目标不同。比如，有的活动只是帮助学生识别词语，有的则是要求学生能够利用词语描述事物或讲述经历；有的活动只是训练学生认识未知事物的能力，而有的则培养学生的创新能力；有的活动只是让学生了解故事本身，而有的活动则可以让学生感知到故事中的情感态度。这些不同的活动构成了课堂教学的序列，构成课堂学习过程的不同节点。每个节点的目标我们称之为阶段性目标。如果各个阶段性目标都已达成，课堂的最终目标——终结性目标自然也就可以达成。以下面的案例为例，虽然教学目标分为知识与技能、学习策略、情感态度与价值观三部分，我们可以看出情感态度与价值观是在学生参与活动的过程中，在阅读和写作活动的过程中培养的，所以可以作为附带目标，而阅读的目的是了解 email 的书写方式，以及如何介绍生日，为写回信做准备，属于阶段性目标，策略是学习任务得以完成的保证，由于本节课不以策略为主要教学内容，策略目标也因此不是本节课的核心目标。从本课的最终任务判断，其终极目标应该是能够写回信，写回信的过程涉及语言的应用、

---

① 本案例由北京市顺义区赵全营小学瓮学海提供。

涉及 email 的格式，同样涉及情感的表达。但是，从本课的核心内容判断，阅读和写作构成本课的主体，应该构成本节课的核心目标，其中阅读为写作做准备。

【案例展示】Unit 4 Mocky's birthday（reading）

知识与技能目标：

1. 学生能够在图片和文字的帮助下，理解文本内容、了解 email 的书写格式，以介绍妈妈生日为主题，写一封 email。

2. 学生能够通过自我检测练习复习月份及节日的英文说法，结合生活实际进行谜语创编。

学习策略目标：

1. 在阅读过程中培养学生找读、略读的阅读策略。

2. 引导学生在学习中注重合作学习，通过多次的小组合作学习，培养学生合作学习的意识和能力。

情感态度与价值观：

培养学生的合作精神及关爱父母、关爱家人的积极情感。

教学重点：

在图片和文字的帮助下，理解文本内容、了解 email 的书写格式并写一封 email；练习月份及节日的英文说法并结合生活实际创编谜语。

教学难点：

学生能读懂包含过去时态的文本，并且仿照文本写一封回信。

（北京大兴区第七小学毛莉设计）

任何课堂教学都由若干环节构成，都会包含阶段性目标和终结性目标。在规划课堂教学时，我们必须分清阶段性目标与终结性目标，明确各阶段目标之间的关系。鉴于学生语言基础等方面的差异，或许有些同学只能达成阶段性目标，而有些同学可以达到终结性目标。区分阶段性目标和终结性目标对有效组织教学，对评价一堂课的有效性具有积极的指导意义。

二、如何有效利用资源

【案例展示】（案例 3）

这是一个口语教学案例，教学依据北师大版小学英语第二册"Unit 11 Clothes"。案例中教师首先用 Listen and do 的方式复习了一些表示衣物的单词，如 dress, shirt, sweater, pants, socks 和 shoes，同时学习了 put on，接着教师呈现一个服装店，让学生观察店里都有什么衣服。老师采用遮挡的方式呈现服装的局部，让学生猜测。然后教师呈现一张海报，结合海报进行问答，What is this? Which is a dress? Which one, this one? The blue one? 问答完毕后学生拿出事先准备好的海报模板和胶水，自己制作海报，一边做一边说 It's a dress, they are shoes 等，之后学生利用实物投影仪展示自己制作的海报，并用教师呈现的句型介绍海报中的衣服。海报环节之后，学生跟着录音机唱与前面练习内容相同的歌曲。

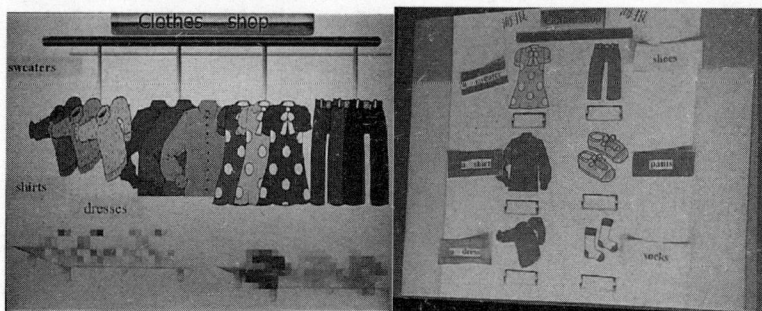

（北京市丰台区五小赵玮授课视频截图）

课堂中教师还拿出一面镜子，拿着镜子问学生 My kid, my kid, what do you like? 教师问了几名同学后，学生同伴对话 My kid, my kid, what do you like? 教师还利用电脑呈现一个模特，再次利用 My kid, my kid, what do you like? 问答，根据学生的回答，将相应的衣服给模特穿上，同时反复说 Put on…

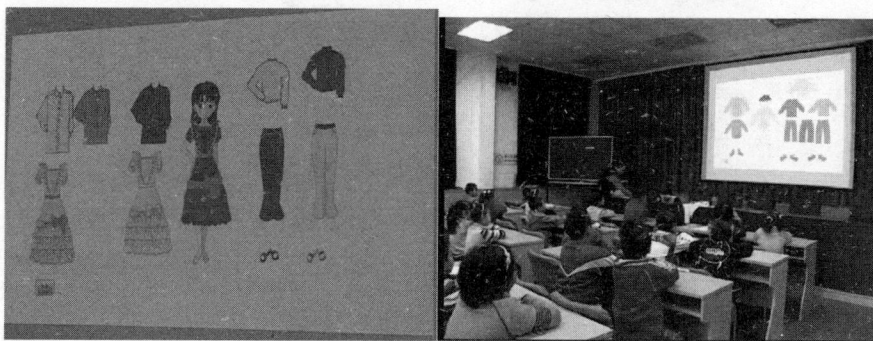

（北京市丰台区五小赵玮授课视频截图）

最后，教师给每个小组一张卡片，上面有一个模特，同时给学生一些衣服贴纸，学生通过小组内询问 My kid, my kid, what do you like? 选择相应的贴纸给模特穿上自己喜欢的衣服①。

【案例指引】

教学的有效性不只是体现为教学目标的达成程度，同样体现在其教学时间和教学资源的有效利用。如果能用最少的资源，在最短的时间内达成教学目标，那才是我们追求的有效性。如何有效利用各种教学资源也就成为我们在开展小学英语教学时不可回避的一个问题。

本章案例 3 所依据的是教材中的"Touch and say"和"Let's talk"（见下图）。为了完成教学任务，教师使用了电脑、黑板、播放机、实物投影仪、镜子等设备，准备了海报模板、衣服贴画和粘贴贴画的胶条，制作了幻灯片，使用了动画视频。那么，这些资源的使用效果如何？如果没有这些资源是否可以达到同样的教学效果呢？再者，这些资源的使用效果如何，如果资源使用没有起到应有的效果，就会存在资源浪费现象。比如，镜子的使用。教师只是拿着镜子问 My kid, my kid, what do you like? 学生根据自己的爱好回答，镜子却没有起到教师所说的魔镜的作用。如果学生回答自己喜欢什么衣服，镜子里就能出现什么衣服还可以，所以镜子可有可无。

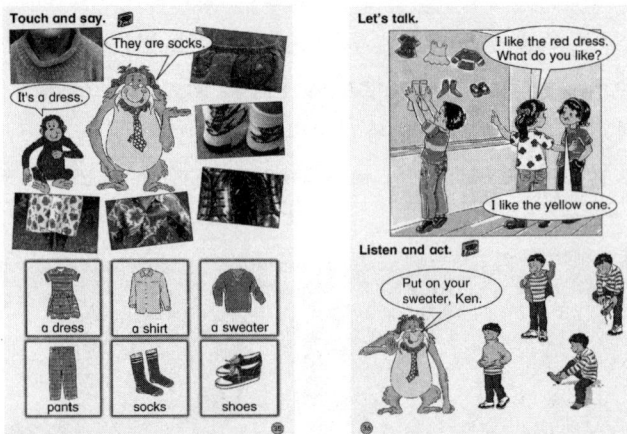

（程晓堂，王蕾，Ken Methold. 英语第二册. 北京：北京师范大学出版社，2009：35，36）

教学资源包括学习材料、学习辅助材料和教学支撑工具三项内容。学习材料即学生在学习过程中所听、所读的输入材料，包括文本材料、音频材料、视频动画材料、图片材料和超文本材料。学习辅助材料也就是辅助学生学习的各种材料，如练习册、练习活动以及辅助听力和阅读材料。而教学支撑工

---

① 案例由执教教师北京市丰台区五小赵玮提供。

具包括教师课堂所使用的挂图、多媒体设备，如幻灯、投影仪、电脑、网络、播放机等，同时也包括为了完成教学任务所准备的其他材料，如贴画、海报、实物等。那么，如何有效利用这些资源服务于课堂教学，提高课堂教学的效率呢？本节将从"如何有效利用教材资源"和"如何开发新的教学资源"两方面论述教学效率与教学经济问题。

（一）如何有效利用教材资源

对教材资源的使用要求教师首先分析教材、分析学生、分析教学环境，在需求分析的基础上确定教学目标，然后根据教学目标以及达成教学目标对教学方法的要求对教学内容和辅助学习活动等进行适当调整、增减、替换，使其符合教学目标的要求，适合学习者需求，满足所选教学方式的要求。

1. 根据教学目标调整教材内容

教学目标不同，对资源的要求也不同。以本章案例 3 为例，教师将教学目标定位于学生能够根据图片提示利用 What do you like? I like the red dress / one 提问，并给模特搭配衣服。要达成这一目标，教材中的 Touch and say 和 Let's talk 所提供的资源显然是不够的。教师也因此根据教学目标的要求准备了海报和贴画，准备了动画视频和录音，以便学生能够跟读、模仿。教材中 Touch and say 为教师提供了图片资源和活动提示，而 Let's talk 为教师提供了需要训练的核心语言和活动的方式，但是没有具体的内容。这就要求教师根据活动和目标适当增补内容。

（程晓堂，王蔷，Ken Methold. 英语第二册. 北京：北京师范大学出版社，2009：35，36）

11

　　小学阶段低年级和高年级(五六年级)的英语学习内容差别很大，有关内容选择与调整的现象在高年级表现更为明显。以外研版小学英语教材第八册 Module 2 Unit 1 为例①。本单元共包含三个活动，Listen, point and find "going to"，Listen and say 和 Learn to say。如果我们要在一节课内学习这些内容，那么核心目标就是学生能够用"be going to"描述计划，文章中的"It's raining, the ducks are eating our picnic"就不宜作为重点处理，教师甚至可以不处理。对话中的时间表达、形容词等也可以不做重点处理。教学内容的取舍要根据教师拟定的教学目标而定。如果教学目标定为谈论周末野餐计划，用到"be going to"，就会涉及食物名词，那么教师就要在诊断学生已有基础的基础上确定是否需要增补食品名词。就"be going to"的教学而言，教师也必须明确是让学生听懂，还是要求自由应用。目标不同需要设计的活动不同，需要的材料也不同。

　　(程晓堂，王蔷，Ken Methold. 英语第七册. 北京：北京师范大学出版社，2012：48)

————————————

　　① 具体内容见陈琳、Printha Ellis. 英语第八册. 北京：外语教学与研究出版社，2006：8～11。

内容的调整不只是体现在教学内容方面，同样体现在教学活动方面。教材不可能提供具体教学所需要的所有活动，教师有必要根据自己的教学目标需求增补活动。当我们确定了具体目标后，有可能发现教材中的某些活动不适合自己的教学目标，也可以删除。我们同样会发现教材中的活动虽然很好，但是不适合自己班级的学生，这时可以对活动进行适当调整，包括活动组织形式，活动中的内容提示等。

再以上面的 Read and Write 部分为例，教材中虽然有一个完整的 email，但是如何写回信，如何描写自己在母亲生日时为母亲做的事情，教材中没有范例。教师在分析学生已掌握知识的基础上，增加了范例展示活动(见下图)，学生通过教师提供的范文不仅了解了回信的写法，也了解到老师在其母亲生日时为母亲都做了什么，从某种程度上讲这也是一种情感教育。

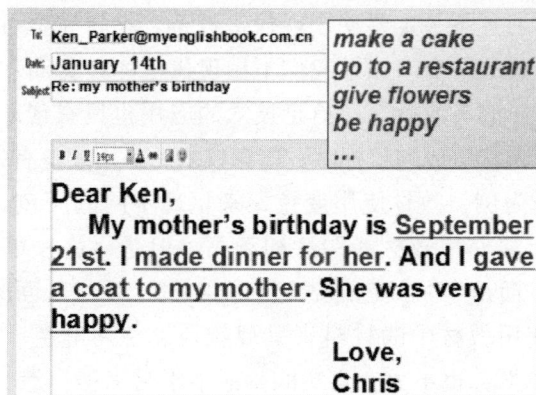

To:	Ken_Parker@myenglishbook.com.cn
Date:	January 14th
Subject:	Re: my mother's birthday

make a cake
go to a restaurant
give flowers
be happy
...

Dear Ken,
　　My mother's birthday is September 21st. I made dinner for her. And I gave a coat to my mother. She was very happy.

　　　　　　　　Love,
　　　　　　　　Chris

(北京大兴区第七小学毛莉设计)

2. 根据学习者需求调整教材内容

材料选择应以服务于儿童的学习为目标。在对教学材料进行取舍时，有必要分析学习材料对儿童语言基础的要求、认知能力的要求、学习习惯的要求，有必要了解儿童的兴趣爱好。从本章案例 3 中，儿童在最后给模特选衣服环节表现很好，可以看出，儿童还是比较喜欢给模特配衣服的，想把模特打扮成自己喜欢的样子。案例中老师虽然准备了模特，但是提供的衣服过于有限，儿童的选择余地不够。如果教师能够给每个小组一个没有穿外套的芭比娃娃，让学生根据自己的爱好打扮芭比娃娃，相信儿童会更加喜欢。

教材已经规定了话题和学习材料。如果某一话题的具体学习材料与儿童的经历、爱好不符，我们可以选择其他材料替换下来。如果材料太难，我们可以适当改编。如果学生缺乏相关的背景知识，我们有必要增补相关知识介绍。以"We visited lots of places"①为例。教材中的对话涉及 British Museum, Big Ben, London Eye, 同时还涉及伦敦的双层红色公共汽车。中国的儿童不可能熟悉英国伦敦的这些景点, 没有地理概念, 对话理解就会受到影响。教师可以简单地介绍伦敦。不仅如此, 中国贫困地区的儿童对北京同样不熟悉, 但是教材的内容可能是有关北京景点旅游。教师除做适当的背景介绍外, 还可以调整学习内容, 把景点换成学生比较熟悉的当地景点。当然, 这时教学服务的目标则就有所变化, 更加侧重语言, 而缺少了相应的背景知识的学习。

3. 根据资源条件调整教材内容

虽然信息技术高速发展, 多媒体、网络等已经广泛应用, 很多学校, 尤其是农村中学依然无法使用网络, 没有多媒体, 有的地区甚至连电脑都没有, 很多农村小学也因此抱怨新的教学方式无法实施。其实, 如果考虑母语习得规律就会明白, 外语学习并不一定要使用现代化设备。农村完全可以开展无辅助教学, 关键是教育理念的转变。如果我们不用现代化的设备而却取得了同样的教学效果, 那才是真正的有效教学。信息技术的应用也只有帮助达成了在缺乏信息技术条件情况下无法达成的目标时, 信息技术的应用才是有效的。

以"It's red"②为例, 教材使用变色龙来呈现不同的颜色。如果没有电脑, 没有幻灯, 自然无法使用教材的图片和动画。但是, 这一单元的核心目的不在于了解变色龙, 而是学习颜色的表达。在农村, 教室外面的世界五彩缤纷, 教师不必拘泥于使用教材中的材料来呈现颜色、练习颜色。即使使用出版社提供的挂图进行教学, 也不如在真实的生活中学习来得自然。

再以本章案例 3 为例, 教师使用了实物投影仪、播放机、电脑, 播放了录音、动画。在没有条件的农村这些都是不可能实现的。但是, 由于课堂教学是让学生表达自己喜欢什么颜色的什么衣服, 那么就可以根据自己所在学校的实际情况调整教学内容, 包括所要学习的衣服和颜色。教师完全可以根据孩子们的穿戴开展教学。我们无法给学生提供电子的芭比娃娃, 无法给学生准备胶棒, 无法制作海报, 但可以让学生打扮自己, 说他们希望老师穿成什么样子, 穿什么颜色的衣服等。把外语学习生活化, 就增加了学习的真实性, 就可以营造接近母语习得的环境, 这样隐性的教学方式更有利于学生语言能力的发展。

---

① 参见陈琳, Printha Ellis. 英语第五册. 北京: 外语教学与研究出版社, 2005: 10、11
② 参见陈琳, Printha Ellis. 英语第一册. 北京: 外语教学与研究出版社, 2005: 14

(二)如何开发新的教学资源

没有任何教材可以提供教学所用的所有资源。要满足有效教学的要求，每位教师都会面临资源开发的问题。随着翻转课堂、微课的出现，教学对资源开发的要求更高。翻转课堂要求教师将学生可以自学的内容，拍摄成小视频，或者是做成课件或者是传统形式的 word 文件，利用现代的网络技术，传到网上以便学生下载自学。

资源的开发不是教师个人可以轻松完成的事情，尤其是要做翻转课堂或者微课时。那么，学校如何组织教师做好校本教学资源建设，而作为授课教师又如何建设自己的教学资源呢？

1. 集学校之力开发教学资源

每个学校都有其不同于其他学校的校情，学生生源不同，教师资源不同，对教学资源的需求也不同。每个学校的软硬件条件不同，已有资源基础不同，需要开发的资源也不同。虽然教师为了提高自己的课堂教学效果都会检索各种资源，也有一定的资源储备，但是教学资源的开发非一人之力所能及，学校也因此需集学校之力构建符合本校课程教学要求的资源。

首先，学校领导、教研组负责人必须有校本资源开发的意识，而不能把资源开发看作是教师个人的工作。学校要从政策和财政等方面支持校本资源的开发，鼓励教师参与到资源建设中。因为，教学资源的建设不仅可以为有效教学的开展提供有力的物质基础，通过教学资源建设还可以提升教师分析教材、应用教材的能力，促进教师对《课程标准》理念的理解，提升教师实践新的教学理念的能力。

其次，学校要制定资源开发规划，根据学校外语教师的专长分配资源开发任务，大家从不同的角度检索资料，编辑资源，建设校本资源库。比如在翻转课堂的微课设计拍摄中，学校可以根据每位教师的专长，指导教师负责自己擅长的内容，或是某个语法项目，或是某个知识点介绍，这样就可以将学校最优秀的资源共享。对于其他学习资源的开发更需要学校统筹规划，学校更要利用现代化的网络技术提供资源库建设平台，同时为资源建设给予一定的经费支持。

最后，校本资源的建设宜与教学同步，要求教师在具体教学过程中有意识地收集资料，撰写设计，通过实践完善设计，不断补充校本资源。校本资源库可以包括教学所用原始材料，如阅读语篇，听力对话和短文，视频、音频、动画，也应包括教学设计、教学视频案例、电子课件、评价活动及试题库等，同时资源还应该包括供学生自学使用的微课、教案等。

2. 基于教学需求开发教学资源

资源的开发自然是为教学提供支撑，资源开发的首要依据是教学需求。在资源建设时我们也应该从教学的需求出发，分析教材资源，分析教材提供的资源，明确资源的方向和具体要求。在具体资源建设时可以从以下几点入手。

(1)背景资料

小学低年级学习内容多为身边的事物和日常生活中常见之事，不需要太多的背景基础。但是，到小学高年级，随着学习内容越来越复杂，对学生的理解、认知等要求越来越高，对相关知识基础的要求也越来越高，很多话题需要相关背景知识。以下面一段材料为例。教材中"Before you read... What do you know about American children's chores?"已经明确阅读对背景知识的要求，学生也有必要了解美国的儿童在家里都会做哪些事情。而教学时，教师也有必要借助美国儿童做家务的相关图片、视频、动画，甚至是简短的描述入手，既导入话题又激活相关的知识。

Read and Write

Before you read...

What do you know about American children's chores?

In America, many parents teach their children to help with chores. When children do chores, they feel they are part of the family, and they learn many skills. Doing chores helps children become responsible and feel good about themselves and about helping others. Below are some chores that American children often do:

(程晓堂，王蕾，Ken Methold. 英语第十一册. 北京：北京师范大学出版社，2012：18)

再如下面一段材料，其阅读同样需要相关背景知识。学生对这项古老的球类运动不会了解，恐怕很多教师也只是了解课文中所介绍的一些信息。英语学习的目的不只是为了学习英语知识，提高英语听说读写的能力，同时也是在学习过程中认识世界、了解世界。因此，就本篇阅读而言，知识同样应该是学习的内容之一。教师有必要介绍一些与之相关的背景知识，提供更多的不为现代人所知的古代运动。

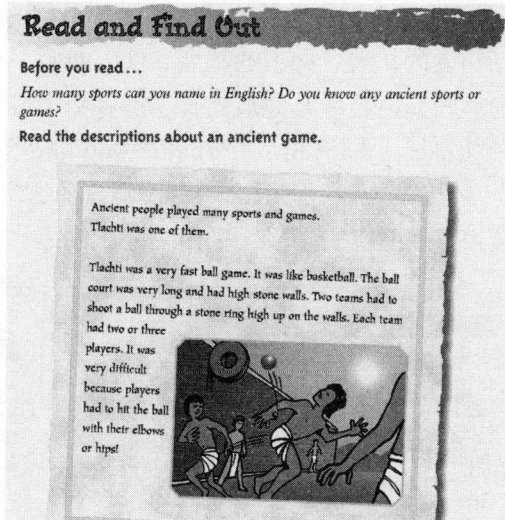

Read and Find Out

Before you read...

How many sports can you name in English? Do you know any ancient sports or games?

Read the descriptions about an ancient game.

Ancient people played many sports and games. Tlachti was one of them.

Tlachti was a very fast ball game. It was like basketball. The ball court was very long and had high stone walls. Two teams had to shoot a ball through a stone ring high up on the walls. Each team had two or three players. It was very difficult because players had to hit the ball with their elbows or hips!

（程晓堂，王蔷，Ken Methold. 英语第十一册. 北京：北京师范大学出版社，2012：30）

（2）平行资源

所谓平行资源指的是与教材内容话题相同，形式接近，可以替代教材学习材料的资源，如平行的对话、故事、视频、动画等。当教师发现教材所提供的学习材料不符合当地的区域特征，不能激发学生的兴趣时，可以从平行资源中寻找可以替换的材料。这些资源可以从网上检索，从书中摘取，也可以是教师自编。自编可以采用替换教材中时间、地点、人物、物品的方式。比如外语教学与研究出版社出版的新标准小学英语教材第五册（2005 年版）中 Module 3 Unit 1 We visited lots of places，不同地区的老师就可以编写平行对话，把对话中的地点改成学生熟悉的或者是教师想让儿童了解的地点，甚至调整部分内容，替换为想让学生学习的知识。

从知识学习角度来说，更多的平行资源有利于知识的习得。从理解的角度来说，把陌生的地点换成学生熟悉的地点，理解会更轻松。地理图式的缺乏可能会影响学生的理解。当然，把陌生地点换成学生熟悉的地点也剥夺了学生学习新知识的机会，这就要看教师在教学中更注重知识的习得还是语言的学习。

（3）拓展性资料

任何教材都不可能提供课堂教学所需的所有资料。不管教学内容是什么，教师都可能有拓展的需求。学习水果时教师需要补充新的水果名词，学习衣物时教师需要介绍新的服装，学习职业时教师需要增补更多的职业名词。为了学生的理解和表达，教师也有可能需要提供更多的语言的参考。

拓展性材料包括语言的拓展、知识的拓展。以下面的一个单元为例，单元讲述的是饭店就餐的事情，内容涉及健康饮食、点餐和生日庆祝，语言涉及水果名词、食品名词，"I like, I don't like… What do you like? Do you like… Yes, I do. / No, I don't."等句型，功能涉及询问喜好，推荐食品，餐厅服务等，知识方面涉及动物的饮食习惯和健康饮食。

（程晓堂，王蔷，Ken Methold. 英语第四册. 北京：北京师范大学出版社，2011：2～12）

就这一单元的教学而言，需要从以下几个方面拓展资源：

①补充水果和食品词汇，以及相应的图片；

②补充其他动物的饮食习惯；

③补充饭店就餐的真实对话，包括文本、音频、视频、动画等；

④补充与餐厅就餐相关的语言。

（4）微课

微课是围绕一个教学知识点或者是一项技能所拍摄的 10 分钟以内的小视频。微课可以主要围绕知识点的讲解或者是技能的讲解进行。鉴于小学阶段儿童注意力时间短，而小学阶段的知识点相对简单，知识点讲解的微课可以短一些，5 分钟之内即可。微课的设计要考虑儿童的认知特点，要注意实物、动画、图片的应用，要考虑儿童的认知风格和多元智能，不能只是传统的知识点的讲解。

（5）教学设计库

教学不仅需要背景和平行材料，更需要教学设计资源，包括教学课件、教学设计等。由于每个教师都有自己的习惯，一个教师的教学设计或教学课件很难为另外一位教师全部采纳，教师多是从其他人的课件中截取部分内容，如活动等。因此，教学设计库建设就显得必不可少。建议教师从以下几个方面入手。

①教学课例库，包括教师上课的教学设计、教学课件和教学实录，最好

要求任课教师写出教学反思。

②教学活动库，建议依据具体使用的教材设计，以方便使用。可以分词汇、语法、听说、读写；分教学导入、呈现、训练、应用、任务等。根据教学的要求可以再细分，每个单元的每一个环节，针对同一个教学内容提供不同的活动设计，以便所有的教师都可以从中找到自己可用的材料。

(6)评价资料

评价资料主要指单元评价、期中期末考试。可以有单元测试题，期中期末考题，更要有分项题目。

①小学英语词汇测试题，按照字母表，每个词语(可以是语块)设计不同的测试题目，包括用于课堂终结性评价的，用于期中期末考试的，测量理解的，用来测量应用的等。

②小学英语听力、阅读题，建议分等级设计。

③小学英语口语、写作题，建议分等级，每一级都要有多种选择。

④小学英语任务，用于真实性测试、任务型测试和课堂终结性评价。

3. 基于学习者需求开展教学资源

教学资源的建设必须满足各地各校学习者需求，资源建设也必须建立在学习者需求分析基础之上。根据学习者的语言基础、图式基础、认知差异、多元智能等构建资源库。

(1)基于学习者语言基础建设资源

任何学习内容都会面临满足不同语言基础学生学习需求的问题，资源建设也因此必须考虑不同语言基础学习者的需求。比如，可以对教材内容进行适当加工，包括简化和复杂化；可以补充语言学习和训练活动，如听力和阅读前的语言学习，知识和技能后的训练和应用。教材无法提供足够的语言训练和应用活动，教师就可以根据本校学生的情况，结合自己的教学实践补充相关资源。

(2)基于学习者的图式基础建设资源

到小学高年级我们就会发现图式基础的重要性以及图式建构的必要性，但是很少有教材能够提供图式激活活动，也很少有教材能提供图式建构的设计。教师也因此需要根据每个单元的要求补充图式激活活动，补充图式建构活动。以书信阅读为例(当然从下面材料在整套教材中的位置来看不是第一次呈现，这里也只是作为一个例子而已)，学生需要了解英语书信的格式，需要知道邀请信的结构和叙述的逻辑。但是，教材中的阅读多是以获取信息为目的，对图式建构关注不够，教师需要补充相关的活动设计。

Reading

1. Read the text and check the festival.

Tanya: Kevin, tell me something about Halloween. It is a big festival in your country, isn't it?

Kevin: Yes, it is a big festival in USA. It's on October 31st.

Tanya: What do you do on the festival?

Kevin: In the evening, we often dress up and go to our neighbors' houses. We knock at the door and ask for candies. We also make pumpkin lanterns.

Tanya: Pumpkin lanterns? That's interesting. We have a special festival with lanterns.

Kenin: That's the Lantern Festival, isn't it? When is the festival?

Tanya: It is usually in February, but sometimes it is in January.

Kevin: What do you do on the festival?

Tanya: Well, we make lanterns for the festival. In the evening we usually have a lantern show. We also eat a special food *tangyuan* for the festival.

Kevin: Wow, *tangyuan*, sounds great. It must be very delicious.

（程晓堂，王蔷，Ken Methold. 英语第十册. 北京：北京师范大学出版社，2011：45）

（3）基于学习者的认知风格建设资源

虽然教材在编写过程中能够注意活动的变化性，但是仍旧难以适应学习者的多元学习风格。学习者有视觉学习者、听觉学习者、动觉学习者，有分析型学习者、综合型学习者、体验型学习者，要同时满足所有风格是十分困难的事情。以上面的第四册 Unit 7 为例。尽管教材提供了词汇与图片匹配、听选择图片、吟唱、问答、读选择等活动，但是这些活动都是针对不同任务，不同学习内容。就同一学习任务或学习内容却没有提供不同的活动设计。资源建设的任务就是为同一个学习内容编写不同的活动设计，以满足不同学习风格的学习需求。尤其是每个单元开始的配图故事(北京师范大学出版社出版的小学英语教材)，教材没有提供任何活动设计，更需要教师补充活动。比如，可以是阅读匹配、阅读表演、角色扮演、看图复述等。

（4）基于学习者多元智能建设资源

目前教材的编写都能从儿童多元智能角度出发提供丰富多彩的活动设计，如上面第四册 Unit 7 At the restaurant 就有图片活动，可以满足空间智能学习者的需求，同时培养儿童的空间智能；有吟唱活动，可以满足音乐智能优势的学生，同时培养儿童的音乐智能，也有助于英语语音意识，尤其是押韵意识的培养；有口头对话活动，可以帮助培养学生的人际智能。但是，教师同样有必要设计能够满足不同智能优势，同时又可以培养不同智能的活动。比如 Talk Together 部分，如果是同伴朗读，那也只能培养语言智能。如果能在真实语境下角色扮演，就可以满足同时培养学生的人际智能。如果角色扮演后让学生评价反思自己的表现，就可以培养学生的内省智能。如果让学生听对话演示每个人喜欢吃什么，就可以满足有肢体优势儿童的需求。最好的方式，是每项学习内容都可以设计多种多样的活动，增加资源的适应性。

4. 基于信息技术开发教学资源

信息技术的发展为资源建设提供了有力的技术保障，这个技术保障不只是表现在网络数据库建设和网络互动平台的建设，更包括基于语言认知所做的资源开发。信息技术在资源建设中可以在以下几个方面发挥作用。

(1)利用信息技术建构符合词汇认知教学资源

从词汇习得机制来说，有些词语需要图片支撑，有的则需要行为动作，有的需要声音，有的需要表情，即使需要实物教师也不一定能够现场提供。这时教师就可以利用信息技术为一些词语配上图片，为一些词语配上动画或视频，为一些词语配上音频，以便在制作教学课件时使用，在教学中更清楚准确地呈现词语的意思。

(2)利用信息技术建构技能训练资源

从语音到语法，从听力到阅读，都会涉及微技能的呈现与训练，而信息技术可以帮助教师轻松达成其梦想。比如，可以把英语的发音技巧制作成动画，可以借助信息技术设计完成关键词呈现、句子呈现。在没有信息技术的情况下这是难以实现的。资源建设时可以结合教材，根据教学的需求制作相应的动画供教学使用。

(3)利用信息技术多方式呈现学习材料

信息技术的发展使得多媒体阅读教学成为可能。即使不采用多媒体阅读教学模式，利用信息技术也可以把阅读文本数字化，把阅读文本变成动画、视频，这样教学中教师就可以选择多方式呈现学习材料，增加教学的灵活性，提高教学的有效性。

(4)利用信息技术建构学习资源促进自主学习

为了满足学习者多元化需求，有的教师习惯开展自助式听说教学，自助式阅读教学。要开展自助式教学就需要网络技术，需要提供丰富多样的资源供学习者选择。为了完成一节自助式课堂教学，需要流畅的网络平台。这个平台应能提供不同语言难度的听力、阅读材料供学生选择，能提供在线阅读，在线互动，在线提交作业，在线自评、互评和教师评价。这就需要校方主持，构建校本网络平台。

三、如何选择有效的教学方式

案例指引

【案例展示】

本案例为一节听说课，案例依据北师大版小学英语教材第四册"Unit 7 At the restaurant"设计。案例中教师通过自己一家人外出就餐的方式引出话题导入新课，之后学生观看动画3遍，回答"What are they talking about?"主要涉及菜谱中食品的名字。接着教师要求学生跟读对话、朗读对话。最后教师给出6个菜谱，学生小组内调查同学们喜欢吃什么，帮助确定适合其爱好的菜谱。（具体见本章附录中案例4①）。

【案例指引】

要达成有效教学的目标就必须选择适当的教学方式。这里所说的教学方式包括人们常说的教学法、教学模式和教学手段，也就是说包括交际教学法、情景教学法、听说教学法、任务型教学模式、基于内容的教学、项目学习、社区服务学习等属于教学模式范畴的教学方式，以及这些教学模式在听说读写中的应用，同时也包括具体的语言知识和语言技能的教学，如语言知识的呈现方式、技能训练中的控制性、半控制性训练、交际练习等，也包括游戏、任务的应用。以上面的案例为例，我们很难将其定性为哪一种教学模式。从其最后要求学生根据所给菜谱调查同伴的饮食，帮助其选择菜谱来看，其教学方式体现了交际教学的以意义为中心，通过交际培养语言应用能力的理念，同时也有任务的成分。听力过程中学生反复跟读，要求不同的同学重复等，体现的是听说教学模式的理念。因此大部分教师的教学都是一种折中教学方式。本书不强调也不提倡运用什么教学模式或者是教学方式，而是侧重小学英语教学方法选择中应该关注的原则性问题。

（一）隐性为主、显性为辅

显性与隐性是两种截然不同的教学方式。显性教学更关注语言形式、语

---

① 本案例由北京市丰台区丰台第一小学杨慧芳提供。

言结构，强调"分析""推理""问题解决""规则学习"。与显性教学相反，隐性教学强调无意识学习，教学侧重意义，而不是语言形式。隐性教学中教师不对所学语言知识结构做抽象的讲解，语言学习以交际、使用为目的，同时也要求儿童在使用中学习英语。鉴于儿童的认知特征，我们提倡在小学阶段以隐性教学为主。鉴于语言的结构特征和语言发展的认识过程，必要时可以对语言进行适当的显性处理。

1. 教学侧重意义，而不是语言形式

隐性教学要求我们的课堂教学侧重意义，而不是侧重语言形式。以本章案例六为例，虽然对话涉及"Do you like… I like… I don't like…"但是教师并没有对此作任何规则的讲解。整节课学生在听、读、问、答，所听的对话包括这些语言结构，问答时需要使用这些语言结构，但是学生关注的是信息，而不是语言的准确性。

不管是故事教学，还是词汇、语法教学，还是对话教学还是短文教学，我们都可以侧重意义，而不是语言形式。但是，我们并不要求教师一节课都侧重意义或者侧重形式，毕竟没有形式意义就难以表达。比如下面的案例(有修改)①。从整节课的设计来判断，课堂教学还是聚焦形式，教师呈现动词的"ing 形式"，用不同颜色强化"ing 形式"，其替换练习和 chant 同样侧重"ing形式"。不过，从本案例中我们也可以看到对意义的侧重，比如最后的调查活动。但是调查采用中应用的是"What's your favorite class?"而不是"I like doing something"的句型。如果教师调查中能够使用"Do you like doing…?"的句型询问同学们，然后选出大家最喜欢做的事情，那么就可以应用前面学习的句型，通过意义的交流培养儿童的应用能力。

【案例展示】Unit 6 Jia Ming at School(案例 3)

Step 1：Warming-up（略）

Step 2：Introduction：Vocabulary and sentences

1. Teach"playing sports""I like playing sports".

1) Show the pictures of sports. Teach"playing sports".

---

① 本例有安徽蚌埠二实小张瑜提供。

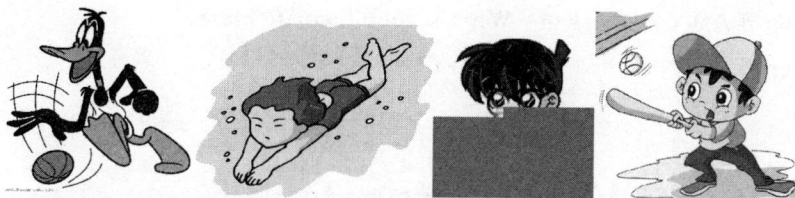

2）Ask students "Do you like playing sports?" Teach "I like playing sports".

2. Teach the sentences—"You can do it".

1）T：I like playing sports. Look! It's a basketball. Can you play with the ball? I'm sure you can do it. Teach "You can do it".

2）Have students try to play with the ball. Teach "Ok，I'll try".

3. Draw a picture on the blackboard. Teach "drawing" "I like drawing".

4. Teach "playing the guitar" "I like playing the guitar".

Step 3 Practice

1. Chant.

2. Ask students to practice "I like _____" according to the pictures given.

Step 4 Teach "English class，gym class，art class，music class" "It's … class."

First show the picture. Then ask and answer using "Is it … class? Yes, it is. No，it's … Class."

Step 5 Practice

A guessing game：It's _____ class.

Step 6 Ask and answer：What's your favorite class.

Step 7 Do a survey.

Do a survey!

A: What's your favorite class?
B: It's_____ class.

Name	English class	gym class	music class	art class	___ class

2. 以语言为媒介，以交际为目的

虽然语言学习是小学阶段的主要目标，但是如果我们把语言知识的学习和听说读写能力的发展等作为教学的目标，就可能出现只能说几个英语单词，只会背诵几段对话的儿童。小学阶段的教学不可能，也不应该没有语言形式的教学。如果我们把语言作为一种媒介，通过意义的交流，促进儿童在认知、生活、思维、情感等方面的发展，我们的儿童就可以成为会说英语的全面发展的儿童。以下面的案例①为例(有修改)，其教学目标是学生能够认读月份和季节的英语表达，能够运用"How old are you ?""When is your birthday?"等语句准确描述、询问或回答自己及他人的年龄和生日，并且通过制作生日贺卡等活动，了解同学的生日信息，培养学生团结友爱、关心他人的情感。可以看出，虽然是词汇教学，而目标不只是学习词汇，词汇学习是为学生了解他人的生日，为其制作生日卡片做准备的。从目标的设置来说，教师已经把词汇学习视为媒介，词汇的运用才是目标。虽然教学中同样有对月份、季节的反复朗读，但是教师并没有关注词汇的其他信息。接下来的猜测游戏和生日卡的制作反映出词汇学习为了应用的教学理念。最终教师要求学生为父母制作生日卡把课堂学习延伸到课外，充分体现了外语的教育功能。

【案例展示】Unit 4 Mocky's birthday（案例5）

Step 1 Free talk："About me"

邀请当天值日生介绍自己的情况。

---

① 本案例由北京市北京小学翡翠城分校张杰老师提供。

Step 2 Presentation

1. 图片展示，问题引领，在师生交流中，呈现部分核心词汇和需要识别词汇。

2. 利用故事内容及师生的真实信息，通过语言交际，复习学生已知词汇，并逐个引出新单词，在教授过程中渗透语音知识。

3. 通过问题交流与引领，让学生猜教师的生日，引出"May"，初步感知 spring 这个季节，知道春天的三个月份。

4. 与学生交流，询问学生生日，当学生说出生单词时，教师适时进行教学，并关注月份中的节日，为后续谜语活动铺垫。

5. 学习季节词汇，并引导学生理解月份与季节的联系。

6. Guessing game.

PPT 课件展示一些节日和动作词组，说一些包含这些信息的语句，让学生猜测是哪个月。"Which month is it?"然后将学生分组，让学生在组内编谜语，最后展示小组成果。

Step 3 Practice

先听再回答问题，然后组织学生根据图片信息，利用 Ken 制作生日手册的活动创编新对话。

2. What is Ken doing?

He is making a class birthday book.

3. When is Kate's birthday?

It's August 28th.

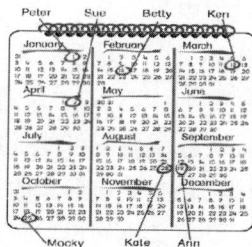

Step 4 Extension

布置任务："制作生日贺卡"

1. 将生日贺卡模板展示给学生，说明填写要求。

2. 与一名学生对话，给其他学生示范。

3. 呈现问题，与学生进行交际。

"Hi ，… How old are you？When is your birthday？"

填写生日贺卡，呈现范例，明确任务要求。

（北京市北京小学翡翠城分校张杰老师设计）

3. 基于生活，边做边学

目前我国的外语教学，从小学到大学，从普教到职教，仍旧很难摆脱规范教学的束缚，不能把学习者置于真实的语境中，创造近于习得的环境，使学生在真实的交际中，在语言的应用中学习英语。小学有其得天独厚的优势，所接触的话题和学习的内容都是日常生活中可以体验的东西。如果教师可以将教学生活化，课堂中学生没有必要端坐在课桌后一起朗读，一起书写，举手等老师提问，教师可以给学生更大的自由度，学习内容可以更灵活些，以服务于应用为目标。

以本章案例为例。教师完全可以把教室布置成学校的餐厅(或者在学校餐厅上课)，或者布置成家庭餐厅，学生扮演不同的角色：厨师、母亲、外国儿童等，通过问答、服务完成自己的点餐就餐任务。本章案例 7 可以按照任务教学的理念，调查同学们喜欢的科目即可，而案例 3 则可以在制作生日卡的过程中学习英语。目前，我们还很难看到这样的课堂，不过教师在学习的一些环节可以设计要求学生做事情的活动。从这一点上讲，上面的案例从某种程度上体现了"边做边学"的教学理念。

教学中不可能纯粹地开展显性教学，也不可能是纯粹的隐性教学。但是如果只有聚焦形式的语言知识教学就违背了语言学习的基本规律，儿童也难以掌握语言知识，更难发展语言能力。教师应尽可能给学生提供显性与隐性结合的学习机会，同时还要尊重学习者的学习习惯和学习风格。

(二)经验型教学为主，避免分析型教学

尽管《课程标准》提倡结果与过程并重的教学模式与方法，如任务型教学，但是目前教材的编写仍旧都是以语法为纲设计教材内容、活动、目标的顺序。从这一点来讲，尽管目前的教材多了一些功能和话题的元素，但是仍是以语法为纲的教材。教师依据教材开展教学，不可能回避词汇、语法和语言技能，这从某种程度上使教师不自觉地回到传统的分析型教学。但是由于小学阶段儿童的抽象思维能力还没有发展起来，分析型教学其实不适合儿童的认知发展。根据儿童的认知特点和二语习得的规律，小学英语教学应该以经验型教学为主。

1. 交际聚焦

当教学更多地聚焦于交际而不是语言形式，不是语言形式的机械训练，就给儿童提供了经验型学习的机会。本章案例 4 中教师让学生通过提问了解其他同学喜欢的食物属于交际的范畴，但戴上头饰做角色扮演仍旧缺乏交际性，因为两个儿童所做的不过是背诵而已。

交际的最基本要求是交流双方必须有交际的需求，有交际目的，双方在所掌握的信息上存在差距。本章前面展示的词汇教学案例中，教师询问学生生日属于交际，根据提示猜答案也是交际，教师让学生询问同伴的生日，帮其制作生日卡同样包含交际。相反，如果只是根据对话回答问题，那就不是交际。因为，这类活动中作为交际一方的教师其目的只是检查学生是否理解，而学生也只是在回答老师的问题，不存在真实的交际目的、交际对象，更没有真实的情境。

2. 情境化

真实情境下的学习可以消除儿童的心理抗拒，消除其学习负担，儿童对事物的认识是整体性的、情境化的、自我建构的，因而也是内化的[①]。情境也因此在儿童外语学习中起着十分重要的作用。

情境来源于生活，但是并不是所有的生活情境都可以拿来用作教学情境，教师需要选择、设计、整理和优化。教学中的情境指的是一种有条理的结构化的世界图像，它可以帮助创设一种中介学习的体验。儿童身临其境，通过观察、体认、角色扮演等方式认识世界，学习与人交流，与人相处，发展智

---

① 吴刚. 情境教育与优质教学. 课程·教材·教法，2009(6)：23～27

能，习得语言。教师可以利用现实生活中的典型情境，针对儿童的特点，运用图画、音乐、表演等形式建构适合课堂教学的情境。如果我们用动画、现场或实物构建情境，则可以唤起儿童的视觉、嗅觉、听觉；如果我们用音乐、鸟语、吟唱、歌曲等则可以营造听觉的情境。如果想营造视觉与动觉混合的情境则可以采用表演、活动、实验等。多媒体的普及更是给我们营造教学所需要的情境制造了更多的可能。

情境可以在具象世界和抽象世界之间搭建一个支架。抽象的语言在具体的情境中得以具化，儿童从而可以更好地理解语言，运用语言，进而习得语言。离不了具体的情境，离开了具体的语境，语言将失去意义。不管是词汇还是语法，不管是呈现、训练还是应用；不管是听力还是阅读，或者是画、做，都应该在具体的情境中进行，这样学生才能感知语言所适用的语域。以本章案例 5 为例。案例的教学内容是月份、季节和具体日期的表达方式，教师能将月份、季节、日期与生日联系起来，将其置于了解生日、帮助制作生日卡片的情境之中，这样就赋予词汇以生命。

故事教学是小学阶段的核心教学内容之一。人们想当然地认为故事本身就构成一个情境，可以帮助学生了解语言使用的情境。但是，故事的情境有可能与现实生活，与儿童的经历差别很大。当学生不能将所学内容与自己的生活联系起来时，就无法理解和应用。即使是故事教学，教师也应该注意情境的设计。学生在什么情况下、为什么要读某故事，读了故事后要做什么？这些都是我们在设计故事教学时必须考虑的问题。以本章案例 4 为例，学习内容是 Ann 一家外出就餐的故事。开始教师以自己一家人外出就餐导入话题，建构了外出就餐的情境，呈现了适合该语境的语言，给学生的学习制造了期待。故事后的语言训练和应用如果也能设置一个语境，让学生在具体的语境中交流选择菜谱，就可以赋予语言任务特色。相反，本章案例 2 中教师未能设置语境，学生不知道谈论"shapes"的目的，为什么要谈论"shapes"，也因此无法体会语言的语用特征。现实生活中表达形状时也不采用教材所呈现的方式。比如"圆形"其实是用 round 表达的，而不是用 circle。

3. 以话题为中心

虽然每单元都有一个核心的话题，但是具体到一节课，当词汇或者语法成为了教学核心，有时人们可能会忽略话题在教学中的地位。话题可以帮助构建语境，形成以话题为中心的学习策略。比如本章案例 5 为词汇教学，教师选择生日这个话题使得季节、月份和日期三者服务于一个主题，明晰了课堂目标，确立了核心内容，也体现了语言知识服务于交际应用的理念。再以本章案例3为例，"What do you like?"有关颜色、衣服的单词通过服装的话题建立了关联，话题的确立也明确了语言应用。有人习惯于认为教材中每个单元的标题有时就是话题，比如本章案例2的"shapes"。就具体的课堂教学而言，这种话题太宽泛，无法彰显语用。课堂话题应该能够呈现语境。

4. 突出语言运用

小学英语教学的目标显然不是让儿童认识几个英语单词，更不是了解英语的语法，也不只是能说几句日常用语。语言学习为了应用，这就是为什么我们提倡经验型教学。经验型教学要求教师将教学的目标指向培养语言运用能力，通过有意义的交际活动、信息沟通和问题解决等活动，使学习者无意识地习得语言，在传递信息、表达思想、完成任务、解决问题等活动中培养语言运用的能力。教学也因此必须以意义为内容，以流利、得体为目标。

虽然我们很难要求整个教学过程都以意义为核心，但是课堂教学最终应该指向语言的应用，聚焦形式的教学只能作为教学的一个环节，为语言应用做准备。本章一些案例中同样涉及聚焦形式(包括语音)的机械训练，但是最后教师要求学生通过问答了解对方的饮食爱好帮助其选择菜谱，以应用为目标，有助于学生语言应用能力的培养。

(三)语言学习生活化

在小学阶段，知识学习不是教学的核心目标，促进儿童认知能力、观察能力、学习能力、生活能力、与人相处能力的发展等才是小学阶段的核心教学目标。如果能将语言学习生活化则可以使学生在贴近生活、接近习得的环境中发展语言能力，同时培养非语言素养。根据儿童的特点，小学阶段的外语教学需要注意以下几点。

1. 直观式教学

小学阶段是儿童逐步认识世界的阶段，很多大人习以为常的东西儿童可能第一次接触。儿童对世界的认识是凭借自己的感官去听、看、摸、体认，当遇到未知时本能地会去探索、尝试，会寻求帮助。语言只是表达人们如何看、听、摸、体认的一种媒介，如果我们只是告诉学生某个单词是什么意思，而不让学生去感知，那么他们将很难真正理解。小学阶段的教学应该给学生提供观察、体验的机会，教师也应尽可能地提供直观的东西，而不是概念化的东西。

　　直观包括直观的教具，如具体的水果、饮料、衣物，包括教师以图片、动画呈现的实体，也包括教师通过具体的行为表演等建构的情境。本章案例中家庭就餐图片就将外出就餐的事情具象化。但是，我们这里所说的直观不等于直观教具，而是在教学中教师能够提供机会让学生去认知具体的东西。如果是就餐，就提供真实的就餐环境，让学生做角色扮演；如果是超市购物，可以把教室布置成超市，让学生真正在超市购物。教师可以借助语境的设计，可以借助现代化设备将原来只能口头描述的东西具象化。很多儿童不可能去国外旅游，当遇到不同国度、不同民族时，教师可以利用视频呈现真实的语境，可以利用计算机帮助中国儿童与外国儿童面对面交流。

　　2. 关注儿童的需求

　　说到需求，大家都会想到马斯洛的需求层次理论。每个人都有安全需求、爱与归属的需求、被尊重的需求和自我实现的需求。课堂教学能否为儿童提供一个轻松愉快的环境关系到能否能够满足其安全感需求的问题。如果任务太难，学生无法回答，得到的不是鼓励而是冷淡的待遇，儿童也就没有安全感。如果教师很少组织合作学习活动，不仅不能培养儿童与人交际的能力和团队意识，也无法让其体验被接纳的感受，儿童也就失去了归属感。如果活动太过简单，没有挑战性，儿童也很难找到自我实现的感觉。由此来看，如何设计活动，设计什么样的活动体现出我们对儿童需求的尊重，将直接或间接地影响教学效果。

　　与初中及初中以上学习阶段不同，在小学阶段，儿童的生理需求是教师不得不考虑的问题。教师要教育儿童学会尊重纪律，但是儿童的生理需求同样是无法回避的问题，如口渴、饥饿、去卫生间等情况。

　　需求金字塔还告诉我们，人的高级需求是建立在基础需求之上的。如果低一级的需求得不到满足，高一级的需求也就成为空中楼阁。所以在小学阶段我们必须正视儿童的生理需求、安全需求和爱的需求。

　　3. 生活取向教学

　　所谓生活取向指小学阶段的教学应该指向儿童的生活，在儿童的生活中进行，尊重儿童生活的真实。以水果名词的学习为例。儿童不只是学习各种水果如何用英语表达，同时也有认识不同水果的需求。生活中儿童对水果的认识不是通过图片，也不只是通过看，而是用眼睛看，用手摸，用嘴品尝，也有用耳朵听的可能。按照生活取向的教学原则，课堂上就应该为学生提供类似现实生活经验的机会。

　　再以职业名称为例，如 doctor。生活中，儿童在医院可以看到穿着白大褂、戴着听诊器的医生，还会看到打针、输液等。生活中儿童也许会看到有人生病，或者有人需要急救。课堂教学中应该创造将医生与这些场景、事件、物品联系起来的机会，而没有必要呆板地用知识判断所给句子是否正确。事实上，只有在这种活动中儿童才能学到真实的语言，才能全面发展自己的能力，这也正是我们小学英语教学的核心目标。

附录

第一章案例 1

（根据北京丰台五小宋红莉执教视频转录）

Step 1

1. 首先教师带领大家一起唱 Old MacDonald Had a Farm. 演唱过程中，教师配合音乐做各种动作，学生也边唱边做动作，气氛十分和谐融洽。歌唱完毕，教师即由歌曲引出本课的主题。

T：This song is about Old MacDonald's Farm. On the farm, what animals can you see?

学生轻松回答出农场上的各种动物，接着教师说"So you can see a lot of animals on the farm. Today, we will see a story about a farm. It's not Old MacDonald's farm，it is… Farm.

2. 教师呈现本班同学的照片，借此询问同学都去什么地方了（T：Where did you go? What's she doing now?"）呈现了本班学生与动物有关的行为，复习呈现如 riding the horse 等短语。（由于是本班学生的亲身经历，气氛比较和谐，学生也表现出很浓的兴趣。）

在与学生交流的基础上教师提出 Today we'll go to uncle Jack's farm.

3. 接着询问学生学习这个故事时想了解什么。

T：About this story, what do you want to know.

老师在屏幕上现场输入学生的回答。

What's the weather like?

Who is in the story?

Where is the farm?

What animals are there on the farm?（学生给出的问题有点语法问题，教

师没有指出来，只是输入正确的问题。）

Are they happy?

How do they go to the farm?

Whose farm is it?

教师借助这些问题呈现了课堂学习目标。（T：After this class，we will know these questions.）虽然没有采用目标的表述方式。

Step 2

1. 学生观看故事动画，教师提示学生注意自己想要问的问题，之后教师提问学生 Which answer do you know? 学生能够顺利回答问题，读出问题，并且给出具体的答案。在学生回答的过程中，教师把提前准备好的卡片条、故事中人物的贴画贴在黑板上。

第一遍教师只是在黑板上贴上了 Uncle Jack's farm, car, Ann 一家人和在农场上要骑的马，画出了行走的路线。然后让学生再观看动画，回答 Are they happy? 并且要求学生打开课本，观察图片中 Ann 和 Ken 的表情。之后继续观看动画，回答 Why is Ken not happy?

这次，教师要求学生跟读故事。在读的过程中教师和学生一起做各种动作，之后学生一起朗读故事，然后学生手中各拿着故事的一张图片，小组一起分角色朗读故事。

2. 教师采用分段处理故事的方式，处理完第一段之后，教师处理第二段，即在图中，教师拿着"云"的卡片，带领学生反复朗读 black clouds，然后将卡片贴到黑板上。

听的过程中，对学生不熟悉的教师要反复领读。

3. 教师利用贴在黑板上的图片询问学生天气，学生练习天气的表达。

4. 之后学生以小组为单位练习天气预报部分，之后提问一名学生模仿做天气预报，学生做得很流畅，然后教师要求全班学生一起再次重复天气预报。

5. 天气预报部分处理完后，学生开始听下午的部分，一句一句跟着模仿。之后，老师问 Are they happy now? 接着问 What are they going to do? 学生能够正确回答。然后老师又组织学生小组朗读，提问一个小组集体朗读，之后问 Are they happy now?

6. 听第三部分，讨论第二天的安排，仍旧采用集体跟读的方式，朗读过程中教师利用动作语言和表情配合朗读。

7. 学生小组讨论 Why is Ann not happy。讨论过程中教师参与个别小组的讨论。

8. 反馈时教师提问 What do you think of Ann. Why does he want to stay at home?

S：Maybe he wants to play computer games.

S：Maybe he hasn't finished his homework/Maybe he wants to watch TV.

教师重复每个学生的回答。

9. 教师借助黑板上的图片解释 Maybe Ken cannot ride the horse. 问学生 What can he do?

一名学生的回答十分漂亮 If I were Ann，I would say if you don't want to ride horses，let's feed the cow.

教师肯定该学生的回答然后说 Now you know Ann wants to help Ken. If I were Ann，maybe I will say，"Uncle Jack，can you help Ken?"…So if someone has trouble，you can help him. Yes?

10. 集体把整个故事听一遍，同时朗读一遍。

11. 小组角色扮演，根据课文中的图片朗读对话。教师没有反馈。

12. 播放其他班级同学朗读的课文对话。T：Other students can tell the story. Can you?

You can be Uncle Jack to tell the story, you can also be…Would you like to try? After this class, you can finish your story.

13. 布置作业。

第一章案例 2

授课教师：顺义区赵全营小学 瓮学海
三年级上册第 3 单元"Whose CD?"词汇教学

一、指导思想与理论依据(略)
二、教学背景分析(略)
三、教学目标
1. 知识与能力目标：(1)学生能够听懂、说出并认读单词：walkman，discman，cassette，radio，computer，keyboard，mouse，television，CD，video，table。(2)学生能够运用句型 This is a/an…介绍所学物品。(3)学生能够运用 This/It is（Uncle Booky's）television. 描述某物属于某人。2. 学习策略目标：学生通过联想、归类、对比等方法学习词汇。

四、教学重点、难点
教学重点：Words to learn 中单词的理解、认读及运用。 教学难点：cassette, television, video 的正确读音及词汇在情境中的运用。
五、教学过程
（一）复习导入（5分钟） 1. 播放故事课件，师生一起朗读故事，再现故事情节。 2. 师生谈论故事：T：From the story, I know Ann, Ken and Mocky go to Uncle Booky's house. Now, they are in the study. The computer is Aunt Booky's. What do you know? Ss：…预测：A. 学生根据教师的思路，会说出 The CDs are Uncle Booky's…B. 学生会用汉语说出自己感兴趣的内容：Mocky 打开了电视机，电视机巨大的声响吵醒了 Uncle Booky 和 Aunt Booky 等。 3. 导入新课。 (1)根据预测 A 学生回答的落脚点，教师导入：T：There are many things in Uncle Booky's study.（呈现课件） (2)根据预测 B 学生回答的落脚点，教师导入：T：Whose television is it? Look, where is Uncle Booky? 【设计意图】复习第一单元的故事，创设英语氛围，为新词汇的导入做准备。 （二）呈现新知（10分钟） 1. 教师呈现课件并提问：What can you see in Uncle Booky's study? 根据学生回答，呈现相应词汇并进一步学习。 (1)学生首先说出故事中的词汇：computer, CDs, videos, radio, television。 (2)部分学生可能首先说出故事外的词汇：walkman, discman, table, cassette, keyboard, mouse。 2. 播放课件学习新词。 (1)学生观察图片，明确词义。 (2)学生看课件跟读（全体，部分，个体）。 (3)学生观看外形、颜色各异的物品，用已学句型进行描述：a computer, a red/new computer, It/This/That is a/Uncle Booky's… 分组呈现说明：第一组 computer, keyboard, mouse。学生说出三个单词中的任意一个，教师顺势呈现另外两个，之后利用"key"加深对 keyboard 一词音义形的理解和识记，利用简笔画加深对 mouse 一词的理解。第二组 walkman, discman, cassette，CDs：预测学生首先会说出 CDs，教师顺势呈现 discman，学习之后，教师出示 walkman 图片，引导学生进行对比，请同学观察不同之处（功能、词形），通过师生谈话（T：Do we put the CD into the walkman? Ss：No. T：

What can we put into the walkman? Ss：…)引出 cassette.（cassette 一词整体认读）第三组 videos，radio，television：从单词中首字母的发音对比、区分 videos，radio；强调 television 的重读音节和缩写形式。第四组 table(整体认读)。

【设计意图】采用开放和半开放方式分类学习单词，体现学生主体性，渗透词汇学习和记忆策略。

(三)巩固操练(18 分钟)

1. 播放课件(words to learn)，学生跟读。

2. 小组活动：游戏——"打地鼠"活动说明：班上获得卡片最多的前六名同学到前边参加活动，三人一组听音打单词，动作迅速者获奖励。其他同学读单词。

【设计意图】复习巩固单词，激发学生学习兴趣，为听力练习做铺垫。

3. 听歌曲教师提出要求，请学生将听到的名字和物品在书上画出来。

(1)播放歌曲录音，学生感知歌曲节奏、韵律。

(2)再次播放歌曲录音，学生圈出人物名称。

(3)第三次播放歌曲录音，学生在物品名称下划线。

(4)师生问答：Whose book/ball…is this? It's…

【设计意图】活跃课堂气氛，呈现听力练习中的词汇，为完成 Listen to This 做铺垫。

4. 听力活动。

(1)教师呈现 Listen to this 插图，指着 car 提问：Is this Danny's car? 教师指着自行车提问：Whose bike is it? Can you guess？预测：学生会根据以前所学故事中的信息和刚才所学歌曲中的信息进行预测。

(2)播放听力录音，学生听音标号。

(3)呈现正确答案，学生订正答案。

【设计意图】通过预测活动，促使学生提取有关信息，建立人物与物品之间的联系。

(四)拓展提高(6 分钟)

1. "我是小小设计师"。

(1)教师出示 MP3 图片。扩充学生知识。

(2)教师示范：介绍自己设计好的录音机。T：This is my radio. I like it. 师生问答：T：Which one do you like? What do you want to draw? S：I like…（教师根据学生回答板书单词、拼读单词）

【设计意图】拓展课外知识，发展学生想象力和创造力，促进学生语言生成，提高运用语言的能力。

(五)布置作业(1 分钟)

1. 跟录音读单词。

2. 设计自己的作品并涂色，下节课交流。

第一章案例 4

教学内容：北师大版小学英语三年级下册 Unit 7 At the restaurant 故事教学

教学过程：

一、热身及导入

1. Talk about holiday.

T：I had a happy holiday. On my holiday I went to many restaurants and ate some food. OK，Look.（呈现 PPT）

2. Listen and talk.

T：What do you like?　　S1：I like hamburgers.　　S2：I like pizza.

T：Where do you eat it? You eat it in the restaurants. Today I'll tell you a story.

二、新课学习

(一)导入故事情节

T：Here is a restaurant，is it beautiful? Many people are in the restaurant，what are they doing?

S1：They are having breakfast.

T：What is the name of the restaurant?

S2：It's Family Restaurant.（教师板书：Family Restaurant）

(二)整体感知故事

1. Watch the story

T：Who are coming? Do they go to the restaurant? Let's watch the story. Think about "Who goes to the restaurant? "（看后讨论人物）

S1：Ann, Ken and Mocky go to the restaurant. S2：Father and mother go to the restaurant.

2. Watch the story again

T：What food are they talking about? Watch again.（看后讨论）

S1：Chicken. S2：Noodles.

3. Look at the menu and what food do you know. （hot dog, fried rice, noodles, French fries, vegetables…）

（三）根据图片学习故事

1. 听故事回答问题

T：Ken and Mocky are talking. What food are they talking? Let's listen. （学生跟读并重复 Do you like chicken，Ken? Ask together. 引出答句 Yes，I do. 并操练此对话。）

T：Does Mocky like chicken? （学习否定回答并操练后分角色表演）

2. 板书故事的主要线索。（在人物下面贴食物的图片，用笑脸和哭脸来表现是否喜欢这种食物。）

3. 继续学习 Ann 和 Mocky 的对话，方法同上。

4. 根据图片学习故事的主要内容。

（四）朗读并表演故事

1. Repeat the story.

2. Point and repeat again.

3. Read the story in groups.

4. 自选情境表演故事。

5. 师生看板书回忆故事并进行德育教育。

三、操练提升

1. Show the menu

T：We eat lunch at school.（出示红色菜谱并集体朗读）Is it a good menu? Ss：No.

T：Let's look at the yellow one. There are 6 menus in it. Let's see. （Show PPT）

2. Makes a model

Teacher makes a model with a student, then call 4 students to the front and act.

3. Work in groups.

4. Teacher chooses a piece of paper and describe it to the class. （PPT 上统计喜欢的食物种类）

具体操作方法：

教师的黄色信封里有六张菜单，分别标有 A、B、C、D、E、F。教师向学生提问："Do you like hot dog? Do you like pizza? …"根据学生的 Yes，No 回答来确定学生最喜欢的那份菜单后说："OK，A is for you."把学生的名字写到相应的菜单下面。

5. 小组内分别提问，把名字都填到最喜欢的那张菜单下面。

四、课后巩固

1. Ask your father and your mother what do they like.

2. Read the story.

第二章

教学内容的有效选择与处理

本章要点

◆如何选择教学内容？

◆如何确立核心教学内容？

◆如何确定重点和难点？

◆如何对教学内容进行取舍与调整？

引言

教材规定了具体的章节话题，提供了具体的音频和阅读文本，同时还提供了活动设计以及评价方式。然而，教材是基于学习者的普遍性需求设计的，不指向具体学校，更不指向具体班级。这就要求教师在设计教学和组织教学时根据学习者的具体需求对教材内容进行适当的处理，确定教学内容，调整教学内容，以适应学习者的具体需求，获得教学的最大效益、最高效率和最佳效果。

任何教学内容的处理都会涉及对教材中教学内容进行适当调整，包括删减、增补、替换等。删除不适合的活动，增加必要的学习材料或教学内容，设计更多的必要活动，替换教材中的设计。有时根据需求还需要对教材内容进行适当改编。如何才能有效处理教材呢？这涉及对小学教育的理解，对课程的理解，对所教儿童的了解，对语言以及二语习得的理解。本章也将结合《课程标准》，从认知等方面入手介绍如何有效选择教学内容和如何有效处理教材。

一、教学内容的有效选择

【案例展示】

本案例为一节词汇课，材料选自北师大版小学英语教材第九册"Unit 4 Mocky's birthday"。案例选择了教材中的 Words to Learn, Listen to This 和 Talk Together 三部分作为课堂教学素材，词汇教学选择了月份和季节的表达，同时选择了"How old are you ?""When's your birthday?"作为教学的重点（具体案例见前面第 26 页案例展示 Unit 4 Mocky's birthday）。

【案例指引】

每节课都有其教学目标，每个班级的学生都有其个性化需求。课堂不可能、也不应该是将教材所包含的所有语言现象、所有非语言现象都作为重点处理，全部视为核心教学内容。课堂教学内容的选择是否得当将直接影响课堂教学的有效性。

教学内容的选择取决于课堂教学目标。同一个材料，预设的教学目标不同，所选取的教学内容也就不同。如果教师把语言知识的传授看得很重，即使是一篇阅读材料，或一则听力材料，教师仍旧会选择其中的词汇和语法作为核心教学内容，忽略文化、情感、价值观等内容的处理；如果教学把儿童的成长视为核心目标，则会关注教学材料中非语言类内容，就会关注情感、文化、认知和生活方面的内容。本案例中教师选择了词汇和两个句型作为核心教学内容，也反映出其对语言知识的侧重。

话题左右着教学内容的选择。本案例基于 Mocky's birthday，生日就成了教学的核心话题，教师也因此选择了与生日密切相关的语言（季节、月份和日期以及询问年龄的用语）作为核心教学内容。虽然 Talk Together 对话中包括"What are you doing? I'm making…"等语法现象，但教师并没有处理。

儿童的需求同样是教学内容选择中必须考虑的一个重要因素。选择什么样的教学内容也与儿童的认知、语言基础、学习能力等密切相关。同一个材料用于不同的班级，教学内容的选择会有所不同。对于基础较差的班级，教师可能会侧重基础知识和基本技能，而对于基础较好的班级，教师可能会选择难度较大的内容。

（一）知识内容的选择

外语学习中的知识主要指语言知识，同时也包括文化知识、策略知识，小学阶段还应该把生活知识作为教学内容之一。其中语言知识主要指语音、词汇和语法知识，同时包括听说和阅读图式知识及技能知识。选择哪些内容作为课堂教学内容关系到课堂教学的有效性问题，在选择知识内容方面应该注意以下几点。

1. 以话题为中心选择教学内容

不管是语音、词汇还是语法，都应该以话题为中心，在具体的情境中学习。每个单元，每节课所要学习的材料都包含语音、词汇、语法等内容，究竟选择什么作为教学内容是教学设计必须考虑的问题。一般说来，可以以话题为中心确定词汇的选择。比如，Unit 4 Mocky's birthday 以生日为话题，那么就可以围绕生日这个话题选择词汇和语法，教师也因此选择了与季节、月份和具体日期相关的英语表达方式作为核心词汇，选择"How old are you? When is your birthday?"作为核心句型。

再如本章案例1(见附录第二章案例1)[①]。课堂教学围绕运动会展开，核心是比赛的结果，教师因此将 first, second, third 作为核心词汇，一般过去时作为核心语法。由于学生阅读识别比赛结果时需要理解 first, second, third，学生在陈述结果时必须能够使用 first, second, third，因此 first, second, third 应该作为核心教学内容。而由于故事包含一般过去时，教学目标也因此涉及一般过去时的使用，那么一般过去时就可以作为教学内容。但是，依据话题确定的教学内容未必应该作为核心教学内容。这要求教师考虑教材中知识的安排以及儿童的已有基础。

2. 基于儿童已有基础选择教学内容

话题本位的知识选择可能会包含不必要的知识内容。比如生日话题是否需要包含所有的月份表达、日期表达和季节表达，是否需要把与之相关的所有单词和"When is your birthday?"和"How old are you?"作为新授内容处理，这就需要教师在选择教学内容时做好需求分析。

本章案例1中教师只是选择了 first, second 和 third 作为核心词汇，并没有对故事中所包含的其他词汇，如 race, come third, win the race, decide, jump high, excited, sad, happy 做任何处理。但是，阅读故事和复述故事都会涉及这些词汇。如果学生不理解就会影响阅读，如果学生不能朗读，就很难复述。那么教学是否应该选择这些词汇作为教学内容之一呢？每位教师在

---

① 本案例由北京市大兴区大兴第八小学刘宝莲提供。

选择教学内容时都有自己的考虑。既然教师没有将其视为教学内容，这暗示着教师认为学生已经了解这些词语，不会影响阅读理解与复述。也有可能教师认为，这些词语在阅读中和复述中可以附带习得。虽然教师提到了一般过去时，故事也涉及一般过去时，教学设计中我们没有看到教师对一般过去时的处理，说明教师没有把一般过去时作为教学内容。教师的这种选择应该是源于教师对学习者的分析：即学生已经了解 race, come third, win the race, decide, jump high, excited, sad, happy, 这些词汇不会影响儿童的阅读和故事复述；学生在前两个单元已经接触过一般过去时，对一般过去时并不陌生，不会影响学生阅读，而复述不是应用，学生能够鹦鹉学舌即可，所以一般过去时未纳入核心教学内容。当然，另外一种考虑是，本节课的目标不是学习语法，而是理解故事，复述故事。故事本身，以及故事中所折射出的运动精神远比语法更为重要。教师应该将儿童的注意力迁移到故事之上，而不是语法。这也从某种程度上说明教师对教学理念的理解，对教学目标的把握将左右教学内容的选择。

3. 内容选择应侧重语用

在选择教学内容时，我们不能只是关注语言形式，更要关注语用，否则语言也只是语言知识而已。小学阶段语言简单，语用往往为教师所忽视。以下面的材料为例。语言十分简单，不过是"This is；That is；This isn't…"但是如果我们只是从中提出此句型，然后结合教室情境，甚至利用实物练习"That is…；This is…；This isn't…"，即使学生能够表达也不能称之为真正的有效教学。作为教师我们必须清楚故事的情境性，为什么母鸟会说"Look. An eagle."因为她在教授孩子生存知识，小鸟必须能够识别什么可以吃，什么是危险的。因此"That is a worm. That isn't an eagle. It's a sparrow."就变得有意义，因为小鸟还不认识这些。故事中"Look，baby. An eagle."是在提醒孩子当心。"That is a worm."是在告诉小鸟"这是可以吃的"。这个故事也告诉我们，我们不能拿着儿童十分熟悉的东西问"What is this? Is this a book?"但是，为了语言训练，教师们常开展类似的机械训练，那这种做法是否正确呢？根据行为主义的练习率，联结的强度取决于联结的频次。训练次数越多，学生所建立的新旧知识之间的联结就越牢固。我们需要反复训练，只是如此机械的没有新旧知识联结的练习只能训练语音语调的准确性和表达的流畅性。

其实教师在处理教材内容时要考虑语用，考虑语境的真实性。如果东西不是被包着(见下右图)，如果熊妈妈不是在让小熊猜测"What's this? Is it a strawberry? No, it isn't."对话就不符合语用的要求。教师在选择教学内容时也因此不能只关注语言形式，同时必须关注语言使用的语境，关注语言使用的真实性。

(程晓堂，王蔷，Ken Methold. 英语第二册. 北京：北京师范大学出版社，2005：24)

(程晓堂，王蔷，Ken Methold. 英语第三册. 北京：北京师范大学出版社，2012：12)

4. 内容选择应关注儿童的认知发展

我们选择教学内容时不可忽视语言材料本身所包含的认知。以下面的材料为例，语言虽然是询问年龄的，但是熊猫和猴子的选择可以促进儿童对年龄大小的认知。

下面的语音练习可以帮助儿童认知英语单词的字母发音，了解其音节组成，对儿童掌握英语发音至关重要。教师也因此不能只是简单朗读，必须关

注英语单词的发音规律，视其为教学内容的一部分。

（程晓堂，王蔷，Ken Methold. 英语第五册. 北京：北京师范大学出版社，2012：8）

5. 内容选择关注儿童的全面发展需求

虽然外语教学以培养学生的综合语言运用能力为目标，但是小学英语教学必须关注儿童的全面发展。在选择教学内容时不能只是关注词汇和语法，还必须关注教材之中所包含的生活知识、文化知识、情感态度等，关注教学材料本身在儿童认知发展中的作用。以下面 Unit 7 At the restaurant 为例。除话题本身所涉及的菜谱和"Do you like … What do you like … I like … I don't like …"以及与食品相关的词语外，我们还应该注意故事中 Mocky 为什么不吃这不吃那(尽管都是健康食品)而选择水果，也因此有必

（程晓堂，王蔷，Ken Methold. 英语第六册. 北京：北京师范大学出版社，2006：2～3）

要让学生知道动物的饮食爱好。如果我们只是关注材料所包含的语言，尽管我们的儿童能够用"What do you like? Do you like…?"等进行问答，那也只是语言而已，忽视了语言之外十分重要的东西。

(二)技能内容的选择

技能知识指有关听说读写等技能的知识，包含听的技巧，说的技巧，读的技巧和写的技巧。虽然学生可以通过隐性训练掌握这些技巧，但是作为教师必须明确这些技巧是什么，如何操作，学生如何才能掌握。英语中最基本的技能知识，从最基本的书写技巧、朗读技巧到阅读中的图式知识、口头交际中的会话技巧等都应该视为教学内容。在选择技能教学内容时我们应该注意以下几点。

1. 不可忽视的最基本技能

也许是因为《课程标准》过分强调语言运用能力的培养，小学阶段人们似乎忽视了基本的听力技能，基本的阅读技能，尤其是基本的书写技能的训练。到了大学阶段，仍旧有很多学生连英语字母的格式、书写笔顺都不对，连基本的轻弱读、连读、送气减弱(俗称失去爆破)等不会，造成写出来的东西很难认，说出来的不像英语。因此从课程教学的有效性出发，我们不可忽视最基本的技能。

英语的最基本技能除书写技能和朗读技能外，还包括口头交际中的启动话轮、结束话轮技能，阅读中的自动解码技能、语段阅读、关键词阅读等技能。在适当的单元教师有必要把这些技能知识纳入教学内容之列。我们很高兴看到有些自编教材能够关注书写技巧。如下面的材料。

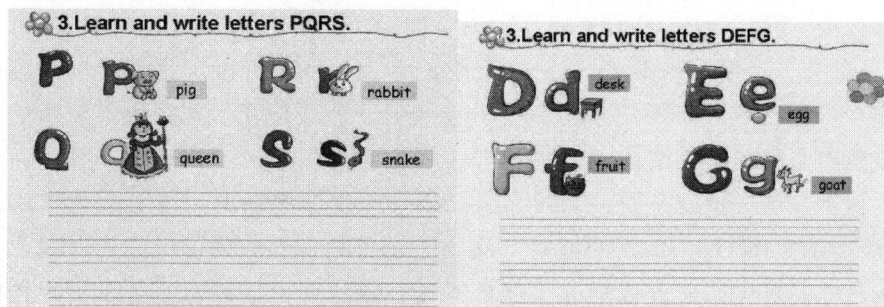

也许教材没有将基本的书写技能纳入教学编写范围，但很多教师在教学中能注意到书写技能，能在教学的某个环节让学生关注英语字母的书写方法。

（选自北京市第二中学亦庄学校张思敏的教学课件）

2. 教学内容要侧重显著性技能知识

在选择技能知识时尤其要关注显著性技能知识。所谓显著性技能指英语中不同于汉语的知识，这种知识既有语言知识，也有语言技能。比如，英语单词由多个音节组成时有重读弱读之分，一个句子也有重读与弱读之分，句子的语调除升调、降调外，更有低升、高升和降升，表达不同的语意。这些汉语中所没有的技能我们称之为显著性技能知识，如果我们不能掌握这些技能就会给听、读和口头交际造成影响。在选择教学内容时应该关注这些显著性知识，教师也因此必须关注小学教材中歌曲和 chant 在学生语音意识培养中的作用。

3. 听说读写教学以技能知识为主

不管是听说，还是读写，都会涉及词汇知识和语法知识，有的教师倾向于在所有的课型教学中(包括听说教学和阅读教学)都把词汇、语法作为核心内容，从某种程度上忽视了技能知识的学习，也因此难以培养相应的技能。

以本章第 26 页 Unit 4 Mocky's birthday(vocabulary)词汇教学案例为例，教师选择了教材中的 Words to Learn, Listen to This 和 Talk Together(见下图)三部分，其中 Words to Learn 呈现单词，Listen to This 是评价学生能否听懂生日的日期，Talk Together 是口头交际，属于应用。如果教师侧重的是儿童语言交际能力和情感态度的培养，那么就可以把对话技能作为核心，词汇为对话服务。也就是说，Talk Together 是核心，Words to Learn 和 Listen to This 是 Talk Together 的准备。从词汇学习的目的出发，也应该以口头交际为核心。其实，如果教学的主体是对话，就应该贯彻语言服务于听说技能发展的思想；如果阅读文本是教学的主体内容，那么教学就应该侧重阅读技能的培养，包括图式的建构，而不是词汇或语法的学习。

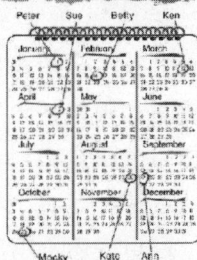

（程晓堂，王蔷，Ken Methold. 英语第九册．北京：北京师范大学出版社，2012：40，41）

(三)非语言内容的选择

不管是小学还是中学，外语教学的内容不能也不应该忽视非语言内容，小学阶段更是如此。语音、词汇、语法以及听说读写技能以外的内容都属于非语言内容，包括《课程标准》所说的策略知识、文化知识、情感态度，就小学而言还应该包括生活知识。

1. 策略知识

这里所说的策略知识包括词汇学习策略、记忆策略、听力策略、阅读策略等。以词汇教学为例，有必要将分类、映像、联想等纳入教学内容。因为，分类不仅是词汇学习的一种方法，同样也是儿童认知发展的需求。映像可以帮助儿童建立所指与能指的直接联系，通过将英语单词与行为、实物、图像等联系起来避免母语的干扰，有助于儿童理解英语单词。

在小学阶段，绝大部分教师都会注意朗读技能的训练，即使是阅读材料教师也会组织学生朗读，阅读策略也因此往往被教师所忽视。这当然也与某些教材以对话为主导内容或很少提供阅读活动有关。除基本的阅读技能之外，一些基本的阅读策略，尤其是跳读必须从儿童阶段就开始培养，因此跳读策略也应该作为教学内容之一。

2. 图式知识

图式有内容图式与形式图式之分，内容图式主要是背景知识和主题知识，而形式图式则包括语言图式、阅读图式、写作图式等。这里所说的图式知识主要指阅读图式和写作图式。所谓阅读图式指有关文本的语篇特征、组织特征、体裁特征等。小学阶段儿童还没有形成语篇的概念，对不同类型语篇的结构、逻辑等还不清楚，阅读教学也因此不只是培养学生的阅读技能，同时还肩负着建构阅读图式的功能，教师也因此必须把图式知识作为教学的内容之一。以本章案例2①（见附录），儿童不仅要了解森林的作用、人类对森林的破坏以及可能带来的后果，培养儿童的环保意识，同时还应该把语篇图式的建构作为教学内容之一，使学生了解文章的结构和逻辑。

3. 文化知识

在小学阶段，儿童还处于认识世界、形成文化意识的阶段。小学英语的教学也因此不只是英语国家的文化知识的学习，更为重要的是本族文化知识的建构，进而培养儿童的文化能力和文化素养。

文化是一个民族或社会共同具有的习俗、思想和社会行为，是一个民族的核心信仰、价值观以及行为模式，是不断演进的生活方式。文化可以反映在人们的衣食住行之中。服装、饮食、建筑可以反映一种文化，人与人之间的交际方式反映一种文化，学校的一些规章制度同样反映一种文化。比如，中国的家庭观念反映的是中国文化，中国人所提倡的与人交往中的各种礼仪也是中国文化，儿童要端坐在课桌后面认真听讲也是中国的一种学校文化。不管是阅读语篇，还是听说对话，只要有人物活动就会包含文化；只要教材中有建筑、服饰、饮食，文化也就包含其中。在选择教学内容时我们也因此必须关注中国的文化，而不是强调英语国家的文化。

有些材料本身是关于节日习俗的，教师们很容易注意到其所包含的文化信息。如下面的阅读文本介绍了美国的万圣节和中国的元宵节，文化信息十分明显。而下面的活动 Touch and Say 所包含的文化信息有可能被教师忽略。其实，Touch and Say 活动包含了中国的传统文化，如果教师能注意其中的文化因素，将文化信息视为教学内容之一，可以采用角色扮演的方式开展课堂活动。

---

① 本案例由北京市大兴区第七小学齐斌设计提供。

Touch and Say

- It's Friday afternoon. What will Ben do this weekend?

1. Read the text and check the festival.

Tanya: Kevin, tell me something about Halloween. It is a big festival in your country, isn't it?
Kevin: Yes, it is a big festival in USA. It's on October 31st.
Tanya: What do you do on the festival?
Kevin: In the evening, we often dress up and go to our neighbors' houses. We knock at the door and ask for candies. We also make pumpkin lanterns.
Tanya: Pumpkin lanterns? That's interesting. We have a special festival with lanterns.
Kenin: That's the Lantern Festival, isn't it? When is the festival?
Tanya: It is usually in February, but sometimes it is in January.
Kevin: What do you do on the festival?
Tanya: Well, we make lanterns for the festival. In the evening we usually have a lantern show. We also eat a special food *tangyuan* for the festival.
Kevin: Wow, *tangyuan*, sounds great. It must be very delicious.

（程晓堂，王蔷，Ken Methold. 英语第十册．北京：北京师范大学出版社，2011：18，43）

4. 生活知识

从儿童走进学校那天起，大部分时间便开始在这里度过。如果学校教育只是着眼于知识的学习，英语教学只是学习语言知识，培养语言技能，那么儿童就失去了认识世界，融入社会，发展生存能力的机会。小学英语教学也因此必须关注生活知识的学习。以下面材料为例，如果我们将教学聚焦于语言知识的学习，而忽视了生活知识，不能引导儿童注意故事中包含的生活信息，那就不能称其为有效教学。通过本故事的学习，儿童应该懂得汤有可能会比较烫，喝的时候要注意，同时了解如果烫伤了该如何做。因此，在选择教学内容时我们不可忽视语言之外的内容，帮助孩子了解生活、世界、文化等各方面的知识，培养儿童的综合素养。虽然本章案例1和案例2在目标设置中也都考虑儿童的综合发展，但是在知识教学内容选择方面仍旧以语言知识为主。

（程晓堂，王蔷，Ken Methold. 英语第四册．北京：北京师范大学出版社，2011：26，27）

(四)内容选择的认知参照

1. 词汇教学内容的认知参照

在选择教学内容时我们必须关注所选教学内容的认知特征。这里所说的认知特征指儿童是如何习得这些知识。以词汇为例，英语的词汇不是通过词形学习和记忆的，而是通过语音。儿童通过建立语音与意义的链接学习、记忆和使用语言，语音意识的培养在儿童的语言习得中起着十分重要的作用。如果儿童的语音意识很低，不仅其听说能力的发展会受到影响，其阅读能力的发展也会受阻碍。教师在选择教学内容时也必须关注英语词汇的语音特征。

传统的英语教学通常是将单词孤立地处理，虽然也有短语、搭配的介绍，却很少将语块作为词汇教学单位。研究发现，英语口语中75%的都是语块，这就颠覆了以往人们对语言的认识(认为语言是由单词按照一定的语法规则组成的)。词汇习得研究表明，语块可以作为一个整体存在大脑之中，使用时可以整体提取。儿童阶段的词汇教学在内容选择方面也因此应该关注文本材料中的语块信息。比如上面有关节日的阅读材料中就包括了诸如"tell me something about, in the evening, knock at the door, ask for, When is … What do you do … A lantern show, eat … for the festival, sound great"等语块结构。

2. 语法教学内容的认知参照

受结构主义的影响，人们习惯于将语言分解成词汇、语法，将语法分解成主谓宾等句式以及时态、语态、主句从句等各种结构。语法教学也一直沿袭结构主义教学思想，小学阶段教师也会对语法进行分析、总结，组织聚焦训练。但是，二语习得相关研究，尤其是母语习得研究发现，很多语法结构同样是以语块的方式被人们所习得。因此，在选择语法教学内容时我们应该注意分析哪些可以作为语块处理，哪些很难按照语块处理，而不得不采用结构主义的教学方式。

当然，语法教学内容语块化的另外一个原因是儿童的认知基础。我们知道，小学阶段，儿童的分析能力还比较弱，不宜做语法结构分析。如果我们可以将一些语法结构以语块方式处理，则会提升语法教学的有效性。比如bigger than, faster than, more … than 的比较级等都可以视为语块进行处理；there is a … 和现在进行时也同样可以按照语块处理。教材在处理语言时也都开始注意语块的处理，比如下面的案例。Are you interested in … ? What's your hobby? 句型就属于语块的范畴，而 collecting stamps, planting flowers, taking photos, making dolls, playing computer games 本身就是语块。不管教材编写者如此设计的初衷是否是遵循语块的呈现原则，但是其处理方式可以增强学生的语块意识，教师也因此应该强化语块的概念和学习习惯。

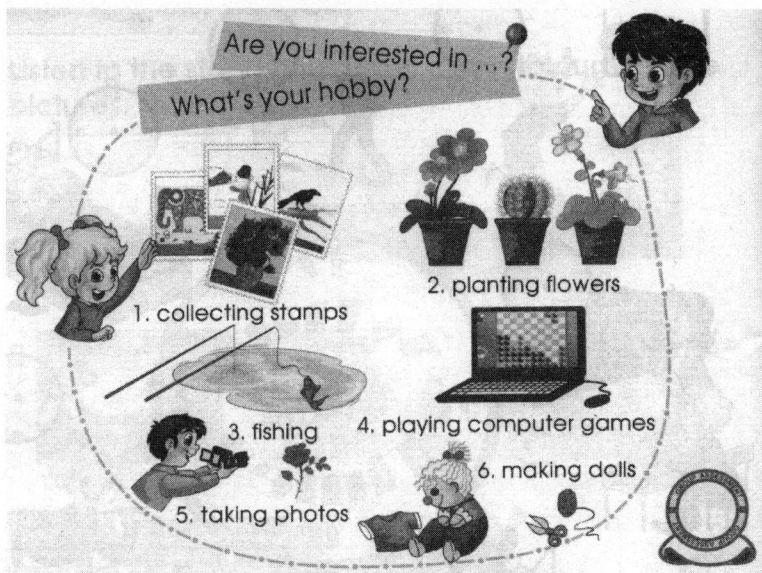

（义务教育教科书《英语》六年级上册・北京：人民教育出版社，2014：40）

3. 阅读教学内容的认知参照

阅读教学的认知参照指在选择阅读教学内容时我们必须关注阅读内容对儿童的认知要求，关注儿童是如何阅读的。

如果我们选择的阅读教学内容超出了儿童的认知水平，比如儿童不具备相关的图式知识，那么我们就要分析是什么样的图式知识，这些图式知识是否会影响儿童理解，图式建构是否构成阅读教学的目标之一。如果是相关背景知识，我们可以选择在阅读前激活相关背景知识；如果是阅读图式，需要建构，那么就可以把图式作为教学内容之一。

从阅读机制出发，人们对一个句子的理解首先是解码，然后从记忆中提取已储存的信息，最后将这些信息整合起来才能理解句子。解码是将印刷符号转变成语音符号的过程，当学生无法识别拼写时，便借助语音意识帮助其解码，从而理解单词，理解句子。这说明语音意识在阅读中起着十分重要的作用。那么，在选择阅读教学内容时也必须考虑是否有语音意识影响儿童的阅读，或者通过阅读是否可以培养语音意识。

二、教学内容的有效处理

【案例展示】

本案例选自一节阅读课，材料选自北师大版小学英语第十二册"Unit 9 Life in the year 2050"。本案例所处理的是这一单元的阅读部分"Why do we need the forests?"案例基于对本班儿童的需求分析，根据《课程标准》的教学理念对教学内容进行了适当的调整，可供大家参考(具体见附录案例2[①])。

【案例指引】

不同的话题，不同的教学内容，如果所服务的主题不同，教学的侧重会有所不同。词汇教学、语法教学、阅读教学、听说教学，其教学内容各有不同，教学的核心目标也不一样，教材所提供的素材也会不同。再者，同一话题，不同版本的教材所提供的素材也会存在差别。更何况，儿童在语言基础、认知风格、多元智能、兴趣爱好各方面存在着不同程度的差异，这就给教师处理教材，处理教学内容提出了更高的要求。

每节课都有其核心教学目标，有其服务的主题。以本案例为例，主题为环保，具体地说是保护森林，所以教师在教学中增加了有关森林砍伐和环境保护的视频，增加了讨论活动，要求学生讨论日常生活中如何保护环境，并且布置了制作环保手抄报的课后作业。

虽然阅读从儿童认识第一个英文字母就已经开始，但是语篇阅读对儿童来说在认知层面还是很有难度。就阅读教学而言，图式建构应该构成儿童阅读教学的核心目标之一。那么，语篇的处理也应该服务于语篇阅读这一目标。本案例将一个完整的语篇分解成三部分处理，破坏了语篇的整体性，不利于阅读图式的建构。

当然，处理方式的差异缘于教学理念的不同。当我们不把语篇图式的建构作为教学的核心目标，而是把信息提取作为目标之一，把提升儿童的环保意识作为核心目标时，教学内容的处理就会不同。本案例中对语篇图式的处理反映的正是这一点。

任何教学只有基于学习者的需求分析才能达成有效教学。如果学生已经掌握了基本的阅读策略，如跳读、览读等，知道如何通过阅读提取具体的信息，阅读教学也就不会把阅读技能训练作为目标之一，教学活动的选择以及

---

① 本案例由北京市大兴区第七小学齐斌提供。

教学内容的处理也就没有必要针对阅读策略的培养。

主题以及教学目标的差异会影响教学难点和重点的选择，而难点和重点的选择除考虑语言学习因素之外，更要考虑学习者的差异需求。但是，我们应该明确，难点未必是重点，重点未必是难点。

本案例是一则阅读教学，如果是听说或者是语法，在教材处理方面要考虑的因素就会有区别。比如，词汇选择的方式、语法选择的方式与阅读选择的方式会存在很大的差别。但是，不管是什么类型的教学，我们都应该牢记小学阶段的教学目标，关注儿童的认知发展和综合素养的提高，以促进儿童的参与为标准。在教学内容的处理方面我们也应该关注教学内容的认知特征，关注儿童的多元智能和学习风格，关注儿童的学习习惯，增加教学内容的真实性、生活性、趣味性，使其符合我们所要传达的教学理念，适应学生的真实需求。

（一）内容处理应关注学习者语言基础

尽管在编写小学教材时编写者已经考虑到儿童的语言基础，每套教材从小学一年级到六年级都可以构成一个系列，语言难度逐步增加。但是不同学校、不同班级学生的语言基础仍存在差别，儿童也未必能够达到新学内容的语言要求。分析学习者的已有基础也就成为教学设计必须做的前期工作。

1. 分析学习内容语言方面的要求

对学习内容的语言分析要求教师必须明确两点，一是学习内容所包含的语言现象；二是从教材的设计出发哪些是新授知识，哪些是已学知识。这就要求教师对教材有一个整体的把握，而不是只是关注具体的单元需求。

以本章案例2（见第二章附录）为例。阅读材料除单词短语之外，还包括了一般将来时 will 和 if 条件句，阅读后的第一个活动 Match the causes with the results 还强化了 if 从句。那么，我们是否需要把 will 的用法和 if 从句作为本节的内容，如果不又应如何处理。这是本课的 Read and Find out 部分，在此之前本单元还包括 Life in the year 2050 的配图阅读，Talk Together，Listen to This，Words to Know，Agree with a Friend 和 Complete the Sentences 六部分，学生已经学习 will 表示将来的用法，will 也因此不构成阅读的障碍。If 从句虽然之前没有出现，但是如果学生知道 if 的单词含义，句子理解就不成问题，况且小学阶段并没有要求儿童掌握 If 从句。由此看来，这两项语法项目都不构成阅读障碍。从语言角度出发，学生要理解课文，需要熟悉 oxygen, breathe, rain forest, cut down trees, disappear, change the temperature, rise, pollution, reduce, 如何处理这些词汇需要教师分析教材，从教材设计的角度判断学生是否接触过这些单词。仅就本单元而言，学生已经学过 forest, cut down branches of trees, 而从课后单词表来看，这些词不属于生词。也就是说，学生要阅读这篇文章不存在语言方面的问题，学生应该具备理解阅读文章的语言基础。

（程晓堂，王蔷，Ken Methold. 英语第十册. 北京：北京师范大学出版社，2011：26，30）

2. 分析儿童的已有基础

外语教学总是在儿童已有的母语基础和认知基础上进行的，外语教学也因此不能忽视儿童的已有基础。比如下面的案例展示为本章附录案例 2 中略去的学情分析部分。齐老师分析了学生学习森林话题文章的已有语言基础，认为 oxygen /reduce /sea level /fewer and fewer 等会造成学生的阅读障碍，但是学生已经掌握了一定的阅读技能，如略读、训读、词义猜测等。

不同的分析需要采用不同的方式。对学生已有基础的分析可以采用问卷、测试、访谈等方式。如果不是小学第一学期，同样可以通过对以往教学中的观察分析了解学生的学习状态、学习习惯、兴趣爱好等。下面的案例中，齐老师通过调研的方式，分析了学生对森林话题的准备和语言基础。

【案例展示】学情分析（北京市大兴区第七小学齐斌）

（1）本篇阅读与以往北师大版阅读材料有所不同，属于科普性较强的阅读题材。语篇内容是围绕着"我们为什么需要森林"一主题叙述的。本校六年级学生在科学课上虽然接触过"森林的作用"这个话题，但对环境保护的词汇的掌握也仅限于中文描述上。

在北师大版教材中，科普知识的文章并不常见，因此学生在语篇的学习过程中，对某些科普词汇会出现理解障碍，例如：oxygen/temperature/sea level 等。

（2）执教教师所任教的这一届六年级学生从四年级就开始进行语篇学习，目前学生经过了近两年半时间的阅读训练，已经掌握了一些基本阅读技巧，如：略读、寻读、联系上下文推测词义、给文章归纳标题、从文中找出相应问题的线索和依据等阅读策略。

（3）六年级大多数学生在学习上能够主动学习，能够在课前预习语篇内容，查阅生词等，教师在课上就需要多给这部分学生机会展示他们的学习成果；相较于这部分学生，有些学生学习比较被动，教师就应提前布置学习任务，如：提出相关问题，鼓励学生进行阅读并找出答案，借此来增加学生对语篇的学习主动性。

（4）本次授课班级的学生学习特点是积极乐观，学习热情比较高。学生勤于思考，善于提问。在课堂上，他们不只是学习者，更是探究者。

通过课前调研，学生能够主动预习本课语篇内容，并且上网查阅了一部分有关森林作用的英文背景知识。针对语篇部分，学生不理解的单词有：oxygen/the largest /be able to/cut down/disappear/forever/temperature/north/sea level/reduce/fewer and fewer。

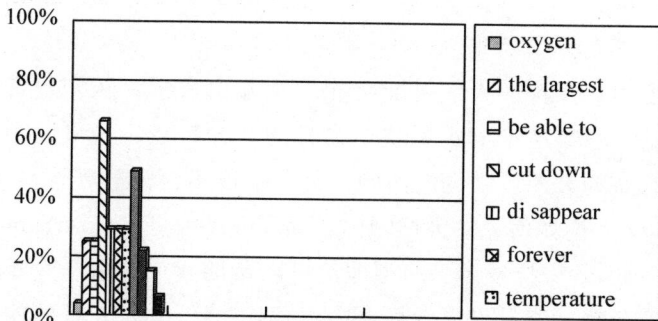

（根据数据对比分析，大部分学生对以下几个词的理解存在困难：oxygen/reduce/sea level/fewer and fewer 等，因此对这部分词汇需提供一定语境有助于学生更好地理解文章。）

对学生已有基础的分析不仅包括语言、策略、背景知识，还应该包括语篇图式。比如，学生是否具备因果关系的逻辑分析能力。作为阅读教学，有必要分析学生是否具备语篇结构图式和因果关系分析图式。教师可以给出相应的汉语，诊断学生是否具备因果关系分析能力。

3. 进行适当的语言图式激活或补缺

内容的处理表现为内容、知识或活动的调整、增减。以阅读教学为例，如果学生缺乏相应的语言基础，而又很难在阅读中实施教学，那么就可以尝试在读前处理，增加相应的语言学习活动。以本章案例2(见附录第二章案例2)为例，既然老师认为学生不理解 oxygen /the largest /be able to /cut down /disappear /forever /temperature /north /sea level /reduce /fewer and fewer，那么就应该采用某种方式处理。从教师的教学设计我们可以看出，教师通过话题的导入引出了 fewer and fewer 和 forest，并没有对其他词语进行处理。虽然教师认为学生理解 oxygen /reduce /sea level 有困难，但是并没有对这三个词语做任何的处理。我们不是说对学生可能存在理解困难的语言一定要在读前处理，但是教师总要通过某种方式，在教学的某个活动帮助学生理解，教师也应该通过某种方式评价学生是否理解，否则难以保证教学目标的达成。

(二)内容处理应关注语言认知

我们用语言表达我们所见、所闻、所感、所体验，语言表达的方式也因此反映了我们如何看世界，如何认识世界，如何感受世界，如何与人交往，反映了我们的思维方式。这就是我们这里所说的语言认知。教材呈现的只是印刷符号，如果我们在处理这些印刷符号时能考虑语言认知问题，就会促进儿童的语言习得。

1. 关注语言的认知特征

说到语言的认知特征人们可能会想到认知语言学。认知语言学的原型理论、拟像理论、隐喻理论确实反映了语言的认知特点，也可以为我们理解语言认知提供有益的参考。以词汇为例，英语中很多词汇的表达具有拟像特征。比如，whisper 无论如何无法大声喊出，而 shout 则可以，scream 所表达的尖叫也只有像 scream 一样发声。原型理论可以帮助我们理解一个单词意思的变化，哪是原型范畴，哪是引申意思。在汉语中"手"作为人身体的一部位显然属于原型义项，而帮手、助手等中的"手"为引申意思。英语中 hand 的原型义项同样是 part of the body，而 lend somebody a hand, hand in 等中的 hand 则为引申意思。

2. 根据语言的认知规律处理语言

没有任何教材按照语言认知呈现词汇、语法，但是教学需要遵循语言认知的规律，以提升教学的有效性，这就要求教师尊重语言规律。以呈现为例，表示行为的词语，如 run, walk, jump, sit down, rush 用行为表现呈现；表示情绪的词语配以面部表情，如 happy, sad；人们可以感知的词语用体验的方式呈现，如 heavy 和 light，让儿童搬动东西感受 heavy 和 light，则能促进儿童的词汇习得。

要清楚哪些语言可以搭配图片，哪些应该搭配动画，哪些应该搭配行为，哪些应搭配声音。虽然目前各出版社都会提供图片和动画，但是如果使用不当，也很难产生预期的效果。

(三)内容处理应关注语用的真实性

脱离语境的语言是死的语言。脱离语境呈现语言，学生难以感知语言的语用；而脱离语境的机械训练也只能让学生熟悉语言形式，无法促成其语言应用能力。但是，教材所提供的训练活动未必具有真实性，这就要求教师在呈现、训练以及应用环节充分考虑语用问题。

1. 关注语言使用的真实语境

话题不同，语言使用不同；同一个话题与不同的人交流，语言使用不同；即使与同一个人就同一话题交流，如果交流的目的不同，语言使用也会有别；另外，语言使用媒介不同(比如口头还是笔头，即席还是准备过)，语言都会有所不同。也就是说，语言的使用需要考虑语境，考虑到语境中交流双方的角色、关系，考虑交际的目的以及交际的方式。当我们分析语用时必须注意其语境、人物角色和交际方式。

以下面的活动为例，活动涉及"Do you have any …?"和"How much are / is…?"那么这种交际发生的场景自然是超市、服装店、百货等地点，交际的双方是售货员和消费者，目的是购物，交际方式为口头即席。在这种情况下语言比较口语化，不会太正式。但是，如果这种交际是通过网络完成，就会出现差别。

Touch, Ask, and Answer

Do you have any small shirts?
Yes, we do.
How much are they?
They're twenty-three yuan.

Do you have any large socks?
No, we don't have any.
Do you have any brown shoes?
Yes, we do.

（程晓堂，王蔷，Ken Methold. 英语第七册. 北京：北京师范大学出版社，2012：33）

　　小学阶段同样涉及语法教学，而语法教学的真实性、交际性、情境化同样是我们需要关注的。尽管目前的教材都比较注意情境的运用(比如下面的案例)，但是，如果情境离学生太远，或者是儿童很少有的经历，也不利于学生掌握语言。因此，真实是相对的。我们这里所说的真实应该是相对于儿童来说是真实的，是可能存在的，可能发生的。

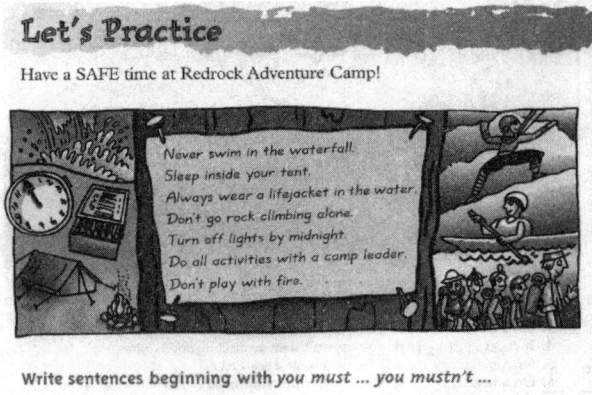

Let's Practice

Have a SAFE time at Redrock Adventure Camp!

Never swim in the waterfall.
Sleep inside your tent.
Always wear a lifejacket in the water.
Don't go rock climbing alone.
Turn off lights by midnight.
Do all activities with a camp leader.
Don't play with fire.

Write sentences beginning with you must ... you mustn't ...

（程晓堂，王蔷，Ken Methold. 英语第十册. 北京：北京师范大学出版社，2011：8）

　　2. 创设语言使用的真实语境

　　由于教材编写自身的局限性，教材中的训练活动未必符合语用的要求。这就要求教师从语用的角度出发创设交际发生的真实语境。如下面材料中的 Touch, Ask and Answer 很明显是脱离语境的机械训练，不是语言应用。要培养学生真实的交际能力，就需要教师考虑在什么情况下人们才会问"Whose…? Is it (Mocky's)…?"又是谁在问谁，问的目的是什么，然后设计交际可以发生的语境，比如为失物寻找主人，甚至是将学生的东西收起来然后通过询问发回到主人手中等。

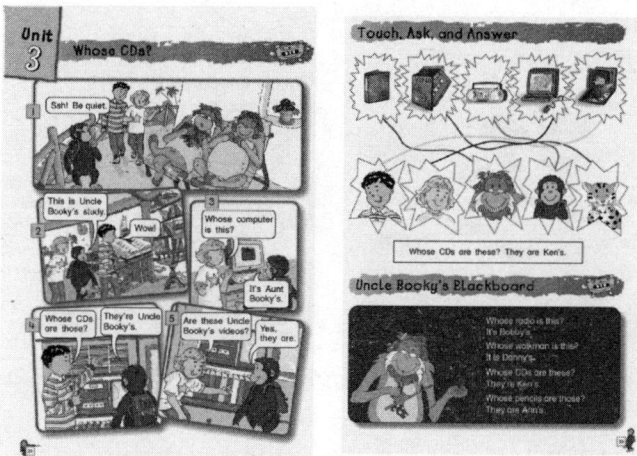

（程晓堂，王蔷，Ken Methold. 英语第五册. 北京：北京师范大学出版社，2012：26～33）

(四)内容处理应该关注儿童的认知特征

虽然所有的学生都要阅读同一篇材料，听同一段对话，学习同样的内容。但是，儿童的认知特点不同，优势智能倾向不同，学习习惯也不同。在处理材料时如果我们能够关注到儿童在认知方面的差异，使语言的呈现、训练、应用与评价等适合儿童的习惯和智能倾向，则可以大大提升教学的效果和效率。

1. 分析学习内容以及教学活动认知适应度

要根据儿童的认知调整教学内容与教学活动设计，首先必须分析教学内容与活动的认知适应度。比如说，多数老师都喜欢给单词短语配图片，而小学英语教材也多是将图片与文本匹配，有的出版社把对话阅读也做成动画。这些语言、文本是否适合用图片呈现，用动画呈现，还可以用什么方式呈现，有多少种呈现方式，如何呈现才能适应班级里的主流认知风格？因此，我们首先必须分析教学内容与教学活动的认知适应度。

以下面的材料为例，Learn to Say 中的词汇为行为动词，教材是借助图片呈现，但是同样可以用行为、动画呈现，也可以要求学生做动作、画画等表示自己是否理解。而 Talk Together 对话可以是文本，可以借助视频动画，也可以配图片帮助学生理解。在检查学生是否理解对话时可以要求学生回答问题、判断描述是否正确，能否适应语言智能优势的学生；可以要求学生阅读对话，然后将对话中提到的人物正在做的事情用行为表现出来，其他同学判断是否正确，以适应动觉学习为主型的儿童；可以通过图片呈现，要求学生将图片与人物匹配，以适应空间智能优势学习者。

（程晓堂，王蕾，Ken Methold. 英语第五册. 北京：北京师范大学出版社，2012：40，41）

2. 增加活动的选择性与开放性

每个班级都会存在智能差异、学习风格差异，因此一个活动不可能适应所有儿童的认知需求。如果我们能够给学生提供自主选择的机会，比如在上面的 Talk Together 案例中，学生可以选择以自己喜欢的方式呈现电话内容，呈现电话中提到的人物都在做什么事情。如能这样就可以适合更多儿童的智能倾向，也许所有的学生都能展示自己的理解，每个学生都可以享受成功感。

再如下面的材料，涉及美国儿童在家里都做什么，理解活动可以开放性强一点，给学生充分的自由。教材要求学生阅读判断自己在家里是否也像美国儿童一样也会做这些事情，同时写出其中没有包含的自己所做之事。这种活动对儿童的语言表达能力要求较高，一些语言基础教低，表达能力较弱的儿童难以展示自己的理解，也因此不能适应儿童的认知差异。如果我们调整活动设计，将其变成如下要求，则所有的学生都可以展示自己的理解。

Instruction：What do American children do at home? Read the text and demonstrate your understanding. You can show your understanding in any way you like. You can also choose from the following：Draw pictures, act them out, tell in Chinese, etc.

Read and Write

Before you read...

What do you know about American children's chores?

In America, many parents teach their children to help with chores. When children do chores, they feel they are part of the family, and they learn many skills. Doing chores helps children become responsible and feel good about themselves and about helping others. Below are some chores that American children often do:

- Help with shopping
- Set and clear the table
- Make a simple breakfast or lunch
- Wash dishes
- Put away dishes
- Dust furniture
- Separate clothes for washing
- Water plants and flowers
- Feed and walk pets
- Wash the family car
- Clean the rooms
- Make the beds.

Do you do these chores at home? What other chores do you do? Write a paragraph about them.

（程晓堂，王蔷，Ken Methold. 英语第九册. 北京：北京师范大学出版社，2011：18）

（五）内容处理应该基于教学目标

不同的教学内容服务于不同的教学目标，不同的教学活动达成的教学目标也不同。在处理教学内容、调整教学活动时必须牢记课堂教学目标，否则话题再有趣，内容再适合儿童的语言基础，活动再适合儿童的认知，也不可能达成有效教学的目标。

1. 根据教学目标调整教学内容

教材编写时，编写者有其预设的教学目标，每个单元的教学目标指向整册书的教学目标，一套教材各册书的教学目标指向小学阶段的课程目标。但是，实施过程中，每个学校的物理环境和人文环境不同，可用资源有别，教师的教学能力也不一样，参与课程学习的儿童在语言基础、认知能力、学习能力等各方面又存在不同程度的差异，要求教师必须调整其教学目标。教学目标的调整自然要求有与其相适应的学习内容，支撑目标达成的学习活动。

以下面的材料为例。从对话和其后的活动来看，教学目标应该是学生能听懂 Do you like…? I like… 和 I don't like… 表述的有关食物的喜好，能够用 Do you like…? 询问他人喜欢什么，能用 I like… I don't like… 表达自己喜欢什么、不喜欢什么，能完成饭店点菜等。具体到班级教学，根据学生的已有基础和学习能力，教师有可能增加 What do you like…? 考虑到饭店点菜的实际，可以增加 Would you like to order now? 有必要增加新的食物，以便学生能够交流。

（程晓堂，王蔷，Ken Methold. 英语第四册．北京：北京师范大学出版社，2011：6，7）

如果目标定位在饭店点菜或者为食客服务，就需要准备合适的菜单，调整对话。因为，这是饭店服务场景，而课文只是 Ann 和 Ken 的对话，没有服务员的参与，不构成完整的就餐对话。教师有必要增加服务员的问话，如 Would you like to order? 点菜结束时服务员也会说 Wait a minute, please.

再如下面的材料，对话涉及名词性物主代词，交际任务是寻找物品主人。考虑到语言应用目标，我们不可能只是要求学生复述对话，这就需要教师增加新的内容。比如，如果我们将学生的物品收集起来，让学生通过问答将东西发下去，就需要增加相关的词汇。如果教师设置失物招领的场景，同样会涉及新的词汇。

（陈琳，Printha Ellis. 英语第五册．北京：外语教学与研究出版社，2005：17）

2. 根据教学目标调整教学活动

本节所说的内容处理不仅包括教学内容的处理，也包括学习活动的处理。教师需要根据具体的目标达成要求增加活动，替换活动，或者是调整教材中的活动。以上面的饭店服务对话为例。要达成应用目标，同时培养学生良好的习惯和礼貌行为，就需要设计角色扮演活动。首先需要设置饭店的场景，明确角色扮演要求，提供相应的信息支撑。

没有任何教材可以提供完全合适的学习材料，提供足够适当的活动设计，因此要求教师在教材分析和学习者分析的基础上进行适当调整，需要教师设计新的教学活动。那么，活动设计需要注意哪些原则，如何才能保证活动设计的有效性呢？我们将在第三章重点讨论小学英语教学中活动设计的问题。

附录

第二章案例1

Unit 3 School sports day 第一课时
刘宝莲 北京市大兴区第八小学

知识与技能目标：

1. 能够在图片情境中理解连环画故事内容，对配图故事进行朗读和分角色朗读；

2. 能够在连环画故事的情景中阅读理解语篇故事，找出比赛的结果，并运用表示次序的词汇：first，second，third 和过去时态简单描述比赛结果；

3. 能够在板书图片、文字和老师的帮助下简单复述故事。

情感态度目标：

通过故事的学习，学习 Mocky 的集体荣誉感。

学习策略目标：

能够对不知道的内容提出质疑并能通过阅读和交流解决学习中的问题。

教学重点：

理解故事内容及 first、second 和 third 的发音和意思。

教学难点：

用表示次序的词汇 first，second，third 和过去时态简单描述比赛结果。

教学过程：

Ⅰ. Warming-up

1. Free talk；观看刘翔比赛的视频

通过与学生交流爱好的运动导入话题，然后让学生带着问题（Did Liu Xiang win the race?）观看刘翔的比赛录像。

【策略使用】让学生带着问题有目的地看录像，明确观看目的。

【设计意图】通过师生进行有关运动话题的简单交流，自然引出观看运动明星刘翔的比赛录像，一下子吸引学生的注意力，并让学生感受到 excited 的感觉，初步感知 congratulation 的含义，也为后面领奖台的出现创设了合理的情境。

2. 认识领奖台及介绍评价规则

【策略使用】通过认识领奖台，使学生明确 first，second，third，win，和 prize 的含义，达到图文的匹配。在词语与相应事物之间建立联想。

【设计意图】通过认识领奖台和奖品，初步感知 first，second，third，win，和 prize 的含义，并借此介绍小组评价的规则，激发学生学习的热情。

Ⅱ. Presentation

1. 预测 Ken、Ann 和 Mocky 的比赛结果，自读故事并查找答案

出示图片，引导学生描述图片内容，教师板书 school sports day，教师邀请三个不同层次的学生分别回答。之后教师引导学生再次猜测 Ann 和 Mocky 的比赛结果，并在同伴中交流。

【策略使用】预测故事中 Ken、Ann 和 Mocky 的比赛结果。

【设计意图】通过预测故事中比赛的结果，启发了学生的思维，激发了学生的阅读兴趣。

2. 观看动画故事，核对答案并整体感知故事内容

【设计意图】通过让学生描述 Ken、Ann 和 Mocky 比赛结果初步运用 first、second、third，并在贴头像的活动中检测学生对 first、second、third 的含义的理解。同时通过询问其他学生"Do you agree?"将目光转向全体学生。

3. 再读故事，自主阅读查找第一场和第二场比赛中其他选手的比赛

【策略使用】引导学生质疑，带着问题定向阅读，渗透阅读的策略；小组合作交流，关注不同层次的学生。

【设计意图】通过引导学生质疑，将学生的兴趣聚焦到故事的细节上，再次激发了学生阅读的兴趣，独立阅读有困难的学生也可在之后的小组交流中得到自己想要的答案，并在小组交流中对比赛的结果进行简单的描述，为之后的复述故事活动进行语言上的铺垫。

4. 观看故事第二遍 师生共同构建故事深入理解故事细节信息

引导学生与老师共同构建故事，结合图片 1—9 引导学生说出故事中的语言、比赛中的人物名称、人物的语言、描述比赛的结果、关注 Mocky，体会 Mocky 情绪和表情的变化，引导学生体会 Mocky 获奖的心情并适时进行德育渗透。

【策略使用】积极参与学习活动，抓住一切机会进行语言的实践。

【设计意图】和学生共同构建故事，在这一过程中渗透语篇中的语言，引导学生观察故事中人、物、环境，文字、插图等信息，体会人物情感，深入理解故事情节。

Ⅲ. Practice

1. 学生听录音指读故事

2. 学生自读故事

3. 小组分角色朗读故事

【策略使用】合作学习，和同学一起分工合作共同完成分角色朗读故事的任务。

【设计意图】学生跟录音机读，自读，小组分角色朗读等方式对故事进行操练。

Ⅳ. Production

1. 小组分角色朗读展示

2. 语篇和故事图片匹配

(1)默读语篇，进行图文的匹配。

(2)核对答案并跟读语篇。

3. 复述故事

教师示范根据板书复述故事。

【设计意图】教师给出示范，引导学生在板书和插图的提示下试着复述课文，培养学生语言表达能力。

Ⅴ. Homework

第二章案例2

Unit 9 Why do we need forests? 阅读教学

齐斌　大兴区第七小学

教学目标：

知识与技能目标：

1. 学生能够借助图片和课件，理解语篇大意并了解人类过度砍伐森林的后果。

2. 学生能够认读、理解以下词汇。

oxygen/the largest /be able to/cut down/disappear

forever /temperature/north/sea level/reduce/fewer and fewer

3. 学生能够结合"环境保护"的主题，描述在日常生活中如何落实环保的具体行为。

情感态度目标：

学生通过学习语篇，一方面能够了解森林对人类的重要性；另一方面能够增强日常生活中的环保意识。

学习策略目标：

通过语篇阅读训练，提高学生将已有的预测、联系上下文猜测词义等基础阅读技巧加以综合运用的能力。

教学重点：

1. 学生能够理解语篇的主题和基本内容，并完成相关阅读练习。

2. 学生结合"环保"这一主题，在小组内讨论日常生活中的环境保护措施。

教学难点：

学生理解以下词汇：oxygen/ reduce /sea level/fewer and fewer.

教学过程：

Step 1：Warming-up

(1)教师在课件中出示故事主题图片，学生回答问题："They were …/ They…"。教师设问："Well, why did they plant trees?"学生回答："Because…"

(2)教师总结说："It was wonderful that Bingo kids planted trees in the forests. If you have the chance, please plant more trees too."学生倾听。

Step 2：Learning the passage

Activity 1：Pre-reading

(1)教师呈现以下图片，与学生交流呈现 fewer and fewer，接着播放"森林遭到过度砍伐"的视频，教师引导学生思考："What happened to the forests?"，学生回答："I think …"教师询问学生感受："How do you feel about it? Why?"学生回答："I'm/I feel … because …"

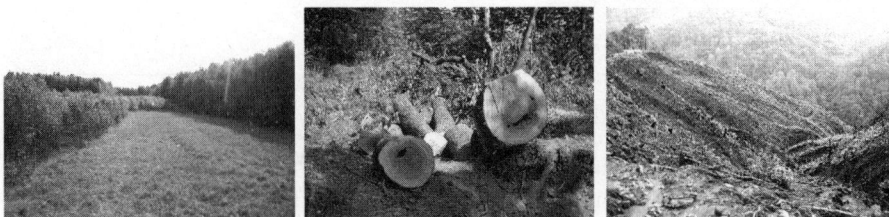

(2)教师提问："Well, do you know any uses of the forests?"学生思考并回答："I think the forests/they can…"

Uses of the forests
1.They can make the furniture.
2.They can make the paper.
3.They can stop the wind and the sand.
4.They can make the oxen.

Activity 2：While-reading

（1）教师在课件中展示两个问题，学生带着问题自主阅读语篇第一段内容并回答下面 2 个问题。

Why do we need the forests?

Which is the largest rain forest in the world?

（2）学生读第二段文字回答"If we keep cutting more trees, what will happen"。

教师进一步询问："What will happen next?"学生进行回答："I think/Maybe…"教师根据学生的回答在板书上呈现结果。

If we keep cutting down more trees

a.   b.   c.   d.

1. The sea level will rise(c)
2. There will be more pollution in the air (d)
3. The ice will become water(a)
4. The temperature will rise(b)

（3）学生阅读第三段内容回答"Which shows the idea of the title?"

Activity 3：Post-reading

（1）学生做因果关系连线

Match the causes(起因)with the results(结果).

1. If there is no oxygen,　　　　a. sea level will rise.

2. If we cut down too many trees,　　b. we won't be able to breathe.

3. If the world becomes hotter,　　c. we will have a better future.

4. If all the ice becomes water,　　d. there will be less oxygen.

5. If we plant more trees,　　　e. the ice in the north will become water.

（2）学生讨论，列出森林的作用。最后全班汇报。

Write out some other uses of the forests.

1. They are the home for many animals.

2. They help hold water on land.

3. _____

4. _____

5. _____

Step 4：Consolidation

（1）教师播放一段有关"环境污染，人类和动物生存环境面临威胁"的视频，询问学生的感受，借此提出"What should we do next? Please discuss it in your groups and write it down on the paper"。

（2）学生先进行小组讨论，然后在资料卡上记录下自己的环保做法。

Talk in your groups(小组讨论)

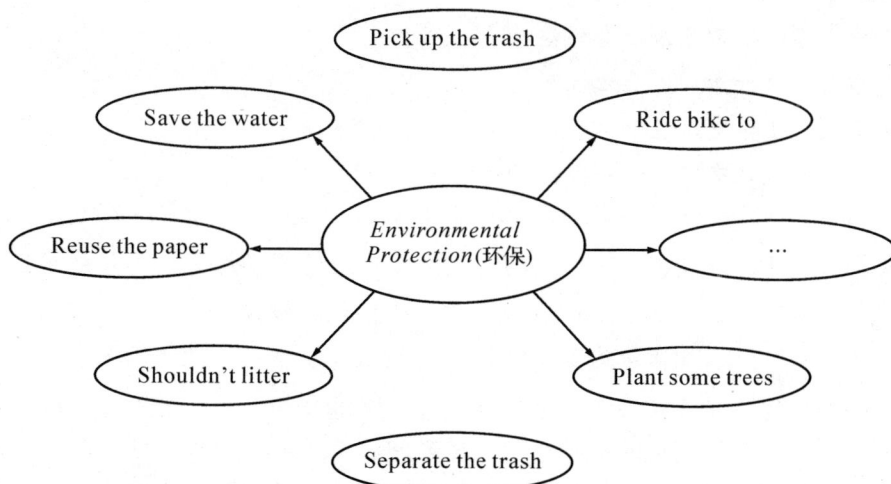

Group leader(组长)：Now let's begin our group work. What should we do? / Why?

Group member(组员)：I think we should…/because…

Step 5：Homework

制作主题为"环境保护"的英语海报。

第三章

课堂教学活动设计的有效性

本章要点

◆小学英语常见活动有哪些？

◆如何评价活动的有效性？

◆设计小学英语教学活动应遵循什么原则？

◆如何设计交际性和任务性活动？

引言

课堂教学活动是课堂教学的核心内容，有效的课堂教学活动是教学目标达成的保障。那么，如何设计教学活动，什么样的教学活动有助于教学目标的达成，我们又该如何评价课堂活动是否有效？小学英语教学涉及语音、词汇、语法，涉及听、说、读、写、做、唱等各个方面。不同学段、不同教学内容、不同课堂，课堂的不同环节，其教学目标不同，对教学活动的要求也不同。即使同一目标，由于儿童在认知、智能、学习风格、兴趣爱好、生活习惯等各方面的差异，对学习活动的要求也不相同。这就对教学活动的设计提出了更高的要求。

有关教学活动的分类很多。从教学过程来看，课堂教学活动大致可以分为呈现活动、训练活动和评价活动；从活动的组织形式看，可以分为全班活动、小组活动、同伴活动和个体活动；从活动的内容看，可以分为语音教学活动、词汇教学活动、对话教学活动、语法教学活动；从语言技能训练角度看，可以分为听力教学活动、语言交际活动、阅读教学活动、写作教学活动。可以说，分析的角度不同，划分的种类也不同。那么，如何保证教学活动的有效性？本章拟通过具体教学案例重点介绍呈现活动、训练活动、游戏活动、语言交际性活动和任务性活动的特点(评价活动将在第五章进行介绍)，帮助教师了解活动设计的基本方法和原则，提升活动设计的科学性和有效性。

一、活动有效设计的原则

【案例展示】

这是一节故事课。教材材料为北师大版小学英语第六册"Unit 7 At the restaurant"。故事以 Ann、Ken 的一家带着 Mocky 外出就餐为主题。

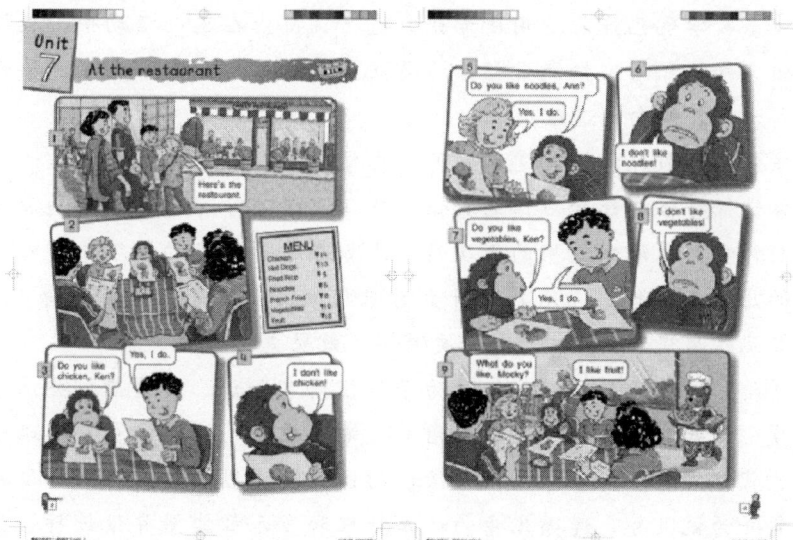

故事学习之前，教师以自己与家人在外就餐为情境引出话题。之后用故事中的菜单呈现食物词汇进行初步学习。学生通过视听、猜测、角色扮演、朗读等活动学习故事，以选餐活动来操练语言。(具体案例描述见第一章附录案例 4)[①]

【案例指引】

活动的设计要以服务于教学目标的达成为目的。就本案例而言，虽然在上课伊始教师没有告知学生本课的学习目标，但是从课堂操作中我们可以看出，其核心目标是学生能够理解故事大意，能朗读、表演故事，能运用故事中的语言"What do you like?"进行交际。从学生的课堂表现看，本节课已经达成了教学目标。

---

① 本案例由北京市丰台区杨慧芳老师提供。

　　为了有效达成教学目标，教师在导入环节、新知呈现环节、朗读训练环节及拓展提高环节分别设计了不同的活动。导入环节的情境视听活动，使学生通过观看教师家人外出就餐的视频，初步感知语言"What do you like? I like…"；故事学习过程中的师生问答、角色体验活动帮助学生理解故事大意和人物语言；看课件听读、听录音跟读、学生独立朗读故事活动是学生内化语言、训练语音语调的过程，从同伴自选图片读故事或演故事这两个检测性活动来看，学生已经达成了朗读故事及表演故事的目标；拓展提高环节安排的帮同学选餐活动，有效围绕语言运用这一目标展开。从学生的课堂表现来看，绝大多数学生已经能运用所学语言进行交际。在这一活动中，教师不仅关注了语言知识和语言技能目标，还关注了情感目标，使学生在选餐的过程中懂得科学合理饮食的道理。

　　本案例教师通过学校食堂李师傅引出学校午餐菜谱，要求学生通过询问帮助同学选择符合其饮食习惯的菜谱，体现了语言学习为了应用的原则。在教学中教师要关注语言使用的真实性。比如在导入阶段的情境中，教师在介绍自己的儿子喜欢什么、不喜欢什么时采用的是播放歌曲录音的表现形式，如果是其儿子用唱歌的方式回答则更真实，效果更好。

　　小学阶段的英语教学不仅仅是为了传授语言知识，而更应该关注学生的情感态度、认知能力等综合素质的培养。给学生一个快乐的童年远比让学生记单词、背课文重要得多。因此，活动的设计要遵循儿童的认知特征和多元智能差异并为之服务。遵循儿童的认知特征和多元智能差异设计符合语言学习规律的活动是本案例的可取之处。本案例围绕"点餐"展开，让学生在教师家人点餐、故事中人物点餐的过程中感知语言，在朗读中训练语言，在帮同学选餐的过程中运用语言。活动的过程符合语言学习规律。观看动画的过程是对学生感知觉的刺激，预测人物语言是对学生思维和想象能力的训练。角色扮演、朗读对话促进了学生内省智能的发展，同伴交流促进了言语智能及人际交往智能的发展。

　　此外，活动的变化性和序列性也是教学活动设计需要关注的内容。本案例设计的活动有视听、朗读、问答，更有表演；有师生互动，有生生互动；有全班活动，有个体活动。活动动静结合，有效刺激多种感官参与。活动的变化性符合该年龄段学生的特点。案例中由知识的呈现到知识的运用，由情境的识别到语言的表述，序列性比较强。

　　良好的活动组织首先源于良好的活动设计。课堂教学活动设计是否有效，是否适应学生的需求，是否能够达成教学目标，将直接影响教学效果。一般而言，在设计教学活动时应该遵循以下原则。

(一)活动必须服务于目标要求

课程标准将小学阶段的目标从"语言技能、语言知识、情感态度、学习策略和文化意识"五个方面进行了描述，体现了小学阶段教学目标的多元性、综合性。就具体课堂教学而言，虽然不可能达成太多目标，但是也包括语言目标和非语言目标，由于教学的不同阶段在教学过程中扮演的角色不同对教学活动的要求也不同。这就要求教师必须熟悉各种活动的功能，以便根据目标要求设计相应的活动。

教学活动总是服务于具体课堂教学，或是语音、词汇、语法；或是听力、口语、阅读、书写等。教学活动的设计因教学内容不同而不同，但是同样因其所服务的目标不同而有别。以词汇教学为例。一般来说，词汇教学以词汇的理解和应用为教学目标。但不同阶段、不同时期、不同教学环节词汇的教学目标不同，教师要根据教学目标的要求设计、选择适当的词汇教学活动。比如，本章案例1为故事教学，词汇不是核心，所以词汇教学的目标是能听懂、会读，也就是说词汇教学的目标不是应用。因此，教师采用图片及语言释义的方式带领学生认菜单、识单词，关注的是 fried rice，fruit，vegetables等单词的读音和意义，这是符合本课时词汇教学目标的。如果继该活动之后再安排联系实际问答活动则偏离本课时的词汇教学目标，因为它涉及了词汇的应用。

小学阶段使用的各版本英语教材基本都设有专门的词汇学习板块，在这一板块的词汇学习中，学生不仅要读准单词的发音，理解单词的意义，识记单词的词形，还要能在具体语境中正确运用单词，甚至有时还需了解词汇的搭配、习语，掌握单词的学习策略。这些目标的设定在不同时期有不同要求。比如，低年级的学生在词汇学习时一般以听懂、会说为主要目标，而中高年级的学生则要求在听懂、会说的基础上以能在情境中运用为主要目标。

不同的教学环节词汇教学目标也不同。一般情况下，呈现环节的活动是以理解性目标为主，拓展提高环节的活动是以运用为目的。以食物类单词教学为例，在词汇呈现环节，针对听懂、会说这一理解性目标，教师可以设计看图听单词(Watch and listen)、听录音读单词(Listen and repeat)活动。为了有效达成或强化理解目标，一般情况下教师还经常设计听音举卡片(Listen and show)、听音判断或选择(Listen to this /Listen and choose)、看图说单词(Touch and say)、图文匹配(Read and match)、听描述猜单词(listen and guess)等操练活动；为了达到识记、认读单词目标，教师经常让学生描写或抄写单词(Read and trace)、在表格中寻找单词(Find the words)、根据首字母填写单词(I can work out the puzzle)或做 BINGO 游戏。词汇运用是在词汇理解的基础上进行的，是词汇学习的较高层次。一般安排在课堂教学的拓展提高环节。针对词汇应用目标，教师可以设计调查活动，如用"What food do you like? Do you like(noodles)? What food does your mother like?"调查同学的饮食爱好或者其父母的饮食习惯，还可以开展小组或全班调查活动，让学生在真实的交际任务中使用词汇。针对词汇学习策略目标，可以设计词汇分类活动，如将所学单词按中餐、西餐进行划分。

虽然在语音、语法或听说、阅读教学中也会涉及词汇的理解，但其教学目标不是词汇，而是语音、语法、听力或阅读，不属于词汇教学的范畴。

(二)注意活动的真实性

现代外语教学强调语言学习的实践性，主张学生在语境中接触、体验和理解真实语言，并在此基础上学习和运用语言。因此，教师应以学生的生活经验和兴趣为出发点，尽可能多地为学生创造在真实语境中运用语言的机会，通过体验、实践、参与、探究和合作等方式，发现语言规律，掌握语言知识，形成有效的学习策略，以各种强调过程与结果并重的教学途径和方法培养学生用英语做事情的能力。

所谓真实性包括语言输入的真实性、练习活动的真实性、情境的真实性，即语用、语境、语义的真实性[①]。本章案例 1 中教师以自己一家人在外就餐为切入点，初步输入语言；以故事学习为载体完整输入语言；以帮同学选餐和调查父母的饮食爱好这两个活动为出口输出语言，为学生创设使用语言的机会。从这四个活动来看，第一个活动为语言输入活动，它与实际生活情境相符，具有语境真实性特征，但是在这个活动中教师缺乏语用的真实性，因为在说明教师的儿子喜欢的食物时，采用的是播放歌曲的形式，要是由其儿子亲自说出或唱出来就真实了；最后一个活动是调查父母的饮食爱好，它属于语言运用活动，也符合学生的实际生活，具有语用真实性特征。在故事中学

---

① 鲁子问.小学英语活动设计与教学.北京：高等教育出版社，2008：13

习语言的活动虽然是让学生在语境中体验、接触、理解语言，但这种情境完全是在一种虚拟的故事中学习的状态，与实际生活没有联系，因此不具备语境的真实性。帮同学选餐活动属于在实际生活中运用语言的活动，具有一定的交际色彩，但语境真实性不足。如果把选餐活动安排在学校的餐厅让学生扮演厨师与学生展开对话就符合生活的真实情境。

下面我们再来看一次词汇教学活动。

【案例展示】

教学内容：北师大版小学英语第四册 Unit 7 Is it a pear?

活动描述：教师将各种水果放在一个篮子中，用布盖住篮子。请一名学生到讲台前，用眼罩遮住其眼睛。该生从篮子中摸出一种水果，向座位中的学生询问："Is it a pear?"座位中的学生回答。如果两次都没猜对，可以让他品尝切成小块的水果，之后继续猜测，直到猜对为止。

适用环节：语言操练与运用

这是一个猜测活动。在这个游戏活动中，教师为学生创设了较为真实的语言交流情境，学生通过触摸、品尝等行为方式感知水果，并把单词与生活实际中的水果进行链接，在猜测问答过程中练习语言，运用语言，掌握语言。通过视听、观察、触摸、品尝等多种感官参与正是儿童在现实生活中认识水果的方式。生活情境是完成交际任务的支点，任何交际总是发生在具体的生活场景之中，真实的生活情境可以帮助学生更好地了解所学的语言形式。儿童对于不熟悉的事物，总是会不厌其烦地询问这是什么、那是什么，或者追问是不是这个或者那个。这样的交流也是学生认识世界的基本方式。

在水果类单词的教学中我们曾发现，有些教师为了追求板书的整体性或美观性而忽视了生活的真实性。如在单词呈现的过程中，教师先把剪好的水果图片依次贴在黑板上，待所有图片呈现之后，迅速地画上了一棵大树，把所有水果囊括到这棵树的树冠中。殊不知，这样操作的结果违背了生活的真实，给学生造成了错误的认知。没有生活经验的学生认为草莓(strawberry)和菠萝(pineapple)都是生长在树上的。因此，我们在设计教学活动的时候，首先要关注生活的真实性，再关注活动的真实性。语言源于生活，应用于生活。脱离真实生活的交流是没有意义的。

(三)注意活动的认知特征

活动的认知特征表现在两个层面。一是小学英语教学承担着培养学生认知能力的任务，因此活动设计必须注意认知能力的培养，而不能只是语言知识和技能。当然，这里所说的认知同样包括语言认知。比如，学生了解英语的表达习惯，英语与汉语的不同特征等就属于语言认知。二是活动的认知具有一定的层次性，它遵循从知识到理解，由理解到应用的过程。认知活动主要表现为对信息的接收、储存、处理和传递，也就是说活动的认知层次与人的认知发展有着一致性关系。因此活动设计要符合活动的认知需求，要符合儿童的认知能力。

按照认知分类标准，目标有知识、领会和应用之别。不同的认知层次暗示支撑这些目标达成的活动在认知上也表现差异。有的属于知识类活动，如词汇学习活动；有的属于领会类活动，如理解故事中人物对话内容的活动；而有的属于应用类活动，如调查父母喜欢的食物这项活动。不同的活动功能不同。知识类活动的目的在于积累知识，领会类活动的目的在于理解和内化语言，应用类活动的目的在于语言的使用。

根据认知发展的规律，学生应该先感知语言，了解语言应用范本，然后在理解的基础上进行模仿和应用。本章案例 1 教师先让学生观看自己家人外出就餐的视频，初步感知语言和语言使用的场景，然后带领学生在课本故事的情境中学习语言知识，通过视听、朗读和角色扮演来加深对语言知识的理解；最后让学生在选餐、调查父母喜欢的食物活动中运用语言进行交流。从语言输入到语言内化再到语言输出，这样的活动安排符合活动的认知特征。

认知活动与一个人的知识结构、文化程度和所处社会文化环境等因素相关。因此，设计教学活动时要注意活动的认知层次与儿童认知层次的协调问题。低年级学生的认知与中高年级学生有着明显的差异，在活动设计时不仅要注意合理安排不同层次的活动，还要考虑活动的目的和方式等方面的问题。一般来说，低年级学生的知识接受和知识理解阶段长于高年级学生，语言运用阶段短于高年级学生。比如，北师大版教材第二册 Unit 7 和第七册 Unit 2 都出现了动物类的单词，如下图所示。

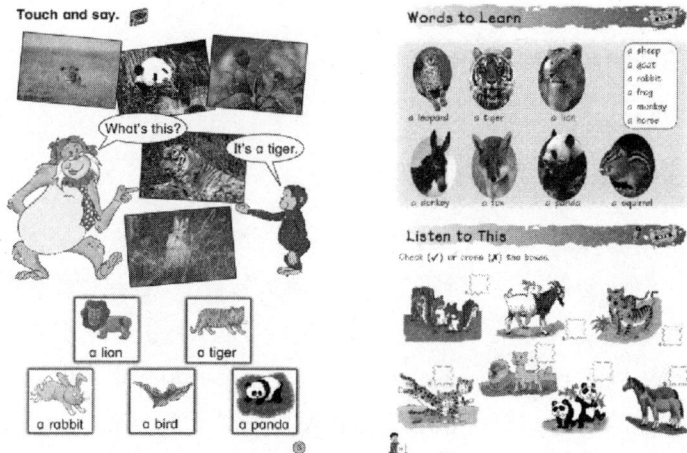

设计教学活动时不能采取同样的方法。在一年级的教学活动中应把多一点时间放在词汇的感知和理解层面，通过看图说词、听音猜词、模仿动作说单词等方式巩固单词的读音和词义。中年级学生对知识的感知和理解能力都较低年级有了较大的提高，他们对动物的认知范围更广，知识的识记和理解时间就可稍微缩短，而把词汇运用的时间稍微延长，例如，让学生根据语言描述猜动物或让学生结合动物的特点和生活习性来描述动物，例如，Lions are big cats. They are very beautiful. They eat other animals. Mother lions catch animals. Father lions sleep a lot.

由于小学英语还承担着培养学生认知能力的任务，所以活动的设计应该符合学生的"最近发展区"的要求，根据 i＋1 原则，保证语言输入在学生的最近发展区之内，要为学生所理解和接受。我们不能一味地拔苗助长，也不能为了追求所谓的"达标率"而设计低于学生认知水平的活动。要让每一个学生在语言学习活动中掌握知识，形成技能，发展个性，体验成功。

从儿童的认知学习风格看，小学生多以经验型和动觉型学习为主，尤其小学低年级儿童大多数属于动作型学习者，他们特别喜欢在做事情的过程中学习语言。在北师大版小学英语一年级下册 Unit 8 Shapes 一课的语言训练与运用活动中，许多老师都能基于学生的认知特征和学习特点设计多样的教学活动，如画一画、摆一摆、折一折、撕一撕等。在 2～7 岁这个年龄阶段，儿童的动作技能还没有完全发展，手指的灵活性、大脑的思维力还不成熟，这些活动不仅有助于学生动手能力的发展，同时还可以发展儿童的智力，帮助其通过动作感知语言、体验语言。到了小学高年级，绝大多数 11 岁以上的学生抽象思维的能力逐渐形成，他们已经能够创造性地使用语言，如果还采用这样的活动方式就显得太幼稚了。

总之，不同的活动有不同的特点。只有依据不同阶段学生的认知特点选择适合的活动，才能使课堂教学效果最大化。

(四)注意儿童的多元智能差异

根据加德纳的多元智能理论，每个人都会拥有九种智能：言语智能、逻辑数学智能、空间智能、音乐智能、肢体动觉智能、人际关系智能、内省智能、自然观察者智能和生存智能①。小学阶段，儿童的各种智能都处于发展期，但是已经可以表现出不同的智能优势。教学活动的设计也因此必须注意对学生多元智能的培养，同时也必须适应不同智能优势儿童的需求。

【案例展示】

教学内容：shapes(北师大版小学英语一年级下册 Unit 8)

活动描述：

1. 猜一猜

教师利用多媒体课件的动画效果，如：飞入、翻转、遮盖、快闪等呈现不同图形，要求学生快速说出图形名称。图形呈现过程中教师不断询问：What shape is it? 学生回答：It's a… 待几个图形呈现之后，即出现动物图形。教师继续询问 What animal is it? 引导学生思考并回答。

2. 找一找

限时 1 分钟，要求学生在规定时间内从身边事物中找到所学的六种图形(circle, square, triangle, rectangle, star, heart)。看谁找到的图形多。师生问答。T：Where is the (star)? S：The star is here. 师生示范两遍之后，要求学生在两分钟内把找到的图形告诉朋友。

3. 唱一唱

先全体学唱歌曲，随后小组合作利用肢体摆出图形造型，其他学生根据动作造型唱出歌曲。

歌词：Hello, hello, I'm a square, I'm a square. A brown square, a

---

① Thomas Armstrong. 课堂中的多元智能. 北京：中国轻工业出版社，2003：2～4

brown square，Hello，Hello…

4. 折一折，撕一撕

发给每个学生两张圆形彩色纸。要求学生听指令折出或撕成不同形状。之后回答老师的问题。

T：Fold the circle into a square/a triangle/…　How many squares/triangles/rectangles/…？

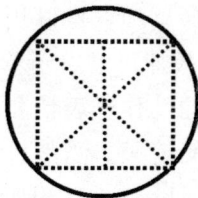

本案例中的"猜一猜"活动适合空间智能发展水平较好的学生，他们能凭借对动物形象的感知从绘画的角度猜到动物。活动也因此可以培养学生空间想象能力。"找一找"活动表现了对学生语言表达能力差异的尊重，语言智能发展较好的学生可以在这个活动中发挥优势。"唱一唱"活动不仅为音乐智能发展水平较高的孩子搭建了展示的舞台，还为那些空间想象能力强、组织能力强的学生提供了平台，使其在合作的过程中发展了人际交往智能。"折一折，撕一撕"活动适合空间智能和肢体动作智能发展良好的学生，"折、撕"动作的反复进行，是在培养学生动脑思考、动手操作，手、脑协调一致的肢体动作智能。

我们不可能要求教师在每一节课的每一个活动实施过程中都能考虑到每一位学生的智能差异，也不可能做到在同一个活动中兼顾不同学生的多元智能差异，但我们一定要在相对短的周期内照顾到所有学生的多元智能发展，设计多样的教学活动，如手工类、绘画类、表演类、观察类、合作类、思考类、语言类等活动，将学生的每种智能发展到一个理想的水平。

(五)注意活动的变化性

既然教学中每个环节的目标不同，活动自然就会出现多样性特征；既然活动设计要尊重儿童认知发展和多元智能发展，活动也就会表现出多元性。毋庸赘述，教学活动一定要有变化性。不过，这里所说的变化性还包含另外一种含义。也就是说，即使是为了同一目标，即使是同一认知层次的活动，即使是为特定智能倾向者设计的活动也应该具有变化性。这种变化性表现在组织形式的变化，活动类型的变化。

以本章案例 1 为例。从活动组织形式来说，有全班活动，如观看课件、视听故事、跟读故事(跟课件读、跟录音机读)；有小组活动，如选餐；有同伴活动，如分角色练习、表演故事中人物的对话；还有个体活动，如：自由朗读故事。

即使同一目标、同一内容的活动也应有变化性。如单词意思的呈现有多种方式，可以用实物，可以用图片，可以用动作，还可以借助多媒体。单词可以由学生呈现，还可以由教师呈现。可以用归纳的方法，也可以用演绎的方法。比如，教"Monkey"时，教师可以出示单词图片，也可以出示猴子的毛绒玩具，可以由学生模拟猴子的动作、表情和叫声，教师可以播放多媒体课件，也可以在黑板上画猴子的简笔画。当然，教师或学生还可以用语言描述(伴有动作)：It's an animal. It's brown. It likes nuts and bananas. It can jump among the trees.

无论活动形式怎样变化，都要依据教学目标、基于学生认知特征和多元智能差异以及教学的需要，不要为了追求所谓的"热闹"而盲目变化。

(六)注意活动的序列性

每一节课的教学都是由多种活动构成的，这些活动的排列不是杂乱无章的，而是根据需要按照一定的顺序展开的。一般情况下，中小学英语课堂教学活动大致可分为教学启动、语言学习、语言运用实践、总结与结束四个类型。这些教学活动可以根据需要按照不同的顺序展开，构成不同的教学程序。

儿童对事物的认知发展遵循"感知—理解—应用"的规律，如果不接触语言现象，不了解语言现象在真实生活中是怎样运用的，就根本谈不上使用语言进行交际。一堂课的教学会涉及多种活动，这些活动的呈现应该遵循儿童的认知发展规律和活动的认知要求，按照知识类活动—理解领会类活动—应用类活动的顺序设计安排。以本章案例 1 为例，教师先让学生观看自己家人外出就餐的视频，初步感知语言及语言的使用场景；接下来带领学生在故事中理解语言现象，通过朗读和角色扮演强化理解；最后让学生在选餐和调查活动中应用语言进行交流。从整个课堂教学活动的安排看，遵循了知识在前，应用在后的原则。当然，有些课堂不要求达到应用的目标，那么我们就根据需要设计不同层次的活动。

从课堂活动之间的关系看，貌似每一个活动都是独立的，但彼此之间还是有联系的。前一个活动为后一个活动做准备，后一个活动是前一个活动的延续。也就是说，前一个活动为后一个活动的开展搭建支架。以下列案例①为例。

【案例展示】

教学内容：北师大版小学英语四年级上册 Unit 4 Where is it?

Step 1 Warming-up

Guessing game：教师利用自制课件依次出示图片：bird, snake, LuLu, frog, Mocky, squirrel，分别请六位同学来猜，其他同学给出提示，如"It's small. It can fly. It has no legs."等，也可以通过动作提示。

Step 2 Presentation

1. 引入故事：教师播放 PPT，呈现故事中的图片，引导学生观察图片，初步感知介词 on, in, in front of, under 等词的意义。

2. 整体感知故事：学生视听故事（第一遍无文本，第二遍有文本）

3. 理解故事（教师带领学生共同构建故事）

Step 3 Practice

1. 整体跟读故事，模仿故事动画中的语音语调。

2. 分角色朗读故事

Step 4 Consolidate

1. 小组活动：分角色朗读故事或用自己的语言表演故事

2. 小组展示朗读或表演

Step 6 Evaluate

1. 师生共同回顾故事

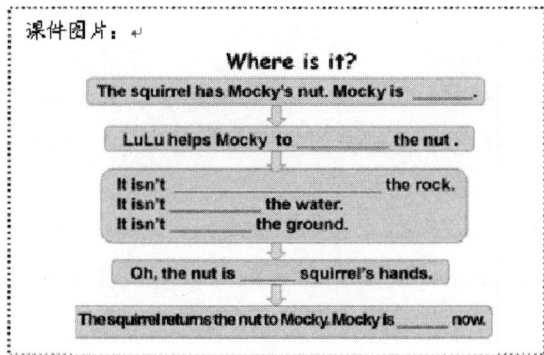

课件图片：

Where is it?

The squirrel has Mocky's nut. Mocky is _____.

LuLu helps Mocky to _____ the nut.

It isn't _____ the rock.
It isn't _____ the water.
It isn't _____ the ground.

Oh, the nut is _____ squirrel's hands.

The squirrel returns the nut to Mocky. Mocky is _____ now.

---

① 本案例由北京市顺义区北小营小学盛晶蕊老师提供。

2. 学生根据课件复述故事

在上述案例中，以猜谜活动引出故事涉及的人物前期的词汇学习为故事语言现象的理解活动(故事)提供支架(教学中教师不断以"Where is the nut? Is the nut in /on /under the…?"来询问，从而推进故事的展开)，朗读训练、角色扮演为学生顺利回答教师的问题打下基础，师生共同回顾故事活动也为复述故事提供了基础。

从活动对语言的要求看，识别、判断、选择和辨析活动相对于回答问题、调查汇报、图表填充和讨论活动语言要求要低。如在本案例的故事学习过程中，教师指着 PPT 的图片问学生：Is the nut in the water? 这样的问题是对故事中某个情节的判断，回答起来比较容易，学生用 Yes 或 No 就能表达清楚。教师没有过多地询问：is it in /on /…? 而是增加了 Where is the nut? Who can help Mocky? 这些具有启发性的问题，同时，教师还以"Mocky is very sad. Can you say something to Mocky? Do you have any good ideas? If you were the squirrel, What should you do?"将学生领进故事，让学生融情入境，所有的问题显然难以用 Yes 或 No 回答，却可以启发学生思考。学完故事之后，教师先让学生根据 PPT 提供的故事大意索引图回答，再让学生对照板书内容或 PPT 索引图完整地叙述故事情节，语言要求就明显越来越高了。因此，根据活动对语言的要求，活动的呈现顺序应该是识别在前，转述在后。

根据活动的认知特征和语言要求，活动应该由易到难，要求应该由低到高，信息应该由识别到理解，再由理解到应用。

二、如何有效设计呈现活动

【案例展示】

这是一个词汇教学案例。材料来自北师大版小学英语四年级上册"Unit 2 I like Bobby"。学生先以小组形式表演本单元的故事，复习了故事中的主要语言和动物类词汇，之后教师以故事主人公 Ann 和 Ken 活动的地点变化为线索用多媒体课件依次展示出动物生存的不同场所(森林、农场、草原)，在呈现不同生活场所居住的动物时从谈论该场所可以看到什么动物引出新单词，如图所示①。

———————————

① 本案例由北京市顺义区李遂小学殷翠老师提供。

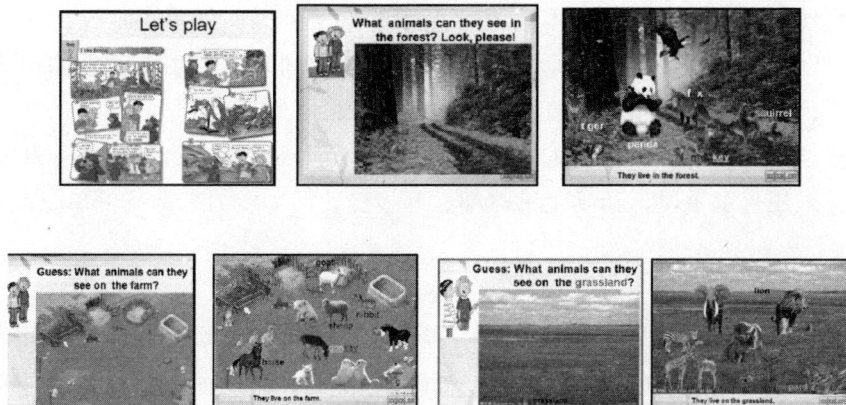

【案例指引】

不管是语音、词汇、语法，还是听说、读写，都需要有呈现环节。呈现是指将发音技巧、单词的意义和用法、语法的结构与功用、听力技巧、交际功能、阅读策略、书写技巧等展示出来的过程，对知识学习和技能发展具有十分重要的作用。呈现是否清晰、到位，是否具有吸引力，将直接影响其后的学习，影响着教学的有效性。

本案例中教师基于学生对动物种类、生存环境和生活习性的已有认知，利用多媒体课件和图片等方式直观地呈现单词，不仅使学生掌握了单词的读音和意义，而且使学生了解了动物的特点和生活环境，同时还在词汇学习方法上进行引导(运用分类、联想的方法帮助学生在头脑中形成知识链或搭建知识网)，帮助学生运用词汇学习策略识记所学单词。

呈现可以由教师呈现，也可以是学生呈现。如本案例中森林中生活的动物是由教师直接呈现的；而农场类动物和草原类动物则是在教师的启发下由学生说出来的。再如下列案例(北师大版小学英语六年级第二学期期末词汇复习课)。

【案例展示】

该案例教师在启发学生说出动物生存的环境后，利用 PPT 演示文稿呈现了教材中提到的农场类动物词汇，带领学生描述动物的相关习性，之后开展小组活动，学生利用海报形式呈现了生活在不同环境中的动物词汇名称及动物的生活习性及特点等。这一设计综合了小学阶段所有知识，不受本课、本单元甚至本套教材知识的限制，有充足的课外知识的拓展。将所学知识以网状图的形式在学生大脑中进行构建在小学毕业前夕的综合复习阶段是十分必要的。

呈现活动的方式很多，不同内容采用的方法不同。就单词意义的呈现而言，可以采用实物、图片、动作、声音、视频动画等；就故事教学的呈现活动而言，可以是通过图片讲故事，也可以是动画视频展示等。

教学中无论设计什么样的呈现活动，都应该基于儿童的习得规律和认知特点，采用直观手段，让学生感兴趣、易接受，活动要力求做到简单、高效。

(一)关注呈现内容的习得规律

呈现内容的习得是指儿童如何习得语音、词汇和语法，甚至包括阅读技能的习得。比如英语的词汇不是通过词形习得的，而是通过语音习得的；词汇习得以语块为单位，而不是以孤立的词为单位等。儿童习得语法同样是把语法结构作为语块整体储存，整体提取，而不是靠语法分析。在呈现这些内容时，我们也必须关注呈现内容的习得规律。

1. 基于习得规律呈现学习内容

(1)语块

词汇的记忆不是孤立进行的，而是常常以语块的方式保留在长时记忆中。通过语块学习词汇便于积累语言和整体提取信息。如：watch TV, look after, take out the trash, at the same time, once upon a time, once a week, the day before yesterday 以及 see you 等。对于儿童来说，从单词搭配和组合的角度去分析语言习惯不符合词汇的习得规律。虽然本章 I like Bobby 案例教师在呈现单词时，没有让学生机械地朗读单词、拼读单词，而是启发学生用所学的单词去说、去表达；虽然教师通过让学生谈论动物的特征和生活习性，关注了词语的语用功能，而不是单词的拼写形式，但是如果教师能够关注词汇的习得规律，注意词汇呈现的单位，则会取得更好的效果。小学阶段的语法教学亦是如此。比如儿童不会去分析 What's this? What are you doing? What's the matter with…? What's the weather like? Would you like to…? No parking. Don't litter. There is a… 的句法结构，而是把它们作为语块整体储存于记忆中。教学中要避免通过规则呈现语法内容。

(2)语境

语言是在真实的语境中习得的，外语教学也必须关注语言使用的语境。以词汇为例，词汇学习以语境为依托。在语境中呈现词汇可以帮助学生了解词汇的意义和用法。本章案例 3 以人物出游遇见动物为话题语境，在森林、农场、草原三个特定情境中呈现单词，不仅使学生接触了词汇知识，还了解了动物的生存环境和生活习性。案例 3 在就餐语境中呈现食物类单词。不同语境下词汇的意义不同。北师大版小学英语第六册"Unit 9 Hot soup"故事中的 hot 和 cold 在该语境中是"热的"和"凉的"的意思，而在"Environment is a hot topic"中 hot 是"热门的"的意思；在"The pepper is hot"中为"辣的"的意思。cold 一词在"It's cold in winter"中指温度低，译为"寒冷的"，在"I have got a bad cold"中译为"感冒"，在"It seemed like a cold and heartless place"中则译为"冷冰冰"。本章案例 3 中教师如果能关注到这一方面，不仅可以增添学习的趣味性，更能帮助学生理解使用的语言和语言的语用特征。再如，学习 sheep 时可以借助谈论动物特征引入"a black sheep(害群之马)"或结合具体情境引入"胆小鬼"这一解释。当然并不是说每个单词都需要在语境中呈现所有词义，而是根据需要和当时的教学情境灵活安排。

（程晓堂，王蔷，Ken Methold. 英语第六册. 北京：北京师范大学出版社，2012：26，27）

特定情境下的语法习得可以使学生懂得在什么环境下使用什么语言最为得体，促进儿童语言应用能力的提高，帮助学生更好地交际。比如在学习现在进行时态时可以利用动画、视频呈现一个语境下某些人正在做什么事情，比如布置宴会会场、购物等。如果教师能设置自然的生活情境，让学生在真实情境中感知、理解和运用语言，教学的效果、效益就会提高。

(3)原型

原型理论是认知语言学提出的重要观点，又称原型范畴理论。原型范畴的中心是范畴的典型成员，即原型，与原型相似性较低的成员属于非典型成员。英语中的许多单词都有多个义项。其中最核心的义项为原型义项。如head 一词有"头脑、头部、首脑、用头顶、朝……行进、首要的"等众多义项，其最基本的义项为"the part of body"，我们就可视其为 head 的原型义项。而"the head of queue"中的 head 则为边缘义项。

在小学英语词汇教学中，教师要把重点放在词汇的原型义项上。词汇呈现要关注词汇原型意义，也可以适当地扩展其边缘意义。如本章第二节 I like Bobby 一课的词汇教学案例中教师呈现 fox 的原型意义"狐狸"后，还可以引出其"狡猾的"意义，呈现 dog 后可以引出 a lucky dog。原型理论下的词汇呈现要依据具体教学对象运用，不要增加学生的记忆负担。

2. 注意呈现的可理解性

在呈现活动中，需要有足够的可理解性语言输入，保证语言输入符合 i＋1 的输入原则。也就是说，语言呈现要考虑学生的已有基础，呈现内容过难，学生无法理解。这就需要教师在设计呈现前做好需求分析，充分了解儿童的语言基础和认知水平。本章案例 3 教师在呈现 panda 时用到了这样的语言：It lives in Sichuan，China. It is black and white. It likes eating bamboo. It's big and fat. But the baby is very small. 这些描述语言的选取是基于学生已经学习了 baby、国名、地名、颜色、大小等形容词，能用英语介绍喜欢的食物，能用颜色、形状描述事物的基础上进行的。这些语言简单易理解，清晰地显示了 panda 的特征。虽然描述中的 bamboo 一词学生没有学习过，但是可以借助上下文的语境来理解。

再如小学英语四年级上册 Unit 6 Lesson 21 一课：教师在呈现对话时，没有直接出示本课的对话内容，而是先激活学生思维，鼓励学生说出符合该对话情境的句子，如："Good morning""Hello""Can I help you?""What would you like to eat""How much is it?""Here's your money"等。教师先呈现的是学生已知的内容，之后才通过让学生视听呈现本课的对话内容，即"I will have two fried chicken wings, a hamburger, and orange juice. Here is thirty yuan."这样呈现对话，符合学生语言基础和已有认知水平，同时也弥补了教材资源信息不完整的缺陷。如下面案例所描述的内容。

【案例展示】

Presentation

(一)学习主题图一

1. 呈现主题图一(无文字),学生观察图片并思考。

T:Where is Lingling? What does she want do?

S:She is in a restaurant. She wants to buy some food.

T:What are Lingling and the woman saying? Can you guess?

2. 学生回答教师的问题,教师黑板上呈现出学生所说的语言。

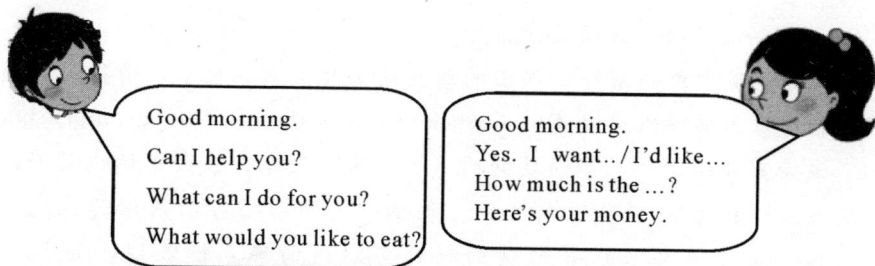

Good morning.
Can I help you?
What can I do for you?
What would you like to eat?

Good morning.
Yes. I want../I'd like…
How much is the …?
Here's your money.

3. 师播放课件(无文字),学生视听并验证自己的猜测。

4. 教师播放课件(有文字),学生视听并跟读。

5. 教师提问,学生回答问题:

What will Lingling have? How much is the fried chicken wing?

6. 教师在黑板上呈现完整对话,学生朗读并进行角色扮演。

Saleswoman:Good morning. Can I help you? / What would you like?

Lingling:Good morning. I will have two fried chicken wings, a hamburger, and orange juice. How much is it?

Saleswoman:OK. That's twenty-six yuan.

Lingling:Here is thirty yuan.

Saleswoman:Here's your change.

Lingling:Thank you very much.

Saleswoman:You're welcome.

(二)学习主题图二

1. 呈现主题图二(无文字),询问:Where is Mike? What does he want to have?

2. 学生根据图意猜测对话内容。

3. 视听对话,回答问题:

What does Mike want to have? How much is the cake?

4. 学生将对话补充完整，并进行小组表演。

附图：

(主题图1无文字)　(主题图1有文字)　(主题图2无文字)　(主题图2有文字)

3. 根据语言习得的方式呈现语言

词汇的呈现方式必须符合词汇的所指的表现形式。比如，看得见、摸得着的事物可以用实物或者是图片，如 book，blackboard，playground，bookstore。表示声音的词语，如动物的叫声，火车、汽车、救火车的鸣笛声，可以通过多媒体播放声音的方式呈现。表示行为的动词可以用动作呈现，如 run，sing。表示喜怒哀乐等情绪的词语可以用面部表情表现，如 happy，sad，scared。表示天气的词语可以用多媒体动画呈现，如 rainy，windy。表示数量的词语可以用实物或手势表现，如：two，seven。表示方位的词语可以用图片、视频或演示的方法呈现。

如在小学英语一年级上册 Unit 6 Lesson 21 中，教师在讲圣诞节一课时，用简笔画呈现 Christmas tree，用课件呈现 Santa 骑着鹿给 lala 送礼物的情景。教师戴上圣诞节的红帽子扮演 Santa，戴上白胡子的道具，呈现 beard。给板书中的 deer 画上 ear 作为耳朵的呈现方式，并发口令让学生摸一摸 ears。如下图所示①。

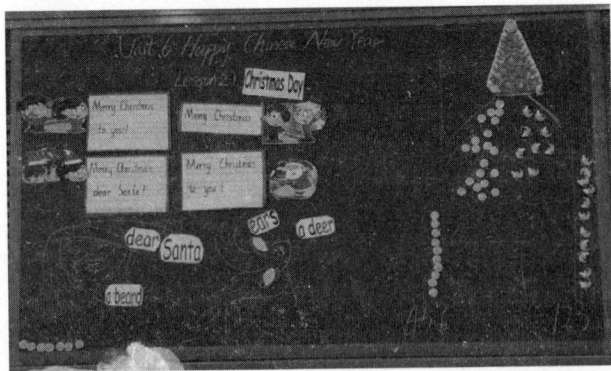

---

① 板书设计者为北京市顺义区后沙峪小学孙学晴老师。

同样，在教学动物类词汇时，[①] 教师也可基于学生对动物的认知和词汇习得的规律，运用实物、图片、声音、动作、语言等多种方式呈现单词，激发学生兴趣，提高教学效果。选择语言习得的方式，依据学生年龄特点呈现词汇会使教学效果事半功倍。

(二)注意呈现的直观性

小学生思维发展的基本特点是从以具体形象思维为主要形式逐步向以抽象逻辑思维为主要形式过渡，但这种抽象逻辑思维在很大程度上仍然是直接与感性经验相联系，仍然具有具体形象思维的特征。因此，我们在设计呈现活动时，要尽量考虑儿童思维发展的这一特点，以直观形象的方式呈现所学内容。

所谓直观就是通过对客观事物的直接接触而获得的感性认识。教学中教师通常利用实物、图片、模型等教具作为感官传递物或用动作、语言等方式以及现代信息技术手段来具体形象地呈现新知，以达到提高教学效果的目的。这种直观教学法符合儿童形象思维占优势的学习特点，有利于儿童建立清晰、明确的概念。

1. 通过实物营造直观呈现

利用实物呈现是直观呈现的常用方式。比如，观察各种实物标本、演示各种实验、到工厂或农村进行实地参观访问等都属于实物直观。如下列教学案例。

【案例展示】

教学内容：动物类单词：tiger，lion，leopard，donkey，fox，squirrel，sheep，goat，horse，monkey，panda（北师大版小学英语四年级上 Unit 2 I like Bobby 词汇）。

教学过程：

1. 教师在黑板上用简笔画画出一个房屋院落、一个农场、一片森林和一个大草原。

【设计意图】创设动物生活环境。

2. 复习词汇：利用图片复习动物类单词：dog，cat，rabbit，duck，cow，frog 等，之后将单词图片贴到黑板相应的位置。（方法略）

---

① 案例设计者为北京市顺义区教育研究考试中心朱文利老师。

【设计意图】温故知新，单词归类。

3. 呈现词汇：

(1)呈现单词 horse：将马的毛绒玩具放在一个盒子里，让学生摸。

(2)呈现单词 monkey：让一名学生到讲台前做猴子的特定动作。

(3)呈现单词 donkey：教师播放动物的叫声。

(4)呈现单词 panda：利用简笔画呈现单词。

(5)呈现单词 goat：教师播放动物的叫声。之后出示山羊图片。

(6)呈现单词 tiger：教师播放多媒体课件，利用快闪的动画效果播放老虎奔跑的画面。

(7)呈现单词 squirrel：教师口头描述："It is a small animal. But it has a big tail. It can jump among the trees. It likes nuts."（可以让学生伴随教师的语言描述做动作）

【设计意图】多种形式呈现单词，刺激学生多种感官参与活动。

上述案例中单词 horse 的呈现也可以看作是实物直观呈现的一种方式。因为我们不可能将一匹马牵到课堂展示给学生看，但通过动物毛绒玩具也能给人以真实感、亲切感，所得到的感性知识与实际事物间的联系比较密切，有利于激发学生的学习兴趣，调动学生学习的积极性。

2. 利用模象营造直观呈现

模象直观是指通过对事物的模拟性形象直接感知而进行的一种直观方式。比如，各种图片、图表、模型、幻灯片、电影电视及计算机辅助教学(CAI)课件等的观察和演示等。同样是动物类单词的呈现，不同的教师采用不同的直观呈现方式。如教师利用多媒体课件呈现真实生活中的动物，利用 PPT 演示文稿呈现动物，学生用海报呈现动物。本章案例中学生运用动作呈现 monkey，运用声音呈现 donkey，运用简笔画呈现 panda，运用声音和图画呈现 goat，运用多媒体课件呈现 tiger 都属于模象直观。除上述词汇呈现方式外，小学英语教学中最常用的模象直观为视频教学课件和英文歌曲或电影等。如用英语歌曲的视频呈现新课的主题及语言——Happy New Year。

模象直观呈现的方式可根据学生年龄特点及教学内容的差异进行选择。图表一般应用于小学高年级的英语教学中，其突出功能为更清晰地运用对比呈现教学内容。如北师大版小学英语五年级上册 Unit 5 I'm taller[①] 及小学英语六年级上册 Unit 5 When did the ancient Olympic Games begin?[②]。

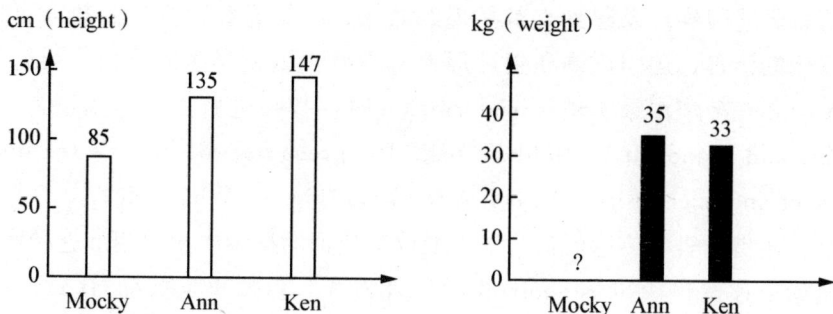

	Ancient Olympics（1st）	Modern Olympics（1st）
Time	776BC	1896
City & Country	Olympia, a city of Greece	Athens, capital of Greece
Players	Only men	Both men and women
Events	Fewer events	More events
Visitors	Greek（from Greece）	Different nations people

目前，思维导图这种直观的呈现方式在小学英语教学中也广泛流行，它不仅清晰地呈现了语言知识，更清晰地体现教师教学的过程，如图所示。

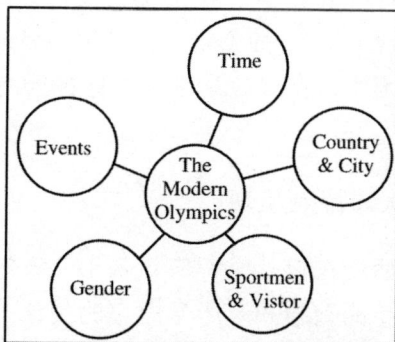

（图片由顺义一中附小王洋老师提供）

① 案例设计者为北京市顺义区教育研究考试中心朱文利老师。
② 案例设计者为北京市顺义区一中附小王洋老师。

模象直观可以突出事物的本质要素，学生可以根据观察的需要，通过大小变化、动静结合、虚实互换、色彩对比等方式扩大直观范围，提高直观效果。

3. 巧妙使用语言营造直观呈现

语言表述同样可以起到直观呈现的效果，关键看如何描述。教师可以利用形象化的语言，运用语调和生动形象的事例去激发学生的感情，唤起学生的想象。如在教学水果类单词 watermelon 时，教师边做动作边用语言描述："It's big and round. It looks like a ball. It's green outside but it's red inside. It's sweet and juice. I like to eat it when I am thirsty. What is it?"在语言描述的同时，还借助表情传达信息。学生很快从教师的描述中挑出西瓜这种水果。

再如上述案例中单词 squirrel 的呈现方式。教师也是借助"It is a small animal. But it has a big tail. It can jump among the trees. It likes nuts"这样的语言描述来呈现单词的。

言语直观的优点是不受时间、地点和设备条件的限制，可以广泛使用。言语直观所引起的表象，往往不如实物直观和模象直观那么鲜明、完整和稳定，有时学生会受听力和语言基础等因素的影响而给感知带来困难。因此，在小学阶段的英语教学中，言语直观教学一般都配合实物直观和模象直观来进行。

课堂教学的最终目的是为了完成教学目标，直观毕竟是一种教学手段，教学中我们要紧紧围绕教学目标选择适当的直观教学方式，要遵循直观教学原则，不能为了直观而直观，不能为了营造课堂气氛而不顾教学目标能否达成。同时，不论选择哪种直观教学手段呈现新知，都要选择呈现对象(人或物)的典型性和代表性特征，过于抽象化、艺术化、复杂化的形象会给学生造成信息干扰或带来理解困难，直观教学手段的选择要有利于发展学生的观察与思维等综合能力。

(三)基于儿童的认知特点呈现

无论什么样的呈现活动在设计时都应该基于儿童的认知特点，难度过高或过低都不利于引发学生的兴趣和对所学内容的关注。如果学生在呈现阶段不能专注地投入情感，定会影响学习效果。因此，基于小学生的认知特点设计呈现活动十分重要。

1. 呈现要关注儿童的认知发展

小学阶段是儿童认知水平发展的关键期。小学生的观察能力、记忆能力、想象能力和思维能力都是在这一时期逐渐发展起来的。6 岁以后的儿童对颜色、声音、空间、时间、运动的感知能力逐渐增强。感知觉是人类认识活动的开端，是思维活动的基础。观察是感知觉的高级形态，观察力的发展必须建立在感知觉的综合发展的基础之上①。在本章第二节关于动物类单词呈现的案例中，教师采取多种方式呈现单词，如实物、图画、声音、动画、语言等，这些媒介对学生多种感官进行刺激，促使其通过观察、倾听、触摸等方式感知事物，激发了学生的兴趣，符合该年龄段儿童的认知特点。到了小学高年级，如果再采取让学生做动作或模仿动物的叫声来呈现新单词就显然低于学生的认知水平了。这是因为儿童的认知发展是有阶段性的。到了小学高年级，教师可以设计具有思维含量的呈现活动来呈现单词，如通过倾听语言描述或阅读来呈现。如教师可以通过语言描述，鼓励学生猜测季节以呈现季节类新单词，见下图。

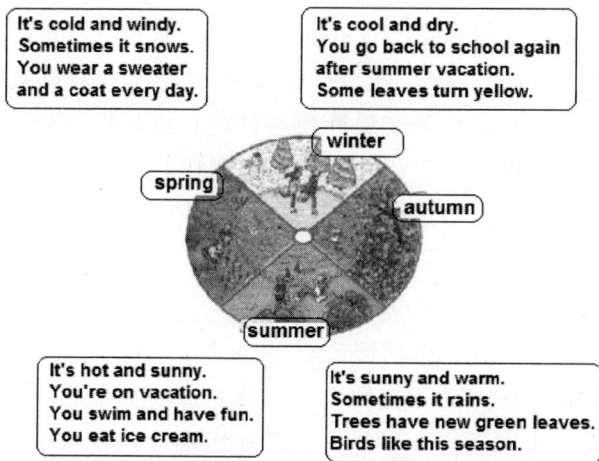

It's cold and windy.
Sometimes it snows.
You wear a sweater
and a coat every day.

It's cool and dry.
You go back to school again
after summer vacation.
Some leaves turn yellow.

winter
spring
autumn
summer

It's hot and sunny.
You're on vacation.
You swim and have fun.
You eat ice cream.

It's sunny and warm.
Sometimes it rains.
Trees have new green leaves.
Birds like this season.

总之，不同阶段学生的认知表现是不同的，语言能力的发展也是有差异的。教学活动的呈现要基于儿童认知发展的阶段性特点，充分考虑儿童的认知发展水平和思维方式。

2. 呈现要关注儿童的记忆特征

记忆是一个识记、再认和再现的过程，是人们运用知识经验进行思维、想象、创造等活动的前提。内容呈现的数量和方式受儿童记忆特点的影响。一次性呈现多少内容、如何呈现要依据学生的记忆特点。研究表明，小学生瞬时记忆的广度是不同的。二年级的小学生在 1 秒钟平均记忆 4.45 个数字、

---

① 王耘、叶忠根、林崇德. 小学生心理学. 杭州：浙江教育出版社，1993：191

2.90 个字母，四年级能记住 5.50 个数字、3.40 个字母，六年级能记住 5.59 个数字、4.20 个字母。同时，小学生短时记忆的效果也是不同的。短时记忆的容量大约为 7±2 个组块。它受年龄、记忆材料等多方面因素的影响。长时记忆储存时间从 1 分钟到许多年，甚至终身不忘。容量也没有限度①。记忆同样分有意记忆和无意记忆。研究发现，小学低年级的学生无意记忆优先发展于有意记忆。他们可以漫不经心地记住令他们感兴趣或刺激性强的事物。以字母教学为例，北京地区的字母教学出现在小学一、二年级，每堂课学习的新字母一般不超过 4 个；从三年级开设英语课的其他省市英语教材每一课时的字母教学量不超过 7 个。教师在教学时基本上是按字母的先后顺序呈现新知，而且每次学习新字母之前一般都先复习学过的字母，最常用复习方法是唱字母歌、观看视频和字母卡片。英语数字教学也是如此。当教师对小汽车的数量进行提问时，有的低年级小学生不能直接说出 seven，而是悄悄地把双手背在身后摆动手指，眼睛盯着某个地方，嘴里默默从 one 开始数，直到数到 seven 时才说出 seven cars。按顺序识记所学内容是低年级学生识记的特点，因为六七岁儿童的思维是表象性思维并且思维具有不可逆性的特点。随着年龄的变化，思维也发生变化。我们可以利用儿童的记忆特点设计趣味性强的呈现活动，注意词汇呈现的数量和顺序，让学生在轻松愉快的活动中感知、理解学习内容。

3. 呈现应关注儿童的认知差异

认知发展受遗传因素、生活经验、环境及教育背景等因素的影响。教学中我们既要关注儿童认知的共性特点，还要考虑到学生的认知差异，如学生的多元智能差异、认知风格差异等。在呈现活动中，要尽量采用多种方式的呈现活动，以满足不同学习者的需求并发展学习者的认知能力。如采用动作表演的形式作为呈现活动可以满足肢体动觉智能发展良好的学生，采用画图呈现的方式适合空间智能发展较好的学生，采用语言描述方式的呈现活动适合言语智能优势的学生。

本章动物类单词教学案例的呈现活动采取图画、声音、动作和语言等方式，照顾了具有不同优势智能的学生，同时也为发展学生的多元智能提供了训练的机会。

小学生的思维发展是具体形象思维和抽象逻辑思维两种思维形式交错发展

---

① 王耘、叶忠根、林崇德. 小学生心理学. 杭州：浙江教育出版社，1993：206

的时期。这一时期的思维同时具有具体形象思维和抽象逻辑思维的成分，它们之间的相互关系随着年级的升高和不同性质的学习活动而不断发生变化。这种特点是由小学生的年龄阶段和学习活动的实际要求所决定的。由于小学生的知识经验还不够丰富和深刻，他们的概括能力、推理能力、思维的敏捷性、独创性都很弱，因此，我们在设计呈现活动时一定要关注到儿童的这些特点。

（四）有效利用信息技术

呈现的方式有很多，根据教学对象和教学内容的不同而不同。词汇活动常见的呈现方式有实物、单词卡片、简笔画、谜语等。故事及对话常采用挂图、录音、录像等呈现。随着电脑的普及和信息技术的高速发展，多媒体教学手段在小学英语课堂教学中使用越来越普遍。课堂教学中信息技术的应用弥补了传统教学方式的不足，因为它集音、像、动画于一身，能创造逼真的教学情境，清晰地呈现教学内容，为学生营造轻松愉快的学习氛围。动静结合的画面冲击着学生的视觉、听觉等感官，使学生能在仿真的生活情境中感知、理解、运用语言。同时，它帮助教师解决了教学中不易操作的问题和难以讲解的知识，提高了课堂效率。但是，信息技术如果使用不当，可能会造成资源的浪费，有时甚至会影响教学的效果。

1. 充分发挥信息技术优势提高呈现效果

多媒体呈现词汇直观形象，图像、文本、声音、动画并茂的呈现可以有效地刺激学生多种感官接收信息，激发学生学习兴趣和参与热情。利用多媒体呈现教学内容可以不受版面（黑板空间）的限制，同时还可以节约时间。比如本章第二节六年级复习课有关动物类单词的呈现案例，教师利用多媒体课件呈现了动物的种类、动物名称、饮食、特点、行为等方面共计几十个单词，如果采取图片粘贴或板画的方式势必占用很长时间，即使向学生呈现单词的方式一样，也要在课前准备阶段花去很长时间。

多媒体教学课件可以提供逼真的生活情境，帮助学生理解人物的关系和故事语言。如北师大版小学英语第九册 Unit 5 The broken computer 第一课时的故事教学呈现环节。

【案例展示】

Step 1 呈现故事

教师播放故事动画视频，学生带着问题观看动画，整体感知故事。

T：Watch the story and pay attention to these questions：

What's the problem for Daniel?

Who helps Daniel?

How do they help Daniel?

Is the computer really broken?

如果教师不利用多媒体教学课件呈现故事，而借助连环画用自己的语言来讲故事，理解能力稍弱的学生就很难将故事中人物的相貌、地点的变化和主人公的情感深刻地保留在自己的头脑中，这种方式也不容易引起学生的兴趣。因为教师是成年人，不太容易模仿孩子的语音语调和动作、表情，尤其是男教师或性格内向的教师更不愿意拿腔拿调地扮演故事中的人物角色绘声绘色地讲故事。即使有的老师能模仿孩子的动作和声调，有时也显得过于做作。信息技术正好弥补了这一遗憾。

2.注意规避信息技术可能带来的负面影响

运用信息技术进行教学虽然有诸多优势，但他也只是教学的一种辅助手段。如果信息技术用得得当，它可以有效辅助教学；反之，也可以阻碍课堂教学，成为课堂教学的多余产物。

(1)避免华而不实，喧宾夺主

有的教师在制作课件时，喜欢用大量的图片、动画、声音效果把课件搞得很花哨。课堂看似热热闹闹，但教学效果并不理想，教学目标没有达成。原因在于大量的媒体信息直接或间接的分散或转移了学生的注意力，学生把大部分的精力投放到了动画、文字颜色或声音上，知识内容对其已没有吸引力。如下面的几个案例。

【案例展示】

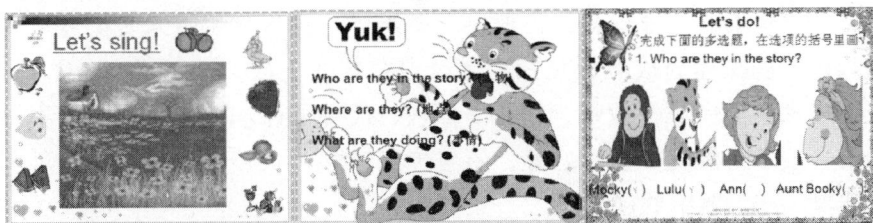

本案例画面过于花哨，干扰因素过多。尤其第二张幻灯片，文字呈现在图片上面，究竟是要突出情境词汇"Yuk!"的理解还是要引导学生关注 PPT 上呈现的三个问题？第三张幻灯片是检测学生理解故事情况的习题，在习题呈现时，周围的灰色方框不断地闪动，左上角的蝴蝶不断扇动翅膀从左侧飞向右侧，反复飞来又飞去。过多地使用动画花边装饰 PPT 会干扰学生视线，添加的声音效果和图片与教学内容无关。

再如下列案例：

【案例展示】

本案例中幻灯片的背景都很干净，没有任何干扰信息。但从 PPT 播放效果看，每一个动物图片都以动画形式呈现，或跳或走，多种可笑的动作夺走了儿童的注意力，使儿童无法关注所呈现的词语。尤其是最后一张幻灯片，学生往往会盯着自己喜欢的动物的可爱动作看，而忘记了当前的任务。

同样，下列案例中 PPT 上呈现了学生的读写信息表，这是需要学生观察、讨论而完成的任务。而在表格的右下角位置出现了动物的动画图片分散了学生的注意力。

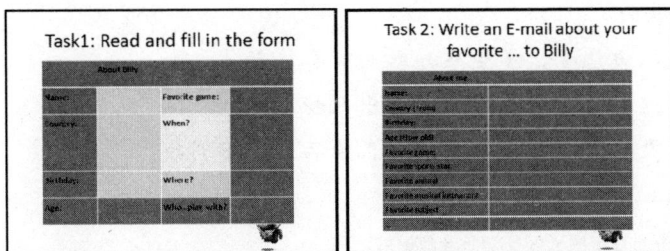

(2)避免过多过滥，浪费资源

英语课堂是语言学习的场所，多媒体固然可以给学生提供生动形象的语言情境，但也不能过分依赖。长期使用多媒体也会给学生带来视觉疲劳。有些教师还把多媒体当成黑板使用，什么内容都往上放，甚至板书也不写了，多媒体技术完全代替了教师、代替了黑板、代替了课本。这种做法是不可取的。信息技术的使用要恰到好处，要与传统教学方式相互取长补短。可有可无的尽量不用，要节约资源。

课堂是学生获取知识的主阵地，也是师生相互交流、相互学习的场所。教学中，教师应该时刻关注学生的表现，根据学生学习的情况来调控课程进度。但是有些教师因为播放多媒体课件很少走到学生中间去，他们的注意力过多地放在了电脑操作上，忽视了师生之间的知识和情感交流。另外，过多地使用信息技术，会影响学生想象和思维的发挥，影响解读文本的速度和能力，因为信息技术过于形象化、直观化，给学生留下想象的空间有限。所以，信息技术的使用要适当适度，该回归文本时要回归文本。

我们不能盲目崇拜信息技术，更不能完全依赖它。只有当信息技术真正发挥了其他教学手段所不能达到的效果时才能证明其价值。

三、如何有效设计训练活动

【案例展示】

这是一节词汇教学课。教材材料来自北师大版小学英语第五册"Unit 3 Whose CDs[①]"。案例为词汇训练活动。

巩固与提高

1. 播放课件，学生跟读单词。

2. 游戏活动——"打地鼠"

活动说明：班上获得卡片最多的前四名同学到前边参加活动，两人一组听音打单词，动作迅速者获奖励。其他同学读单词。

3. 视听歌曲

(1)播放歌曲录音，学生感知歌曲节奏、韵律。

(2)再次播放歌曲录音，学生圈出人物名称。

(3)第三次播放歌曲录音，学生在物品名称下划线。

---

① 本案例由北京市顺义区瓮学海老师提供。

(4)师生问答：Whose book/ball…is this? It's…

4. 听力活动

(1)教师呈现 Listen to this 插图，教师指着自行车提问：Whose bike is it? Can you guess?

(2)给学生时间预测答案并和同伴交流。

(3)播放听力录音，学生听音标号。

(4)呈现正确答案，学生与自己预测答案进行对比。

5. 拓展提高活动——"我是小小设计师"

(1)教师出示 MP3 图片。扩充知识。

(2)教师示范：介绍自己设计好的电视机。T：This is my radio. I like it.

(3)学生设计自己的作品并在同伴中进行交流。

本案例是词汇呈现后的巩固操练活动。在案例中，教师设计的词汇训练活动有：听录音跟读单词、"打地鼠"游戏、听音标号和谈论自己设计的物品。在训练活动中学生进一步巩固单词发音、意义、词形及用法。学生在学习活动中认真观察，积极参与，大胆动手，表现出很浓的学习兴趣。

【案例指引】

训练是对知识和技能的巩固和强化，是对所学内容的反复操练。一般情况，训练所关注的多是语言的准确性，是语言形式，但不同的教学内容训练的目的不同。比如，语音训练活动关注的是发音、重音、连读、节奏等，对话训练活动关注的是语言表达的准确性和流畅性等。有效的训练活动可以帮助学生加深对语言知识的记忆，形成知识迁移，发展语言能力。"Practice makes perfect"，这句谚语说明了练习活动在语言学习中的重要作用。

如何设计有效的训练活动呢？

设计训练活动时首先要考虑教学目标。小学英语学习活动是以培养语用能力为宏观目标的，教师要根据这一目的出发，依据具体的教学内容设计每一节课的具体活动目标。没有目的的活动是盲目的，偏离目标的活动是低效的。本案例虽然没有告诉学生本课时的词汇学习目标是什么，但从训练活动的形式看，一定是掌握单词的读音和拼写，理解单词的意义，并能运用所学词汇描述自己的创意物品。

设计训练活动时要考虑学生认知发展的特点，关注训练形式的多样性和训练活动的趣味性，避免枯燥的、单一的活动形式。小学生的注意力保持时间短，因此要注意减少机械性训练活动，适时变换活动形式，增加活动的趣味性或采取游戏训练的方式提高训练的效果。本案例设计了一个机械听读训练活动、一个游戏活动、一个听做活动和一个画画表达活动。每一个活动的时间都不是很长，而且活动形式不同，为不同优势智能学生提供了发展的空间，调动了学生的参与热情。

设计训练活动时还应考虑活动的情境性。知识离不开生活，语言的运用离不开情境。本案例"打地鼠"的游戏活动创设了比赛竞争的情境，调动了学生积极参与的热情，加速了学生的反应能力，促使学生多种感官参与活动，通过主动朗读巩固单词的读音和意义。

总之，训练活动的设计要依据教学目标，以反复、趣味、多样、简单易操作为原则，在情境训练中使学生在知识学习与能力发展上达到完善的境界。那么我们该如何设计训练活动呢？

(一)注意训练的趣味性

有人说训练活动本身就是枯燥的。其实不尽然。关键在于教师如何设计。

趣味性的活动一般是在一种愉快的气氛中进行，具有创造性，充满想象力。小学生一般喜欢充满挑战性的、竞争性强的训练活动，比如：猜测、限时记忆、连锁问答、听音寻物、动手操作、模仿秀等。因此，可以利用竞争增强训练活动的趣味性。以本章案例 9 为例。教师设计的"打地鼠"游戏有效地激发了学生的兴趣，单词的读音和词形的识记以及意义的理解在游戏活动中得以巩固。教师出示单词的图片后，全班学生快速说出单词，训练了单词的读音和意义；参赛的学生听到单词后，迅速寻找单词，巩固了单词读音与词形。有的教师还会设计"拍苍蝇"活动，让学生以小组听音拍单词的方式训练单词的音、义、形，如：

【案例展示】

活动名称：拍"苍蝇"

方法：教师将学生分成男、女生两大组，每次各上两名学生(每组1名)，听音拍单词卡片。既准确又迅速的学生胜出。以积分形式记录成绩。每组有三次机会；三次之后，换下一组继续进行。(第一组由教师发指令，第二组开始由学生发指令)

也可以分小组进行。一人发指令，其余人拍单词。轮流发指令。

如果两个案例都不采用这种方式训练，而改成听音指词或听音举卡片的形式，趣味性就会打折，学生参与的积极性也会降低。

有时教师可以利用求同和求异增强训练活动的趣味性。以图形类单词的训练活动为例①。

【案例展示】

1. 教师将全班学生带到操场，将学生分为三组，站好。

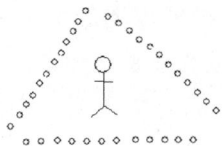

2. 教师发口令，如：Make a circle/star/square, please. 各组学生按口令在限定的时间内组合成图形站立。各组同时进行，看哪个组行动最快。

3. 教师再次发口令，如：Make some small circles, please. 各组听到口令后马上组合成圆形，圆的大小要尽量与其他组不同（圆的大小由人数决定）。

4. 教师第三次发口令，如：Make a rectangle, please. 各组要做出不同于口令的动作。要求各组组成的图形不能相同。同时，各组要介绍自己组成的图形名称。

为了巩固单词的读音和意义，教师将学生带离教室，让学生到操场上做听指令做动作的游戏活动。在新的环境下通过听、做、想、玩的方式学习知识，对小学生来说是比较新奇的。尤其是先做与指令相同的动作，再做与指令不同的动作，由每组组成一个图形到每组组成多个图形，活动的难度逐渐加大，挑战性逐渐增强，确保了活动的创新性。在这一活动中学生积极思考，主动合作，亲身体验着学习的快乐，也真实地体现了"做中学、玩中学"的教学理念。

当然，我们并不是要求所有的训练活动都要突出趣味性，必要的机械强化也是必不可少的，因为它简约、省时、易操作。

趣味性的训练活动不仅可以使学生保证持久的学习兴趣，还有利于增强学生运用语言的灵活性、创造性和变通性，也可以促进思维的发展。

（二）注意训练的交际性

设计训练活动时不仅要关注活动的趣味性，还要关注活动的指向性——语用。"通过英语学习形成初步的综合语言运用能力"是义务教育阶段英语课程的总目标。英语学习的最终指向是儿童综合语言运用能力的发展。因此，

---

① 本案例由北京市顺义区教育研究考试中心朱文利老师设计。

在设计训练活动时我们应该考虑到活动的交际功能。

设计交际性训练活动时，要确定交际的角色和目的语，还要关注交际中的信息差。调查采访是口语教学中的常用训练活动。在调查采访的过程中，双方必须要用到所学语言进行交际，否则无法完成交际任务。以下列材料为例。在训练活动中，教师不是机械地询问学生 How tall are you? How much do you weigh? 而是让学生通过调查来得知谁最高，谁最矮，谁体重最轻，谁体重最重。在调查活动中调查的对象不受人数限制，学生的交流比较自由，充分练习了目的语言。

Ask and Find Out

Ask you friends and complete the table.

How tall are you?

How much do you weight?

Name	Height	Weight

Who is the tallest?_____
Who is the shortest?_____

（程晓堂，王蔷，Ken Methold. 英语第九册，北京：北京师范大学出版社，2012：57）

除了口语训练活动以外，其他训练活动同样也需关注训练的交际性。以北京版小学英语六年级上册第五单元 Lesson 16 为例①。

【案例展示】

1. Practice the main sentences

T：When did people hold the 1st modern Olympics?

S：They held them in 1896 in Athens. （Show Picture 1 of page 37.）

T：Yangyang and Lingling want to know other Olympics，Which Olympics do they want to know? Let's listen.

S（Listen and answer.）

T（Introduce and show Picture 2 and Picture 3.）

---

① 本案例为北京顺义一中附小王洋老师提供。

2. Group work（Talk about other Olympics）

T：If you were Lingling，which Olympics do you want to know?

S：When did people hold the…modern Olympic?（2～3 students）

3. Handwriting paper making

（1）Students choose one of the Olympic game，ask，answer and finish the handwriting paper.

（2）Students say something about the Olympics according the handwriting paper.

为了达成"运用 When did people hold the…modern Olympics? They held them in…in…. 进行交际"这一教学目标，教师在句型操练结束后设计了"制作某一届手抄报"的活动。在制作手抄报的过程中，学生必须要用到交际语言，即必须向同学询问自己要完成的那届奥运会的相关信息，如：举办的年份、国家或城市、口号或吉祥物等，否则无法完成制作任务。这个信息差活动促使学生在任务驱动下主动运用所学知识进行交际，从而加深了对重点句型的理解与应用。再如本章 Whose CDs 词汇教学案例。教师在让学生展示自己的作品时，学生必须要运用所学的语言进行交流，如 What's this? This is my… It's red. It's 20 yuan. 等。尽管孩子们的语言是简单的，甚至是重复的，却是真实的交际活动，是有意义的交际性训练活动。

（三）注意训练的情境性

建构主义学习心理学认为，知识不是通过教师传授得到的，而是学生在与情境的交互作用中自行建构的。因此，在教学中我们要根据学习内容和学习目标的要求设计与学生年龄、生活经历和生活实际相关的情境，帮助学生在真实的情境中感知英语、练习英语、应用英语，理解英语的语用价值，增强语言表达能力。①

情境分教学情境和生活情境。无论哪种情境都应该追求情境的真实。以下列案例②为例。

【案例展示】

教学内容：北师大版小学英语五年级上册 Unit 2 Mocky's bad day

Touch and Say

Look at the pictures. What did Bob do?

（程晓堂，王蔷，Ken Methold. 英语第九册，北京：北京师范大学出版社，2012：18）

1. 呈现图 A，通过问题引出人物、地点及交际话题。

Questions：① Who is he?　② Where was he?　③ Was his room clean?　④ What can you see in this picture?

2. 呈现图 B，在 1 分钟内找出两幅图片的异同（学生小组合作完成）。

3. 小组讨论并汇报：Was the room clean? What did Bob do?（汇报时教师给学生准备了动词短语的词条，学生汇报时可以利用这些词条帮助语言输出。）

4. 再次对比两张图片，师生共同找出相同点。

5. 整体回顾，看板书读句子。

① 王笃勤. 小学英语教学策略. 北京：北京师范大学出版社，2010：16
② 案例由北京市顺义区宁静老师提供。

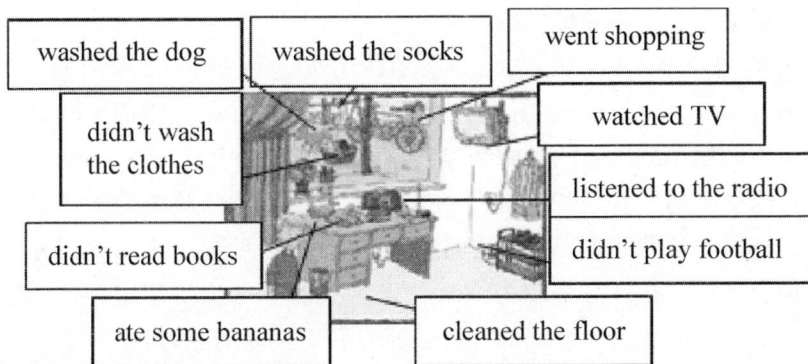

6. 根据板书描述 Bob 一天的活动。

7. 两人一组创编对话。（同伴活动，任务自选）

对话情境1——打电话：周六晚上，Mary 给 Bob 打电话询问他在一天当中做了什么（第一人称）。

对话情境2——公园巧遇：周六晚上，Mary 和他的一家人在公园里遇到了 Bob 的父母，于是 Mary 询问 Bob 为什么没来公园散步。

对话情境3——调查采访：同学之间相互询问上周末的情况。

教材提供了一张非常贴近学生日常生活的图片，为语言使用提供了真实场景。如下图所示。

（图 A）

（图 B）

两张图片提供的信息不同，图片信息的差异，正是训练活动的语言焦点。教师先让学生进入图片提供的情境中，通过"限时找不同"趣味活动中引出交际话题"What did Bob do？"。如果没有图片情境的支持，学生很难知道 Bob 做了什么，缺乏情境，学生无法进行交际。

其中"打电话"和"公园巧遇"活动拟通过模拟情境来练习语言，但该情境下使用"What did you do？ What did he do？"显得有些牵强。调查采访虽然是语言训练活动，但不需要提供情境。

真实情境下的语言训练活动很多，比如，让学生去操场练习 Turn left. Turn right. Run slowly. 让学生做 TV reporter 介绍一周的天气情况，还可以在模拟购物、就医等活动中练习语言。

语言的交际离不开情境。离开语言情境的训练活动就像是无源之水，无本之木。越是学生熟悉的话题，学生才越可能有话可说。我们要充分利用教材、音像、学校、社区等资源为学生创设真实的语言操练环境，让学生在真实或仿真的活动中练习和使用语言，从而发展语言运用能力。

(四)注意训练的游戏性

小学生最喜欢的活动是具有趣味性的训练活动，而游戏性的训练活动可以使学生保持持久的学习兴趣和参与的热情，增强交际的趣味性，还可以发展学生的观察力、想象力、记忆力和思维能力，也可以培养学生的合作能力。

训练的游戏性是指训练活动具有明确的目的、具备游玩特征。游戏性的训练活动可以增强活动的效果。以下列活动为例，活动要求学生听指令做事情练习五官类词汇。而听指令做动作是学生比较熟悉的活动形式，因为常做，学生也不太感兴趣。在本课的操练环节，教师打破常规，没有采用 Listen and Touch 的形式，而是让学生把白纸贴在脸上进行听音作画。把白纸放在桌子上作画是一件很容易的事，但是要把白纸铺在自己的脸上去画，就增加了活动的挑战性。同时，这种方式改变了常规做法，使绘画的过程充满乐趣，活动增加了游玩的特征，使课堂变得活泼。学生参与表达的积极性一下子被调动起来。

【案例展示】

1. 教师发给每位学生一张八开纸，学生自己准备彩笔。教师发指令，学生在白纸上完成画五官的任务。

学生将白纸贴在自己的脸上，左手按住白纸。教师发指令：Draw your nose/left eye/…，学生根据指令用右手在白纸上画五官（白纸上的五官图一定对照自己真实的五官的位置）。五官画完后，取下这张纸，学生自己美化自己的画像。完成者将自己的画像贴在教室周围的墙上。

2. 互相欣赏自画像，猜人物。

读写训练一般被教师认为是最枯燥的活动，但下面的活动非常有趣，颇受学生喜爱。因为，为增强训练活动的游戏性，提高训练效果，教师改变了常规的造句方式，采用了游戏性的活动方式。整个学习过程气氛宽松，学生边玩边学，活动动静结合，"寓练于乐"，孩子们在一种非常放松的状态下练习语言，不受思维的束缚和规则的限制，大胆想象，创造出了许多离奇的句子，如"Yao Ming is eating in the washroom；Zhao Benshan is dancing on the chair；Mr. Li is playing basketball in the bottle"等。在感受快乐的同时，通过理性思考，收获了知识，增长了能力，提升了活动的效果。

【案例展示】

1. 将学生按照竖列分成四组。每组学生按表格要求写出相应的内容。（各组纸条颜色不同，A 组为蓝色，B 组为黄色……）

A 组	B 组	C 组	D 组
人物姓名	人物行为	活动地点	活动时间

2. 从第一横排开始，按照从 A 组到 D 组的顺序学生依次读出自己所写的内容。（读完后将纸条贴到黑板上）

3. 将黑板上的内容按正确逻辑组合成句子抄写在练习本上。（如有错误的请进行修改）

英语教材中提供了许多游戏性的活动，教师可以有效地利用它们以增强训练的实效性。训练活动虽然很难设计，但我们只要从学生的特点和学生发展的角度去思考，遵从以上几点去设计，就一定能使训练活动更有效。

四、如何有效设计游戏活动

案例指引

【案例展示】

游戏名称："猜猜我是谁"

教师将学生平均分成三组。每组抽取一个话题。小组内各确定一名动作表演者，其余学生根据表演者的动作、表情猜话题单词。限定时间内猜对数量最多的组获胜。时间：每组三分钟。

游戏规则：

1. 表演者在表演之前先出示话题标牌，向本组示意话题内容。

2. 表演者不能用语言告诉同组的学生，否则取消本题得分。

3. 猜测者要尽可能地使用学习过的语言与表演者进行交流。每位猜测者有两次猜的机会。

4. 同一个内容不能重复猜测。

5. 其他组成员只能认真倾听，不能告诉猜测者，否则给对方加分。

交际语言：Are you a nurse/policeman/…? Is it big/small…? Can it run/swim…? Are these clothes for girls?

这是一个词汇复习课的游戏活动案例。材料来自北师大版小学英语第七册前三个单元之后的期中复习课。游戏前，教师以头脑风暴活动引出单词，然后通过听录音跟读单词、图文匹配及单词归类方式对所学的职业类、动物类及服装类单词进行了梳理和复习。之后以"猜猜我是谁"的游戏活动对知识进行综合运用和语言技能的训练。游戏活动后学生完成书写任务。

【案例指引】

游戏是人的一种生存形态。德国哲学家席勒说："只有当人是完全意义上的人的时候，他才游戏；只有当人游戏时，他才是完全的人。"因为在游戏中，人们会抛下所有的社会面具，回归本真的自我。对儿童而言，游戏本质上就是儿童的现实生活。杜威指出，"生活即游戏，游戏即生活。"对于还不具有社会经验的学生而言，在游戏中他们可以摆脱束缚、放松身心，体验快乐，张扬个性，保持童真。课堂教学游戏能使学生在各种情境中获得身心愉悦，获取知识，收获生活经验，开发创造性思维，促进个性发展，学会与人合作。

那么，究竟什么是游戏呢？不同人有不同的解释。有的认为，游戏就是"任何为娱乐而开展的活动"(Encyclopedia Americana Vol 22：234)[1]。有的认为"儿童游戏就是儿童的任何娱乐消遣方式，可以是主要基于幻想和想象的、自发的、随意的活动，也可以是有组织的、有固定规则的游戏"(Encyclopedia Britannica Vol 3：211)[2]。根据《语言教学与应用语言学》词典的解释，"游戏"就是一种教学活动，但是与一般的活动不同，游戏具有以下特征：

a. 一项特殊的任务或目标；

b. 一套规则；

c. 游戏参加者之间的竞赛；

d. 游戏参加者之间口头或笔头交流。[3]

由此看来，游戏首先是一种游玩活动，它以娱乐为特征。在教学中，这种活动一定是围绕一个具体的目标、按照一定的规则进行的，具有一定的组

---

[1] 转引自鲁子问. 小学英语游戏教学理论与实践，北京：中国电力出版社，2004：1

[2] 转引自鲁子问. 小学英语游戏教学理论与实践，北京：中国电力出版社，2004：1

[3] J. C. Richards & Schmidt. Longman dictionary of language teaching & applied linguistics. 北京：外语教学与研究出版社，2003：219

织结构。也就是说，英语游戏活动应该是以掌握英语知识、发展语言能力为目标、以在活动中享受快乐为基本取向的。如果活动不涉及语言的应用，不能给学生带来快乐、没有活动规则、不能促进学生参与，那么，就是知识活动，而不是游戏。①

根据游戏的特征，我们首先肯定案例1是一节中年级词汇复习课的游戏活动。这是一个全员参与的活动，体现了以学生为主体的原则。在游戏活动中，动作表演者尽其所能，尽可能地把答案用他的表情、肢体表现出来，猜测者要积极观察、想象、思考，凭借认知经验想出答案，还要组织语言表达出来。整个活动过程是活泼的，紧张的，体现着娱乐性又充满着竞争力。同时，在快乐的游玩活动中，学生始终围绕这些词汇，运用所学语言进行交流，彰显着语言学习的特征。

小学阶段可应用的游戏有很多，大致可以分为以下几种(仅供参考)。

游戏种类	游戏描述	游戏目的	适用范围
1. 猜测游戏	根据提示(图片提示、语言提示、行为提示、声音提示、图像提示等)在限定时间内猜物品、动物、行为、职业等。	巩固词汇，体现语言交际	各个年级小组活动
2. 叠加游戏	一名学生说完一个信息之后，后面的学生在前面学生所说内容的基础上增加一个信息。如：A：I have a pen. B：I have a pen and a pencil. C：I have a pen，a pencil and a ruler. D：I have a pen，a pencil，a ruler and… (有时间限定)	促进理解，培养记忆力	各个年级小组活动
3. 记忆游戏	形式很多。如：What's missing? 教师先呈现一组图片、单词或句式，让学生在规定的短暂时间记忆，之后学生闭上眼睛，教师随即抽掉其中的一个图片、单词或句型，要求学生说出教师抽掉的内容。也可以采取逐渐增加的方式。快者为胜。	巩固词汇及句式，训练记忆	各个年级全班活动小组活动

---

① 王笃勤．小学英语教学策略．北京：北京师范大学出版社，2010：236，237

游戏种类	游戏描述	游戏目的	适用范围
4. 操作游戏	限定时间内找字母并涂色。 限定时间内听指令拼摆图形。 　限定时间内用橡皮泥捏字母或图形。	巩固字母及词汇，培养动手能力	低年级小组活动或个体活动
5. 问答游戏	看谁先走到终点。 	巩固词汇及功能句型	各个年级同伴活动
6. BINGO 游戏	在九宫格内放入图片、字母、单词、短语均可。之后听音划去相应的内容。先完成者为胜。	巩固字母、单词及短语，培养听的能力	各个年级全班活动
7. 模仿游戏	以小组为单位相互发指令模仿人物或动物的行为。	加深词汇记忆和理解	低、中年级小组活动
8. 运动游戏	根据提示做动作。如：贴鼻子。 蒙住一名学生的眼睛，被蒙住眼睛的学生询问：Where is the nose? 其他同学回答问题。被蒙住眼睛的学生根据提示先到相应地点取"鼻子"，之后回到黑板前，听从指挥把"鼻子"贴到正确的位置。用时最短者为胜。	培养听指令做事情的能力	低、中年级全班活动
9. 表演游戏	根据剧情限时表演。教师为学生准备几组道具，学生根据道具想象一个情境话题。根据规则创编对话或故事（规则：用时短、语言丰富、表情到位等）。	培养表达能力、想象力和综合语言运用能力	高年级

从列表中的游戏我们可以看出：每一种游戏都涉及语言应用。不同的游戏活动适用于不同阶段的学生。我们在设计游戏活动的时候，必须首先确立语言学习的核心目标，然后再思考游戏的规则和组织方法，使学生在娱乐与竞争中获取快乐，发展能力。

(一)确立语言学习的核心目标

只有当游戏教学真正地为教学服务时，游戏才能成为辅助教学的有效工具。我们在设计游戏时必须依据课堂教学目标的要求，确保游戏中所训练的语言是课堂教学的核心内容。也就是说，游戏必须是为了语言学习，不能为了游戏而游戏。

1. 游戏应以语言运用为核心

游戏是为教学服务的。语言的使用要适应游戏的要求，否则无法达到训练语言的目的。本章第四节"猜猜我是谁"案例的猜测游戏紧紧围绕职业、服装、动物话题，运用"Are you a nurse/policeman/…? Can it run/swim…? Are these clothes for girls?"这些语言进行交流，达到了训练语言的目的。再如北京版小学英语二年级下册第三单元 Lesson 9，教师设计了两人一组的游戏活动以操练本课的语言"Would you like to…? Yes, I'd love to."

而下列的游戏活动则没有体现出语言在活动中的作用。

【案例展示】

游戏名称：看谁猜得快(小学二年级)

适用环节：巩固操练

游戏描述：教师利用多媒体课件的动画效果（如：快闪、遮盖等）呈现动物图片、播放动物的叫声或呈现动物的动作幻影，要求学生在 5 秒内猜出动物。（先猜对者获得动物贴画一枚）

这个猜测游戏的目的是训练"What's this? It's a…"。游戏中，教师要求学生听到动物叫声或看到动物图片/幻影后用"What's' this? It's a…"进行问答。英语课堂中我们经常看到类似这样的游戏活动。在游戏活动中孩子们全神贯注地投入画面或音像中，他们急于知道会出现什么动物，所以一旦听到了声音或看到了图像就会立刻喊出动物的名称，怎么可能会想到还要用"What's this? It's a pig /dog /cat /…"进行问答呢？所以我们只会听到教师自己不断地问学生："What's this?"而听不到学生的语言交流。

2. 要关注语言情境的合理性

语言的使用不可脱离语境。要提高语言训练的效果，就必须为语言训练创设情境。适切的情境有利于学生理解、掌握语言。如果情境设计不合理，则会对学生产生误导。

比如在教学生学习"Can you run fast?"时，可以设计有趣的体育比赛，让学生用该句型进行挑战，看谁跑得快。但是，如果在一组学生正在赛跑时让所有作为观众的学生一起喊"Can you run fast?"那么情境就是错误的，这种操作就会误导学生，让学生误以为可以用"Can you run fast?"给选手加油鼓劲。[①]

再来看一个游戏活动案例：

【案例展示】

游戏名称：猜动作（北师大版小学英语第五册 Unit 4 Dinner time）

适用环节：巩固操练

游戏描述：将学生分成两组。每组各选出一名学生到教室后面做动作（本组学生看不到他），本组同学猜他/她在干什么。交替进行。座位中的学生按照编号依次猜测，每人一次机会，猜对得分，猜错者不得分。

这个游戏活动简单易操作，运用了本课的主要语言"Are you eating /drinking /…?"。但是语言情境不太合理。首先，学生在课堂中是不能吃、喝、睡觉的，其次，对话也不符合语境真实性原则，因为人物睡觉时是不能够说

---

① 梁德全. 小学英语游戏教学研究与实践［学位论文］. 桂林：广西师范大学，2007

话的。如果把问题改成："Are you reading /drawing /writing?"就合理了。当然还要注意猜测者询问之时必须是表演者动作进行之时，如果表演者的动作做完了再提问，用正在进行时来询问语言就与语境不相符，应该用"Did you…?"询问才贴切。

3. 要以学生语言发展为导向

任何一种游戏的设计都应该建立在学生已有认知水平的基础之上，还应该为学生新语言的发展做准备。游戏中的语言过难或过易都不利于学生语言能力的发展。所以，我们在设计游戏之前一定先要了解学生的语言基础、游戏的目标、游戏中可能用到哪些语言、学生需要哪方面的帮助，再思考游戏的组织方式、规则、时间、步骤、监控等方面的细节。游戏设计在语言方面同样应该参照"i＋1"的模式，使学生在游戏中获得知识，发展语言能力。

以"看谁猜得快"这个游戏为例，在游戏之前教师一定要清楚学生学习了哪些动物类单词，是否知晓动物的叫声，学生在猜测时会用到哪些语言。同时还要考虑学生能不能准确猜到答案，除本课所学之外还能猜到哪些动物，是否需要增加一两个学生没有学习过的动物等。有经验的教师一定会在学生猜测的过程中设置悬疑，比如：在呈现 tiger 这个动物时，故意先呈现动物的尾巴，增加猜测的挑战性。因为有些低年级的学生不能准确区分老虎尾巴和豹子尾巴的差别，这就为一些在课外学习英语的孩子提供了空间，也给没学过 leopard 这个单词的学生制造了学习新知的机会。同时，在猜测过程中，有经验的教师还会用新语言如"They look like tigers. But they are not tigers. They are in the cat family. They are big cats."进行描述，从而引起学生对新语言的感知和关注。

假如教学对象为中、高年级的学生，教师就可以把游戏形式改成"限时听描述猜动物"或"限时阅读猜动物"，如"It's an animal. It is very fat. It is black and white. It can walk. It likes bamboo. It lives in Sichuan, China. What is it?"教师可以给出答案选项，让学生去选择，也可以直接让学生写出猜到的单词。采取个人或小组参与游戏的方式均可。

老师们可能会问，"猜猜我是谁"这个案例中表演者不说话如何促进学生的语言发展？游戏如此设计一是考虑到现实生活中的真实交际存在非语言交流；二是考虑到部分学生还不具备应有的语言表达能力，尤其是定义词汇的能力。当然，表演还可以训练儿童的模仿能力、表演能力和创造能力，鼓励孩子在语言遇到障碍时积极动脑，想办法与他人交流信息，共同完成任务。

游戏增加了语言学习的趣味性，调动了孩子参与的热情，有助于孩子语言学习的发展。

再如下面这个游戏活动。

【案例展示】

教师将学生分成四至六人一组，每组发两个骰子。其中一个骰子的六个面画的是动物的图案，另一个骰子的六个面是动作类单词，如 swim，jump，climb，roll 等。小组内的两个同学同时扔骰子，两个人组成一句话，如"The cat can swim."组内其他人倾听并做出回应"No, the cat can't swim."之后轮换另外两个人掷骰子继续游戏。比一比哪个组组成的合理性的句子多，用时短。

学生在游戏中积极运用语言，听者积极思考，达到了在游戏中学习的目标。

当我们时刻把培养学生综合语言运用能力这一英语教学的总体目标牢记于心时，游戏设计就会指向学生英语语言运用能力的发展，也就避免了那些纯粹为了知识学习而开展的游戏，或者纯粹为了娱乐、玩耍而展开的游戏①。

(二)注意游戏活动的娱乐性与竞争性

如果说语言是游戏的核心，那么娱乐就是游戏的前提，竞争就是游戏的催化剂。大部分儿童喜欢游戏，因为游戏能够给他们带来快乐。缺少社会生活经验的儿童往往把他们生活的世界当成游戏的大舞台。在这个舞台上，他们展现自我，体验自我实现的快乐。游戏为学生提供了一个相对安全、轻松而有意义的学习环境。游戏活动中的竞争可以激发学生参与的热情，增强自信心，培养合作能力，还能促使学生积极主动、自觉、愉快地学习，从而提高学习效果。

1. 采取多种方式，提升游戏活动的娱乐性

游戏的游玩性和嬉戏性特征决定了游戏一定是在一种宽松的、不受任何约束的状态下进行的非规范化的课堂教学活动。为了突出游戏教学效果，可以采取如下方式提升游戏的娱乐性。

(1)限定时间/改变节奏

一般情况下，人在不受时间约束的状态下行为是自由的、放松的，节奏也是缓慢的。游戏教学活动中，如果不加快节奏，有的学生注意力就会转移。

---

① 鲁子问. 小学英语游戏教学理论与实践，北京：中国电力出版社，2004：24

通过加快节奏可以刺激学生多种感官同时参与，加速行为感知的反应力，增强紧迫感，提升娱乐性。比如：在限时记忆单词的游戏中，教师只给5秒的时间让二年级的小学生记住10幅图或10个单词。按记忆的一般规律，这是比较困难的。但是教师提出了这个要求后，学生会马上集中注意力，进行观察和记忆，这样可以提高学生对游戏的关注度。再如，听指令做动作游戏。教师通过提高指令的语速，加快学生感知速度。如教师快速说："Run as a monkey；run as a rabbit；jump as a frog…"随着教师语言的变化，学生动作也要改变。快节奏的指令下，游戏活动的趣味性会增强。

（2）变换人物角色

模拟角色扮演可以提升游戏活动的娱乐性。比如学生可以扮演成小动物，模仿动物的行为进行游戏；还可以改变自己的角色，扮演老人、摩登女郎、聋哑人、导游、记者、售货员等。根据不同人的身份做不同的动作、说不同的话，通过体验感受快乐。比如"猜猜我是谁"案例，表演者以哑巴形象出现，不能像正常人一样说话，只能利用形象的夸张的动作或表情来传达信息，这种打破常规的交流方式会使学生感到好玩，滑稽的动作使学生感到有趣。教师也可以以学生或其他身份参与到游戏活动中。

（3）打破常规认知

在学生的认知世界里，听指令做事情就是按照教师的指令或要求做出相应的动作。教师可以利用学生的这种常规认知，改变教学要求，增强游戏活动的娱乐性。如"Simon says"游戏。教师说："Stand up!"学生要做"sit down"的动作。

2. 适当竞争，提高游戏活动的有效性

竞争是一种很好的激励手段。在游戏活动中引入竞争机制，不仅可以调动学生主动参与的积极性，还可以促进学生之间的合作，增强自我反思和主动探究的意识，同时也符合小学生争强好胜的心理特点。竞争机制的运用可以增强游戏活动的趣味性，提高英语教学的实效性。

（1）个体竞争

游戏活动中一对一的竞争可以让所有学生都参与活动，有效避免了群体活动中后进生不参与的现象出现。

（2）小组竞争

游戏活动常以小组形式进行。小组竞争可以增强学生的合作学习能力，发挥集体智慧，培养集体意识，增强个体责任感和集体荣誉感。小组竞争中尽量避免出现学生不参与的情况。

本章"猜猜我是谁"案例是一个小组竞争的游戏活动。学生要在限定的时间内猜测到更多的单词才能获胜，这种竞争使得游戏充满刺激和挑战。由于竞争，使活动越临近结束，孩子们越紧张，越兴奋。这种气氛渲染着课堂，使课堂充满欢乐。如果没有竞争，孩子们就不会更多地投入精力和情感，也不会关注答案的准确性，因为猜对多少与"我"没关系。小组竞争中没有忽视个人的参与，因为游戏规则要求每位猜测者只有两次猜的机会。

"大转盘，转转转"①也是学生喜欢的游戏活动之一。通过游戏巩固功能句型"What do you like? I like…"是该活动的主要目标。

【案例展示】

游戏名称：大转盘，转转转（二年级）

适用阶段：巩固操练

游戏描述：教师准备五个水果大转盘，转盘上有各种各样的水果图片。

师生示范：T：What do you like?

S：I like apples.

学生转动转盘，如果指针正对着 apple，学生就可得到苹果贴画。（获得贴画多者为胜）

要求：以小组形式进行。小组成员轮流问答。转动圈数在一圈以上。

时间：10 分钟

本游戏是一个在小组内完成的个体竞争活动。在这个游戏活动中，每个孩子都有参与表达的机会。他们可以不受坐姿和纪律的约束，选取他们喜欢的方式或坐或站进行游戏。由于对贴画的期待，他们特别积极地投入游戏。游戏过程中孩子们有说有笑，有玩有做，有的紧张，有的放松，表情丰富，神态各异，充分展现了儿童的天性。竞争无形中点燃了学生情绪的兴奋点。当我们看到孩子们因成功地获得了一张小小的贴画而欢呼雀跃时，我们也同样会体验到他们的快乐，感受到他们的幸福，收获"玩中学"的教学理念带给我们英语教学的最佳效益。

---

① 本案例由北京市顺义区杨树华老师提供。

五、如何有效安排活动的序列

【案例展示】

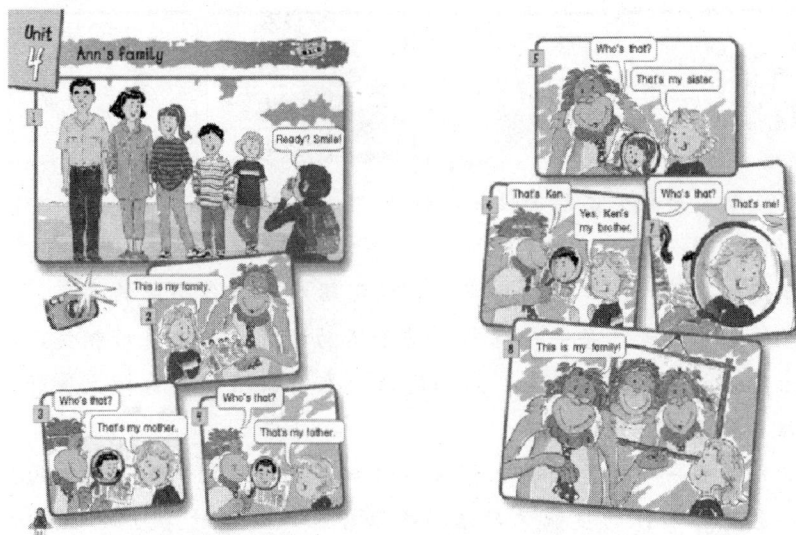

这是一个基于故事的阅读活动案例，材料来自北师大版小学英语第三册"Unit 4 Ann's family"。教学分四个环节：热身导入、感知理解、朗读故事、拓展提高。

导入阶段有两个活动：演唱歌曲 Who's that、复习词汇 father，mother，sister，brother。

理解阶段有四个活动：自主阅读、师生讨论、回顾故事、检查理解。

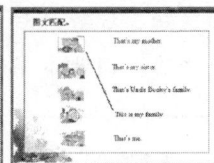

朗读环节有三个活动：听录音、全班分角色跟读、小组分角色朗读。

拓展阶段有四个活动：视听模仿介绍樱桃小丸子的家庭、同伴之间介绍自己的家庭、自选情境小组对话以及绘画活动。

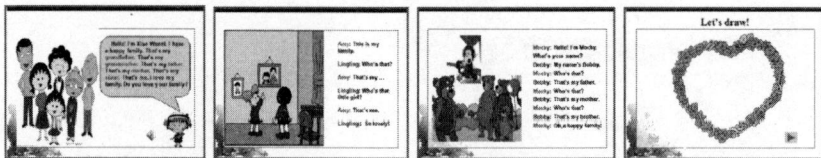

这些活动前后相关，层次性强，符合学生认知发展需求。①

【案例指引】

教学是由不同的教学活动按照一定的逻辑序列组合而成的过程，活动是课堂教学的基本要素。每一堂课都由若干活动构成，活动前后相关，前一个活动要为后一个活动提供支架，后面的活动在前面活动的基础上展开，课堂教学过程要呈逐步上升的趋势。

课堂中的每一个教学活动都包含知识和技能。教学中没有独立的知识学习活动，也没有单独的技能学习活动。语言基础知识的学习必须在听、说、读、写活动的过程中进行并得以巩固。教学中不能脱离技能学习知识，也不能离开知识训练技能。案例1中所有知识的学习活动都是与技能结合在一起的。比如，复习家庭成员词汇的知识是在说的活动中展开的，知识获取的同时发展了听说能力。

活动排列要参照儿童认知发展规律。根据儿童认知发展的规律，学生先感知语言，了解其应用范本，然后再模仿应用。课堂教学活动的先后顺序必须符合儿童认知发展的要求。一般情况下，宜先呈现识别类活动，让学生通过视听或阅读感知语言，了解语言在视听材料或阅读文本中的应用，然后才是语言应用类活动。本案例中教师先让学生通过演唱歌曲复习词汇和语言，然后让学生通过自主阅读初步识别故事中的人物和语言，通过谈论故事内容理解语言与人物之间的关系，再让学生通过视听和朗读巩固语言、积累语言，最后在模仿录音内容介绍樱桃小丸子的家庭成员、联系实际介绍自己的家庭成员及创编对话活动中输出语言。如果没有前期对语言知识的学习和语言现象的接触、理解，后面的情境交际活动很难进行。朗读可以帮助学生进一步理解语言，因此本案例中的检测活动也可以安排在朗读活动之后。

---

① 本案例由北京市顺义区杨树华老师提供。

学习活动不仅包括语言学习，还包括非语言学习活动。从识别的角度分析，识别插图等非语言信息要比识别语言更容易一些。因此，教学中教师可先让学生通过观察插图获取信息，之后再引导学生关注文本。本案例中教师在谈话导入新课阶段让学生看图片谈论 Mocky 的行为和照片信息时，就是先呈现插图再呈现文本。这样，教师就可以验证学生的预测结果和理解情况，也可以借助文本加深对图片理解的准确性或弥补图片信息的不足。虽然非语言学习活动比语言学习活动简单，但并不是说凡是简单的活动就都要往前放，还要考虑活动的主次和教学目标的要求。

从活动对语言的要求来看，识别活动的语言要求低于表达类活动。本案例中教师先让学生自主阅读识别故事中人物的关系，没有语言输出要求，学生只要能够识别文本含义即可。学生模拟录音介绍樱桃小丸子的家庭，属于记忆性的模仿活动，虽有语言输出，但是仍比向同伴介绍自己的家庭要求低。向同伴介绍自己的家庭属于语言运用活动，要求学生能够运用所学语言。在介绍的过程中，语言表达要完整、清晰、达意。而自选情境创编对话活动则对语言的要求更高，因为在交际中不仅需要用到本节课所学的语言知识，还要用到以前学习的打招呼、问候等，同时还要明确角色关系和交流的方法。

不论是知识教学还是技能教学，不论采用什么样的教学模式，教学活动的安排都应该遵循一定的顺序。教学一般包含准备活动、呈现活动、训练活动和应用活动，甚至包括终结性评价活动。虽然有的课时可能不涉及应用活动，也只是因为其阶段性目标不同而已，但从知识和技能的整体性发展而言应该包含应用活动，否则难以达成有效教学。

(一)知识教学活动的序列安排

语言知识是语言理解和表达的基础，包括语音、词汇、语法。语音是语言存在和发展的基础，直接或间接地影响着语言技能的发展；词汇是语言的血肉，没有词汇就无法表达和交流；语法是语言的骨架，没有语法就不能保证语言的正确；而如果不了解功能知识、策略知识，交际时的语用得体就会受到影响。如果把他们孤立起来，语音、词汇、语法任何一项都不是语言，也不能起到交际工具的作用。那么，有关语言知识和语言技能的教学活动在课堂教学中都处于什么样的位置，该如何安排其顺序呢？

1. 语音

语音意识的发展在语言学习中起着不可替代的作用。由于语音意识薄弱，中国学生的听说能力发展缓慢，同时也影响了阅读能力的发展。小学阶段是语音意识培养的关键时期，语音也因此应该作为小学阶段外语教学的一项重要内容。但是，并不是说，小学阶段需要安排专门的语音教学，语音教学可以与词汇、听说、读写结合在一起。

(1)语音专项教学活动的一般顺序

如果教学中教师希望专门训练学生的语音意识，设计多个语音意识培养活动，那么我们一般的顺序安排是呈现→训练→应用。

• 呈现：明示语音教学的内容，如音节、字母发音、押韵等；示范发音、押韵等。

• 训练：通过机械练习、趣味练习或游戏方式进行语音技巧的反复应用。

• 应用：在朗读或交际中应用语音知识，掌握语音技能。

【案例展示】

教学内容：小学英语二年级下册 Unit 3 Lesson 12

教学过程：

Step 1 复习字母 e、字母组合 ea 的读音/iː/（细节略）

Step 2 学习字母 e、字母组合 ea 的读音/e/

1.教师出示学生熟悉的单词 bed、ten、pen、red、head、leg，学生小组内朗读。

2.教师接着出示本课单词：let、pet、get、neck、bread 等。

3.教师播放录音，学生听录音感知单词发音并验证自己的读音。

4.教师示范发音/e/，学生观察教师的口型，模仿发音。

5.教师播放录音，学生跟读单词。

6.同伴练习朗读单词。教师对学习有困难的学生进行重点指导。

7.教师在黑板上画上另一棵树，将单词卡贴在上面，使学生明白字母 e、字母组合 ea 还有/e/的读音。

8.请学生想一想、说一说还有哪些单词中的字母 e、字母组合 ea 也发/e/的音。

Step 3　听音辨词

1. 教师朗读单词，学生听发音，如果听到的单词含有/e/，请学生举起手中写有"Yes"的示意牌，并读出单词；如果不含/e/的发音，则举起"No"的示意牌，并保持沉默。或请学生朗读单词，其他学生听音举牌。

2. 游戏：听音乐挑单词

方法：教师准备两个贴有/iː/和/e/的发音的鱼缸。播放音乐，学生听音乐传纸盒，音乐停，得到纸盒的学生从中抽出一张小鱼卡片，大声读出单词，并将其放入相应的鱼缸中。如下图所示。

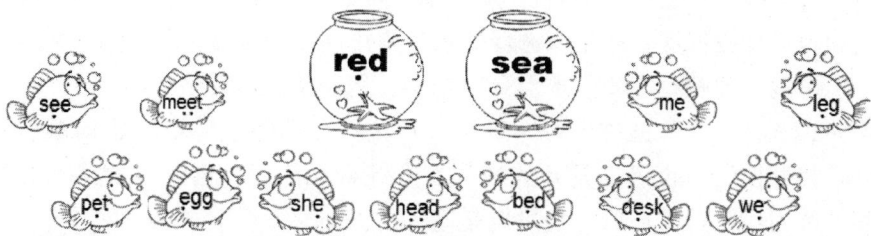

3. 教师出示短句：Pet, pet, get off the bed. Pet, pet, get the pen. 学生打着节拍两人一组进行朗读。

在本案例中，教师引导学生先通过对熟词的朗读感知字母 e 和字母组合 ea 的发音，然后通过跟读、同伴朗读练习发音，同时，学生自己寻找发/e/音的单词进行朗读，最后学生在游戏中辨析并朗读单词和短句，所遵循的正是呈现、训练、应用的教学程序。

(2)听说读写教学中语音教学活动的安排

在听说读写教学活动中，同样有语音的处理。教师也因此必须注意协调语音教学与听说技能教学的关系，合理安排活动的顺序。

在听力教学中，语音教学可以在听之前，也可用在听的过程之中。比如，如果在听的过程中发现由于学生语音意识影响了其听，就可以增加语音的处理，比如单词的发音，句子的重音、连读、失去爆破等都可以插入听力教学的过程中。

口语教学中同样涉及语音教学。比如，如果说训练的是轻弱读的问题，可以在说之前先听，让学生感知句子重音。说的过程中如果发现学生在重音上有问题，可以增加某个句子重音的强化练习。口语反馈过程中如果发现学生重读仍旧有问题，可以增加相应的训练活动。

2. 词汇

小学阶段有时我们会把词汇作为课堂教学的核心内容，而有时词汇是与听说、读写等结合在一起的。不同的教学安排中词汇活动的序列可能会有所不同。

(1)词汇专项教学中活动的序列

小学英语词汇教学目标一般为再认、理解、运用。如果课堂教学就是针对词汇而设计，教学目标也包括了三个层次的目标。那么，就会涉及与三个层次目标相关的活动。这时就可以根据常见的词汇教学程序安排活动。

一般情况，词汇教学会遵循从呈现、训练、应用到评价的序列，词汇学习活动也最好根据课堂教学所选择的程序安排活动的顺序。

• 呈现：理解词汇的基本信息、意义、用法及学习策略。

• 训练：掌握单词的发音、拼写及用法。在训练中反复使用词汇。训练可以是控制性的，也可以是开放性的。有纯词汇练习，也有包含交际的词汇练习。练习可以是口头的，也可以是笔头的。

• 应用：可以放在词汇训练之前，也可以放在词汇训练之后。行为主义学习理论的教学设计通常放在训练之后，不过如果从交际或任务的角度出发，则是应用在前。

• 评价：对学生词汇理解或应用能力的评价。理解可以是听力理解，也可以是阅读理解。应用则表现为口头表达和笔头表达。

以本章 I like Bobby 词汇教学案例[①]为例。在呈现过程中，教师设计了掌握单词的读音、理解单词意义和用法的活动。在训练活动中，安排了听音跟读、看词指图、图文匹配、Which is missing 游戏，通过这些活动巩固了单词的发音、词形和意义。用所学语言描述动物属于词汇应用活动，教师将其放在训练活动之前，其实这也符合语言学习的真实性原则。当学生了解词汇后马上应用，通过应用发现问题，然后进行训练，效果会更好。

有时也可以借鉴任务型教学的理念安排词汇活动的顺序。如北师大版小学英语三年级下 Unit 7 词汇教学。

---

① 本案例由北京市顺义区殷翠老师提供。

【案例展示】

Words to Learn

Match the words with the pictures.

☐ French fries
☐ corn
☐ fruit
☐ vegetables
☐ chicken
☐ fried rice
☐ noodles
☐ a hamburger
☐ a hot dog

教学过程：

Step 1 Prepare for outing.（创设情境）

T：We are going outing this weekend. What food and drink shall we take?

Step 2 Learn some words about food.（学习词汇）

Step 3 Practice：Listen and repeat. Listen and show.

Step 4 Interview to make a list.

For example：

T：What do you like?

S：I like hamburgers.

Name					MILK

本案例教师设计了学生周末参加社会大课堂活动的情境，以让学生商量带什么食物和饮料为任务展开词汇学习。任务前的创设语境及问题提出激发了学生学习的欲望；随后带领学生学习食物和饮料的单词。通过听音跟读和听音举单词卡片活动巩固单词的读音和意义；之后通过调查采访活动应用所学单词完成了任务——确定活动时要带的食物和饮料。

(2)听说读写教学中词汇活动的序列

不管是听力，口语，还是阅读，写作，都会涉及词汇，那么，技能教学中如何安排词汇活动呢？这就要求首先必须明确课堂教学目标。与专项词汇教学不同，听说读写中词汇学习不是核心内容，而是服务于听说读写活动，词汇学习活动也应该根据需求安排在适当的位置。

比如，听说读写前可以有词汇教学，这时的词汇学习以了解单词的意义(同时也包括发音、拼写等信息)为主要目标，一般不要求运用，也因此没有必要设计词汇应用活动。听说读写过程中也可以适当安排词汇学习，这时目的是促进学生的听力理解、阅读理解，或者辅助口头或笔头输出。听力和阅读后的词汇学习则是基于听力文本和阅读文本，在学生理解的基础上进行的，活动以训练和应用为主，所以技能教学的各个阶段都有可能涉及词汇学习活动，但是每个环节词汇学习的目标不同，活动类型有别。

以下列案例①为例，词汇 motto 和 event 的学习活动是在学生自主阅读后进行的。学生先阅读对话，在对话情境中感知、理解词义；之后教师借助课件图片及语言解释等方式帮助学生掌握单词的读音，理解单词的意义；最后通过回答对话中的问题及联系实际回答问题来运用词汇。

【案例展示】

(3) After reading (Feedback)

T and S talk about the modern Olympics.

T：Who could take part in the modern Olympics?

S：Men and women.

T：Did they have many events in modern Olympics?

S：Yes，there were more events.

T：Good. It means the events in modern Olympics are more than in ancient. Right? What is the "Event"? (If the students don't understand,

---

① 本案例由北京市顺义区一中附小王洋老师提供。

teacher explain it like that："event" means kinds of games，just like running，high jumping，even football game，basketball game and so on. So "Event" means…)

T：What is the motto of the modern Olympics?

(If the students don't know about it，show the picture of the school.)

T：How about this one? Yes，this is the motto of Nike. This one is the motto of the Adidas.

T：Do you know other mottos?

S：…

T：So the motto of the modern Olympics is…

S：It is"Higher，Faster，and Stronger".

3. 语法

从《课程标准》语言知识目标对语法的表述看，语法教学要求在具体语境中理解语法项目(具体内容可见《英语课程标准》2011 年版语言知识目标)的意义和用法，并要求在实际运用中体会其表意功能。根据这一标准的要求，语法教学的目标为识别、理解、应用。一般语法教学的课堂程序由呈现、训练、应用和评价四步组成。不过隐性的语法教学不包含呈现环节。

(1)专项语法教学的活动序列

在语法教学中，很多教师习惯于介绍语法结构，按照显性语法教学理念进行语法教学。那么教学过程就会包括以下几个环节，语法活动的序列也必须符合这个程序的要求。

• 呈现：在情境中感知、理解语法的形式、功能和用法。

• 训练：聚焦功能，在情境中操练。

• 应用：在情境中表达运用。

• 评价：检测目标达成。

不过，小学阶段的语法教学一般采取隐性教学的方式。隐性语法教学不会呈现语法规则，不会根据语法规则开展训练活动，而是让学生在一定的情境中先去接触、感知和理解，经过一定情境下的训练再应用。也就是说，教学中根本不呈现语法，训练时学生也不清楚在练习语法，应用时也不知道在使用语法。

以一般过去时态的学习为例。教师可以先创设语言情境，描述自己的假期生活。呈现时出示自己寒假旅游的照片，一边播放，一边描述："Last winter holiday, I went to Hainan. It was very hot there. I was on the beach. I swam in the sea and ate some fruit. It was very fun."学生在教师的描述中接触感知语法现象。之后教师用 PPT 呈现出自己说的话，并与照片一一对应，让学生跟着教师介绍假期活动。接着，教师呈现更多的动词及图片，让学生模仿介绍。同时还改变了时间短语，如"yesterday, last Sunday"等。训练活动后安排小组活动，介绍自己的某一天，最后学生汇报，检测学习效果。

(2)语法与知识、技能结合时的活动序列

有些时候，语法是不作为专项知识来学习的，而是与听、说、阅读相结合，语法教学融合于语言技能的教学过程之中，这也是隐性语法教学所提倡的。如果教师认为语法结构可能会影响学生的听力理解、阅读理解，口头交际或者是笔头交际，就可以在适当的教学阶段安排语法学习活动。有时可以不是语法学习活动，只是活动中渗透某些语法现象。比如，在听力后的问答中教师的提问自然会涉及"be doing"，学生的回答也会涉及"be doing"，如果学生表达时"be doing"运用有问题，教师就可以引导学生注意其表达形式。不过，没有必要教给学生语法的概念。这就是说，技能教学会涉及语法，但是听说读写中的语法是为技能服务的，因为听、说中的语法侧重表意，口头和笔头交际中可引导学生注意形式。

以下列案例①为例。

【案例展示】

教学目标：

1. 能够借助图片，运用一般过去时态来描述过去发生的事情。

2. 能够运用听前预测、提取关键词等听力策略完成听力任务，并能根据图片及关键词的提示描述听力内容。

3. 养成讲卫生的好习惯。

"运用一般过去时描述过去发生的事情"是学生语言能力目标，同时也涵盖了语法学习目标。通过教学目标的描述可知，本节课的语法教学活动一定隐含在口语表达之中。本课教学过程中，在正式进入说之前通过师生问答感知语法，通过朗读句子训练句法结构，通过描述和对话来运用该语法。

---

① 本案例由北京市顺义区宁静老师提供。

(二)技能教学活动的序列安排

听、说、读、写是学习和运用语言的四项基本技能，其中听和读是理解的技能，说和写是表达的技能，它们在语言学习和交际中相辅相成、相互促进。学生的理解和吸收可以促进语言的表达，即听、读的理解可以促进学生说和写技能的发展，而口头或笔头交际又可促进学生思维发展，增强理解，提升其分析和语言加工能力。语言表达同时也是检验学生语言理解、分析和加工能力的工具。听、说、读、写既是学习的内容，又是学习的手段。那么，听说读写教学中如何安排各类学习活动呢？

1. 听力教学

一般情况下，听和说是相连的，但现实生活中存在仅听不说的现象，如听广播、听音乐、听天气预报或站台提示等。英语教学中也包含只听不说的活动，如：Listen and draw。教材中也可见形式多样的听力活动，如 Listen and number, Listen and do, Listen and color, Listen and match, Listen and choose, Listen and tick or cross, Listen and order, Listen and circle, Listen and say, Listen and guess, Listen and point, Listen and trace, Listen and fill in the blanks/complete。那么，如何安排这些活动呢？如何安排才能达到有效教学的要求呢？

(1)听力活动的安排

如果某一节课的核心教学内容就是听力，一切围绕学生听力能力的提高展开。这时，听力教学一般可按照如下程序。

- 准备：激发兴趣，激活相关图式。
- 理解：获取信息，把握主旨和细节，听力技能培养。
- 训练：关注词语、句式及功能。
- 交际：在情境中进行情境表演或角色扮演。

听力教学的理解阶段是最重要的，听力技能主要在这一阶段形成。一般情况下，听力的活动顺序遵循由易到难、由信息识别到信息提取，再到信息输出的过程。PWP 教学模式采用的就是这样的教学顺序。以下列案例[①]为例。

---

① 本案例由北京市顺义区张平老师提供。

【案例展示】

一、复习导入

1. 复习本单元主题故事——分角色朗读故事。

2. 复习重点词汇及主要功能句型

出示故事中 belt、baseball cap、sunglass、sweatpants、CD、ski gloves 图片，师生就其价格用 How much does/do this/these cost? 及人物的喜好用 Which…does Daniel prefer? 进行问答。

二、呈现

1. 听前准备：教师在 PPT 上出示对话篇章的主题图片，引导学生进行大胆猜测，预测听力内容。

Q: Where is Ken now? Look，here is Ken. He has a secret. Now he is talking with Ann. What are they talking about?

2. 听中活动：

(1)第一遍听(泛听)：听话题的主旨大意。What are they talking about?

(2)第二遍听(精听)：听话题的细节，抓关键信息。完成书中练习。

(3)第三遍听(精听)：改正答案。

3. 听后活动：学生分角色跟读。

三、拓展

1. 教师呈现听力材料，学生阅读并根据听力材料补全信息(要求写出关键词句)。

> Choosing a gift
>
> Whose birthday: _____
>
> Things he likes: _____
>
> Things he hates: _____
>
> Money Ken and Ann have: _____
>
> Gifts they choose: _____

2. 针对听力材料引发讨论：

T：If you want to buy a birthday gift for your father, your mother or for your friend, what will you buy? Why will you buy it?

四、写作

1. 写作（学生将所说的内容写出来，有困难的学生可以仿写）。

2. 小组内分享、修改作文。

3. 全班展示。

在听前的准备阶段，教师设计了复习单词和购物语言活动，为听力理解做了知识准备。在理解阶段，教师设计了由易到难两项任务：把握对话主旨信息、寻找细节信息。训练环节设计了分角色跟读活动，关注了句式及功能。最后的环节设计了阅读听力材料补全信息卡和联系实际讨论活动。本案例在交际之前安排了一个阅读活动，为交际活动的开展提供了语言信息支持。

(2)听力与其他技能结合时听力活动的安排

其实，没有纯粹的听、说、读、写技能教学，每种教学中都可能会涉及多种技能，阅读、写作、词汇、语法教学中都可能包含听的活动。以阅读为例，读前可能听一段对话，可能看一段视频导入话题，但是这时听力绝对不是为了培养学生的听力，而是为阅读提供图式等准备。有的教师在读后也可能安排听的活动，比如学生听一段与所阅读故事相关的材料，然后预测未来可能发生的事情，也可能是让学生口头讲述所阅读故事，其他学生听然后判断。但是，当教学的核心不是听力技能培养时，听要么是为其他技能做准备，要么是其他技能的延伸或应用，那么听力活动的选择也就有所不同。

2. 口语教学

虽然小学英语不分听力、口语、阅读、写作等课程，多数情况下，小学英语课是一种综合课，听说读写活动都会涉及。但是，如果我们注意分析这些活动之间的关系，同样可以看出是以听力为主、口语为主、阅读为主，还是以词汇学习为主，语法学习为主。在小学阶段同样可以看到以口头交际为主的课，我们称之为口语课。但是，多数情况下，说是与听结合在一起的，有时阅读、词汇、语法学习中也有口语活动。那么，如何安排口语活动呢？

(1)口语教学中口语活动的安排

口语教学课一般按如下顺序安排教学活动。

· 准备：激活图式，学习与话题相关的语言知识或激发兴趣。

· 理解：理解图文信息及语言的意义与功能。

· 训练：交际或表达的语言与技能。

· 交际：在模拟情境中交流或结合生活情境展开真实交际。

以本章 Mocky's bad day 口语教学案例[①]为例。在进入对话教学前的准备活动中，教师安排了朗读故事、谈论故事活动，复习了故事中的语言和词汇，为口语交际活动做了语言知识方面的准备。在理解过程中，教师先让学生观察图片，识别人物和场所，通过限时对比找不同点和相同点的活动关注细节信息，引出交流内容，之后组织小组讨论汇报。在语言训练环节，学生先跟读板书句子，再描述插图内容，活动有图片依托，顺序性强。在最后的交际环节，教师设计了三个活动。这三个活动由易到难，由对话到转述，能力要求越来越高，语言的综合性越来越强。从语言的可控性而言，前面对话和介绍 Bob 的一天的活动谈论的是图片内容，说的话语受图片内容的限制，属于控制性活动，而三个情境对话中说的内容相对复杂，内容更开放，形式更自由。活动从准备到理解再到交际，活动过程呈逐渐上升的趋势，如果把这些活动的顺序打乱，则不符合认知发展和教学规律，影响教学效果。

独立的口语教学按照此步骤进行，其他课型中的口语活动也不例外。如本章 Ann's family 故事教学案例中的 Development 环节。先模仿说别人，然后说自己，再对话交际。语言逐渐丰富，活动由易到难，形式逐渐开放，能力要求逐渐提高。

(2)知识和技能教学中口语活动的安排

不管是词汇、语法等知识教学，还是听力、阅读教学都可能涉及说的活动。教师也因此必须注意说的目的、涉及的内容，然后根据课堂教学目标安排口语活动。口语活动可能在词汇、语法之后，通过口头交际应用词汇和语法。口语活动也会出现在听力和阅读之后，同样涉及应用。有的教师也会在听或读之前安排说，这时目的以激活图式、导入话题为目的，教师也因此必

---

① 本案例由北京市顺义区宁静老师提供。

须注意活动的内容与形式，以增强活动的有效性。

3. 阅读教学

小学阶段的阅读教学是从识字教学开始的。根据小学生的学习特点，教材一般按识字教学——句子阅读——对话和故事阅读——短文阅读的顺序展开。低年级学习内容比较简单，阅读目标一般为认读和理解。中、高年级阅读的信息量明显增加，阅读目标定位为理解和应用。阅读活动也因各个阶段教学目标的不同而不同，那么如何安排阅读活动呢？

(1)阅读教学中阅读活动的安排

小学英语阅读教学中，一般按如下顺序安排阅读活动。

• 准备：激发阅读兴趣、激活相关图示、提供必需的语言准备。

• 阅读：信息识别，培养阅读理解能力及阅读策略。

• 应用：联系学习者生活或经历应用信息或语言。

以下列案例①为例。

【案例展示】

Step 1 Review some words

1. 教师用 PPT 呈现动物、职业及地点场所类的单词，学生找出其中一个与其他几个没有关联的词语，大声说出并用手势表示出来。

Step 2 Read and complete

① 本案例由北京市顺义区李桥小学崔晓梅老师提供。

1. 教师用 PPT 呈现 Harry 家的房子图片，提出问题 Whose house is this? 要求学生看书快速找出答案(学生可借助教材中的文本，更可借助文章标题)。

2. 学生快速浏览短文，找出问题的答案。

Question：How many family members are there in the house? Who are they? 学生用"▲"在书中标记出答案。

3. 粗读短文，找出人物的职业及工作、学习场所，完成书中的练习(用"—"画出职业，用"～"画出工作或学习的场所)

4. 细读短文，找出其他信息。小组之间讨论学习，突破难点词汇及句型，并完成练习。

Exercise：Choose the best answer：
- Where does Harry from?   A. China   B. England
- Is the farm big or small?   A. Big   B. Small
- What do they have on the farm?   A. sheep and horses B. horses and cats
- Who helps sick people ?   A. brother   B. mother
- Who helps their parents in the house? A. Ben   B. Ben, Jane and Harry.
- Who helps their father on the farm? A. Harry and the dog B. Jane and Harry

Step 3 Read and retell

1. 朗读练习：先跟读，之后自由朗读。

2. 根据板书简要复述短文。

Step 4 Talk, read and write

1. 同伴活动：谈论家庭成员情况。

2. 教师出示自己家庭的合影，启发学生说出照片中的人物与老师的关系，并猜一猜他们的职业。

3. 阅读老师书写的关于自己家庭成员的范文。

4. 仿照短文或教师范文尝试写一写自己的家庭情况。

在阅读准备阶段，教师安排了复习单词的活动，为阅读做了语言知识方面的准备。在阅读阶段，先运用快速阅读策略把握文章主题和主要信息，之后通过精读关注具体信息，把握短文整体脉络。应用环节安排的口语交流(谈论自己的家庭情况)和写作活动。这些活动由感知、理解到运用，层次清晰，活动顺序不可打乱。

本章 Ann's family 教学案例也是阅读教学。教学活动大致也是按这种顺序呈现的。阅读之前有对家庭成员词汇及询问、介绍人物的语言复习活动；阅读中学生先自己获取信息，再通过师生谈论确认自己的理解并对主要语言进行理解和学习；阅读后用所学语言进行交际(先用故事的语言情境，再联系实际生活情境)。从读前准备到读中理解再到读后应用，过程很清晰，活动之间彼此做支架。阅读教学切记在识别理解信息之前不要设计回答问题等表达类的活动，否则会给学生造成困难，难以完成阅读任务。

(2)知识和技能教学中阅读活动的安排

在小学阶段，朗读是最常用的活动，词汇学习有单词朗读，有词汇应用的口头交际。语法活动中有调查、采访等口头应用活动。听力文本学生需要阅读，听力后也许会阅读相关的材料，阅读前也有可能阅读一些文本作为图式激活。写作的教学中更会涉及阅读，比如范文阅读等。但是，不管是词汇、语法，还是听力、口语或者写作，阅读活动已经不再仅仅是培养阅读能力，而是学习的一种媒介。不仅活动设计要求不同，与其他活动之间关系同样需要注意。

4. 写作教学

写是语言交际的主要媒介之一，写作能力的培养同样是小学教学核心目标之一。小学教材中的单词和句子的机械抄写不能称为写作。本节所说的写作是以交际为目的写作。

(1)以写作能力培养为核心目标的写作活动安排

写作是为了传达思想和观点。小学生的写作要求更多的还是停留在写简单的问候语和祝福语、根据图片、词语或例句提示写简短语句的层次。但是，不同阶段写作目标不同，写作的活动安排顺序也不尽相同。如果是以写作为中心的教学，活动的排列顺序一般按照以下环节进行。

• 准备：相关图式激活，如话题、词汇、语言准备。

• 写作：运用知识表达观点，写作技能训练。

• 分享／评价：交流信息，评估。

(2)基于听力和阅读的写作活动安排

写作是从模仿到自由创作的过程。小学阶段一般不要求学生独立写文章，写作常常与听力、口语或阅读相联系。写作一般安排在听力、口语或阅读之后。在听、说教学后的写作常常是以听写的方式进行，要求记录听、说中的主要信息。阅读后的写作一般要反映阅读内容。因此写作前也有准备活动，写作中也可能有先仿写再自由写，写作后也可以安排展示活动。

以下列案例①为例。教师布置了两个任务型的写作活动。写作的要求是给 Billy 回复邮件。

【案例展示】

教学内容：北师大版小学英语五年级下册 Unit 9 A football game

Pre-writing

1. 出示任务：

任务一：Help Sally write an email to Billy.

任务二：Write an email about your favorite…to Billy.

2. 解决任务：

（1）Task 1：Help Sally write an email to Billy.

a：师生示范。

b：Practice by themselves.

（2）Task 2：Write an email about your favorite…to Billy.

a：Ask and answer.（出示信息卡）

（3）Choose one task and talk about it with your partners.

---

① 案例由北京市顺义区李桥小学崔晓梅老师提供。

3. 出示 PPT：电子邮件的书写格式和要求。

While-writing：Choose one of task you like and finish it.

Post-writing：Read the email.

实物投影展示学生书写作业（学生读自己的邮件，师生就邮件内容提问，检测学生听力理解的情况）。

从案例描述来看，写作任务相同，但难度不同。第一个任务是帮 Sally 写回信，Sally 的信息在教材中都已经给出，"Sally is from Beijing，China. She is 11 years old"等，写作时只需把第三人称改成第一人称即可。第二个任务是学生自己给 Billy 写回信，写的内容要根据 Billy 来信中的内容去思考、去完成。相比而言，第二个任务更开放，难度也较第一个高一些。写作之前先阅读 Billy 的来信，对来信内容有了解。为了帮助学生顺利地进行写作，准备阶段教师设计了写前的听说活动，如 Free talk 以及师生问答等，同时还给学生提供了写作支架，如词汇。这些活动为写作任务的完成奠定了基础。写作之后，安排了写作成品的展示。如果把第二个写作任务放在第一个任务之前或把谈论自己的口语问答活动放在写作任务后就违背了由易到难的活动顺序原则了。因此，活动的顺序应该按活动的认知来安排。当然，教师也可以让学生根据自己的实际情况自主选择任务。

（三）活动安排的认知取向

无论是知识教学还是技能教学，都应该遵循活动的认知取向安排教学活动。活动安排不合理，违背认知要求，就会影响课堂教学目标的达成。因此，有序安排活动十分重要。

1. 活动应以认知发展为参照

根据认知发展原则，教学过程中各个环节的教学活动必须符合学习者的认知发展需求。每一个活动都不能低于当前水平，又不能超出学生的能力发展范围。否则，学生难以胜任学习任务，认知能力也得不到发展。同时，每个环节的活动都不能低于前一个活动的认知需求，否则，学生的认知水平会在同一个认知水平的不同的活动中徘徊。

以北师大版小学英语四年级词汇复习课教学案例①为例。

【案例展示】

教学内容：北师大版小学英语四年级上册复习课

教学过程：

1. 演唱歌曲 McDonald has a farm.

2. 教师出示 PPT，复习动物类单词。

(1)教师指着 PPT 中的动物图片（教材 Unit 2 中的单词），全班学生一起读单词。

(2)一组学生到前面利用海报展示动物类单词，并用 This is a… 介绍动物名称（动物类词汇综合）。

(3)教师用 PPT 呈现文本，以 squirrel 为例介绍 I like squirrels. Because they are so cute. They are brown and they can climb the tree. They like nuts. I like them a lot.

(4)两名学生分别介绍自己喜欢的动物。

(5)教师呈现文本，学生听教师描述猜动物。如：It's a big animal. It's grey. It can walk. It has a long nose and two big ears. What is it?

(6)小组活动：打开信封，组内阅读并猜测动物。

本节课第二个环节为动物类词汇学习。首先，教师呈现课本中第二单元已学的单词，之后学生合作展示小组成员汇总的动物单词，最后是听描述猜测动物。三个活动认知水平不同。第一个活动基于课本某一单元知识，练习的是单词的读音和意义，是识记和理解性活动。第二个活动拓展了课外知识，展示时有语言参与，如"This is a… It's beautiful"，涉及初步的语言应用。第三个活动综合性较强，要求学生能听懂、会说并能从语篇描述中获取主要信息，属于词汇应用。从活动的认知发展来看是逐渐提高的。

再如，本章 Ann's family 故事教学案例共设计了 12 个教学活动，这些活动从认知角度看，没有同一水平的活动，体现了学生认知发展的需求。而下列案例②中涉及名词复数的变化规则的活动显然超出了儿童的认知能力。

【案例展示】

教学内容：北师大版小学英语二年级下册 Unit 8 Are these tomatoes? 词汇

---

① 案例由北京市大兴区小学英语教研员高新明老师提供。

② 鲁子问，王笃勤. 新编英语教学论. 上海：华东师范大学出版社，2006：111

教学过程：

Step 1 Review

1. Hold up the flashcards and ask，"What are these?" Children answer，"They are (beans)."

2. Repeat the procedure for the other six flashcards.

Step 2 Plurals

1. Hold up the beans flashcards. Ask，"What are these?" Make sure the children say the final /s/.

2. Explain to the children that when we talk about more than one thing，we usually add an"s" or "es" at the end of the word. Give an example. Tell them the rules.

3. Draw one tomato and one mushroom on the board. Then hold up the flashcard and have them say tomatoes，emphasizing the final /s/ sound.

Step 3 Words to learn

1. Have the children open their books at page 16.

2. Play the tape，have the children point to the picture of each vegetable and read.

3. Play the tape again. Have the children touch the correct picture as they hear each vegetable's name.

4. Read the words together. Encourage children to touch each word as they say it.

5. Display your copy of the page. Read the words loudly，and point to the words as you do so.

6. Read the words in low voice.

Step 4 Listen to this

1. Play the tape for three times and ask pupils to number the pictures.

2. Tell pupils the correct answer.

Step 5 Learn the song

Use the flashcards of the vocabulary being reviewed.

从该案例的朗读单词环节看，无论是听录音指读还是不听录音指读都停留在单词的识记水平。无论是集体读还是学生个体读，不管是小声读还是大声读，都是读。但是，就本课词汇学习而言，不应只停留在识别和理解水平，还应该能运用"Are these…? Yes, they are. / No, they aren't."交流。同时，还要能综合以前学习过的知识，比如能用"The cabbages are green."来描述蔬菜的颜色，能用"There are five tomatoes."来描述数量，能用"The onion is round."描述形状或用"Do you like tomatoes? I like…"就自己喜欢的蔬菜进行交流。

2. 活动应以支架理论为依托

根据布卢姆的教育目标分类，知识和技能的学习活动应该体现为不同的层次。一个教学过程由多个教学活动组成，这些活动要前后关联，前一个活动要为后一个活动做准备，也就是说前面的活动要为后面活动的开展提供支架。支架可以是图式知识，也可以是技能或策略。这些活动在认知层次方面要由易到难，由简单到复杂，循序渐进。

以本章 Ann's family 故事教学案例为例。教学过程共设计了 12 个活动，这些活动彼此相连，互为支架。没有词汇的复习和主要语言的复现，学生不能自主阅读故事；没有语言的理解和积累，学生不可能在后面的情境交际中完成任务；没有模仿介绍的基础，学生难以自主表达。

再以本章 Mocky's bad day 口语教学案例为例。案例中的朗读故事、复习词汇活动为后面的听力和口语表达活动做准备，寻找图片中不同点和相同点的活动为交际活动做准备，朗读板书内容为后面的描述 Bob 一天的活动做准备，师生谈论图片的过程为情境交际做了铺垫。可以说，活动与活动之间支架搭设得比较成功，从语言输入到语言输出水到渠成。同时先问答再依据板书描述，最后在情境中创编对话，活动由易到难，由简单到复杂，体现了循序渐进的原则。

本章"Are these tomatoes?"词汇教学案例正是由于缺少了必要的呈现活动和多样的训练活动，才使教学过程的推进十分艰难，教学效果受到影响。

无论是知识教学还是技能教学，无论采取什么样的模式，教学活动的程序都是依据一定的规律设计的，这些程序不是一成不变的，还要根据课堂教学的实施情况灵活调整。

六、如何有效设计交际和任务性活动

【案例展示】

环境创设：今天是圣诞节，光明小学六年级要举办 party，学校邀请了北京国际学校的几名外教来参加他们各班的活动，请学生根据学校的分配在 9

点钟去校门口迎接参加本班活动的外教。

教学过程：

早上 8：00，刚一上课，英语教师与六1班学生在教室里展开谈话……

Step 1 师生谈话

T：Today is Christmas Day. Some foreign teachers will come to my school and join our party. Are you happy? We must welcome them at the school gate at 9：00. Jenny will come to your classroom.

Ss：How many teachers will come? / What is Jenny like? / Is she tall? / How old is Jenny? …

T：What do you want to know about them? Discuss in groups.

Step 2 小组讨论关于外教的情况，如爱好，家庭情况等。

Step 3 模拟迎宾情境进行交际。

根据师生交流中对人物的初步印象全班角色模拟表演。教师指导。

Step 4 确定接待人选。准备迎宾。

【案例指引】

本案例是一节真实生活中的语言交际课。为了扩大文化交流，增强学生的国际视野，光明小学与北京国际学校建立了联谊关系。每逢儿童节、万圣节、圣诞节、新年等节日，学校都会邀请外教和外国小朋友到学校来或安排本校的部分学生到国际学校去与外国小朋友一起度过西方国家的节日。本课正是以圣诞节这天光明小学六一班学生迎接外教参加本班宴会为语境，在师生之间、学生之间展开交流。案例包含两个语言交际活动：师生谈论外教、模拟迎接外教。前一个活动是以了解外教信息为目标的真实情境下的交际活动，后一个活动是以接待来宾为目标的模拟情境下的语言交流活动[①]。

本案例设计了两个交际活动，前一个是任务驱动下的真实交际活动，另一个是任务驱动下的模拟交际活动。两个活动既符合交际活动的特征，也符合任务活动的特点。那么什么是交际？什么是任务呢？交际性活动和任务性活动有哪些特点呢？

交际是语言的基本功能。它是由说话者或写作者与听话者或读者双方参与为某种真实目的所做的交互行为。要进行有效的交际，说话者必须有传达某种信息、表达某种思想的需要，也就是必须有某种交际目的，同时还必须

---

① 王笃勤. 小学英语教学策略. 北京：北京师范大学出版集团/北京师范大学出版社，2010：116

具备表达信息和思想的语言能力，而听者也必须具备相应的交际目的，具备处理各种语言信息的能力，否则交际无法达成[1]（见下图）。

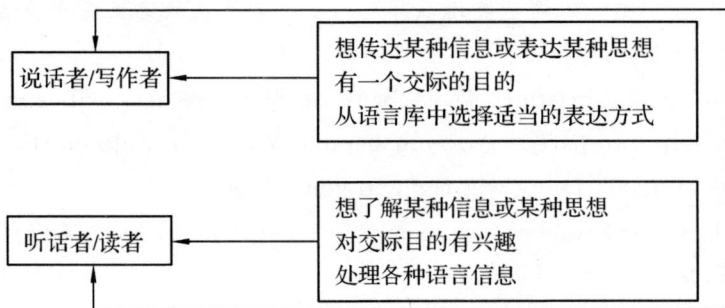

```
┌──────────────┐      ┌─────────────────────────────────┐
│ 说话者/写作者  │◄─────│ 想传达某种信息或表达某种思想          │
└──────────────┘      │ 有一个交际的目的                    │
                      │ 从语言库中选择适当的表达方式          │
                      └─────────────────────────────────┘

┌──────────────┐      ┌─────────────────────────────────┐
│ 听话者/读者    │◄─────│ 想了解某种信息或某种思想             │
└──────────────┘      │ 对交际目的有兴趣                    │
                      │ 处理各种语言信息                    │
                      └─────────────────────────────────┘
```

（鲁子问，王笃勤，2006：111）

由此可见，交际是双方的，交际双方有交际需求，交际既是语言交际，同时也包含非语言交际。交际发生在特定的语境之中，不同场合、不同的交际目的、不同的交际对象、不同的话题对语言要求不同[2]。

活动具有交际性，但不一定是任务。我们这里所说的不是教学任务，而是一种现实生活中有可能发生的真实任务。任务总是发生在真实的场景中，有真实的目的、真实的角色，类似于真实生活的活动形式。

本案例中，活动是师生之间、学生之间进行的。第一，有明确的交流目的和需求。第一个活动交流的目的是了解外教的相貌特征，以便准确接待；第二个活动的目的是礼貌迎宾。活动中，学生要去迎接外教，必须首先了解外教的长相，因此学生有了解外教相关信息的需求，教师也有告知学生这些信息的必要。第二，有真实的语境。根据任务需要的场景，师生谈话的活动只能发生在课堂，而不可能发生在医院或商场。第三，有真实的角色和语言。第一个交际活动中学生和教师的角色就是课堂中的真实角色。第二个交际活动是模拟活动，虽然是学生扮演外教，但这是模拟情境中的真实角色。交际中使用的语言是与情境相关的有关人物情况的语言。第四，有交际策略。如何进入谈话，谈些什么，怎么表达，师生交流的过程和模拟交际前的示范是很好的教学过程。第五，模仿现实生活中可能发生的场景。

《课程标准》倡导体验、实践、参与、合作的学习方式和过程与结果并重的教学模式，强调用语言做事情的能力。交际和任务性活动符合《课程标准》

---

① 鲁子问，王笃勤．新编英语教学论．上海：华东师范大学出版社，2006：111
② 王笃勤．小学英语教学策略．北京：北京师范大学出版社，2010：116

所倡导的教学理念。那么，如何设计交际和任务性活动呢？如何才能保证活动设计的有效性呢？

(一)源于生活的交际与任务

生活化是小学阶段交际的主要特点，儿童的交际主要源于生活需求。由于儿童还不具备抽象思维的能力，很难凭空想象生活情境，因此，在设计交际活动时应该设置贴近儿童生活的语境。只有为学生提供真实的语境，引导学生以真实的角色，通过真实的语言交流才能掌握好语言。真实性也是任务的核心。任务必须有意义，必须有真实的目的和真实的情境。只有情境真实，语言的使用才可能真实，只有真实的情境才能更好地激发学生的参与)[①]。所以，教师在设计任务时一定要为学生创设真实的语言环境，布置与学生学习和生活相关的真实任务。

1. 交际与任务活动必须遵循的原则

(1)语境设置要真实

语境真实是指教学中创造的情境与活动中的言语内容的使用意义及功能是一致的。有效的交际总是发生在真实的情境中。情境的真实有利于语言的合理表达，教学中可根据需要选择符合教学内容的视频、广告、场所等创设交际语境。

学校是一个特殊的场景，大家一般不会把教室作为真实的交际或任务场所。但是，本章第六节"光明小学学生迎接外教"案例把教室作为交际场景却具有真实性。因为聚会在学校举行，学生只可能在学校里，要么在装饰教室，要么在准备圣诞礼物，要么在准备节目，不可能跑到其他场所去。从迎接外教的时间看，学生与教师的交流只能发生在九点前。

再如本章 Ann's family 故事教学案例中的情境交际活动 A。到同学家里做客符合小学生的生活方式，看到照片中不认识或不熟悉的人物时询问是谁，也符合生活情境。但是，如果两个小朋友是在医院或邮局谈了墙上的照片就不合情理了。当然，谈论照片中的人物情境也可以是在看照相机、手机微信或 QQ 空间时进行，但是如果不设计适合谈论照片的语境，交际性就失去了理据。

---

① 鲁子问，王笃勤．新编英语教学论．上海：华东师范大学出版社，2006：193

(2)角色安排要真实

真实角色就是指活动中人物的身份符合活动情境的需要。由于外语学习缺乏真实的习得环境，教学中人物的角色通常采用扮演的形式。这就要求教师在布置任务时，通过道具、图片、服装等外都条件辅助角色扮演，力求角色安排真实可信。

以"购物"活动为例。为了练习购物语言"How much…？What size do you want?"等，课堂上教师创设了一个商场购物的情境，教师和学生分别以店员和顾客的身份进行交流。虽然这个情境是模拟的，但是在交际过程中，教师和学生应该按照真实购物情境进行交际。在谈话过程中，店员要说店员的话，做店员的事，顾客要说顾客的话，做顾客的事，如果打破了日常生活中的角色，就不真实了。

调查采访是小学英语课堂教学中教师经常使用的活动之一。在调查采访活动中采访者与被采访者的角色是不同的。采访者和被采访者的身份不同，使用的语言就不同。双方都要按照自己的角色进行交流。

(3)语言使用要真实

语言真实指的是交际或任务活动中使用的语言符合该情境下的交际目的、交际对象、交际媒介的要求。比如，我们要把自己获奖的消息告诉父母与告诉同学是不一样的，当面告知和发短信又不一样。再如，在会议上介绍一位来宾与在家中介绍一位来访的朋友，与在饭桌上介绍一位客人，语言使用都会存在差别。

本章第六节"光明小学学生迎接外教"案例中师生谈话中用到的语言都是真实生活中的语言，要了解一个不熟悉的人的情况，一般是从外貌特征入手，根据长相、身高等特征去辨别。因此，学生提出的问题都是基于生活现实的。同时，交谈中教师除了回答学生的提问外，还针对学生提出的问题给予提示，如不要用"Is she fat or thin?"来询问人物的胖瘦，不要询问女士的年龄等。这些交流不是基于教材知识性的机械训练，而是结合生活语境进行的真实运用。既有课堂知识也有生活知识，既有交际能力的培养，也有交际策略的运用。抓住教学中的生成进行的交际往往是最真实的。

再以下面的图片材料为例。有的老师在备课过程中没有考虑"What color"的真实语用原则，因此在教学颜色类单词时经常举着彩笔问学生"What color is it?"其实这样使用语言违背了语用的真实。而图片中这样询问颜色就符合语用的真实性，因为 bear 这种动物没有色感。如果医生检查学生对颜色的判断时这样询问也符合语言使用的真实性。

(4)交流信息要真实

所谓交流信息要真实是指活动要以传达真实信息或表达真实思想、情感为目标。交际活动和任务活动虽然都围绕一定的语言知识和语言功能进行，也关注语言结构等因素，但活动必须以意义为中心。

课堂教学中，有时候教师过于强调口语交际的程序和流利性，而不注重交际中的思考过程与交流信息的真实性，也就是说会话双方缺乏一种真实信息的交流。例如：两名学生在做 Free talk 时，基本上先从询问姓名开始，接着便问年龄、日期、星期、天气情况等，把教材中要求掌握的重点交际用语尽量用到。虽然交际围绕一定的语言知识和语言功能进行，也关注语言结构等因素，但是它关注的仅仅是语言知识和语言结构，没有把交际的真正目的

凸显出来。还有的教师为了帮助学生提高表达能力,在看图说话的活动中先制作了一个模板,让学生按照这个模板去描述,如"Today is(Sunday). It's (fine). Many … are in the … A is … B is … They are very happy. "

用这个模板来训练语言表达表面上看来有一定的作用,但是我们会发现,有些信息是不真实的,甚至没有相关信息。比如上图中我们不知道日期,天气如何,这种信息不符合信息真实性原则。过分追求表述内容的丰富性和句式的多样性,会给学生造成思维定式,不是真正的交际。

2. 交际与任务活动必须注意的问题

(1)避免"欺骗"行为

交际或任务活动的设计必须关注学生的真实感受。以本章第六节案例为例。在"迎接外教"活动中,学生主动与教师交流,积极商讨迎接方式,并积极进行角色体验,以备去接受"迎宾"任务。这是一个真实生活情境。即使这样,还有个别学生问老师:"一会儿来咱们学校的真的是外教吗?"高年级学生尚且如此,低年级的学生更是有趣。某教师在一年级英语课上以"明天老师带大家到蝴蝶园参加社会大课堂活动"为语境,让学生商量带什么食物,来练习"What do you like?",活动中学生讨论得热闹,参与也很积极。刚一下课,就有好几个小同学追着老师问:"什么时候去呀?我可以带我的毛绒玩具吗?"搞得老师直挠头。假如老师真带他们去了,这样的活动孩子们会很喜欢,并且会对这样的任务性交际活动产生期待。如果课上完了再告诉学生不去,孩子们立刻就会产生一种上当受骗的感觉,情绪自然会受到影响,以后再做类似的活动也不会积极主动了。因此,活动情境即使创设得再真实,也不要忽视它在实施过程中的真实性。如果这种活动不是真的与实际活动相关,要告诉学生,让学生以角色扮演的形式融入进学习活动之中。

(2)避免"假交际"现象

无论是交际性活动还是任务性活动,都有学生的真实参与和对话交流。"明知故问"或"为交流而交流"的"假交际"现象在小学英语课堂教学中时常发生。以小学英语教材中最常见的交际话题"问路"为例,不同的教师设计了不同的活动:

教师A:给学生一张本区的地图,告诉学生新世界百货商场里最近新开了一家肯德基餐厅,要求学生四人一组看地图查找地点并画出路线图,运用"Excuse me, where is…?"等语言进行交际。

教师B:给学生一张外区的地图,告诉学生该区的某个商场新开了一家肯德基餐厅，餐厅服务人员都是外国人。建议学生假期有时间可以去看一下。要求学生看地图查找地点并画出路线，运用"Excuse me, where is…?"等语言进行交际。

对比以上两个案例，我们发现同样是问路，教师创设的语境是不同的。教师 A 给学生的是本区的地图，且新世界百货商场就在学校附近，让学生看地图查找地点寻找路线进行交流不真实，是一种假交际。学生自己都能跑到肯德基餐厅去，何必要去问路呢？借助地图的目的又是什么呢？教师 B 给学生的是外区的地图，学生自然不熟悉商场的地址，必须要借助地图来找路，必须通过交流来完成任务。以上两个案例虽然都是任务性的交际活动，都有目的语言，但教学效果不同。

非语言交际是儿童交际的特点，在交际活动中，很多情况下儿童不是用语言在应答，而是通过表情等形体语言完成交际任务。教学中也要注意儿童的非语言交际特点，适当设计非语言产出活动。

只有当所创设的情境与学生的生活经验相符合时，才能激起学生的生活体验，使他们从各自的生活背景出发，迅速投入所创设的情境中，准确地体验和理解语言，在交际或任务活动中获取交际技能及策略，提高综合语言运用能力。

(二)注意学习者全方位参与

学生的参与将直接影响课堂教学效果。有效教学需要所有学生的参与，需要学生的全方位参与，不只是行为，更有智力的参与。因此判断学生是否参与不能只是看学生是否在讨论，是否在阅读，是否在做练习，是否盯着屏幕听讲，同时还必须关注学生的思维，关注学生的认知活动。

1. 保证全体学生参与

课堂教学中的交际或任务活动是需要双方参与的。生活中群体性交际不是很多，真正的交流一般是双方单独进行的。教师要把握这一点。教学中教师习惯把学生分成小组来交流，照顾了全体学生，但是在小组活动时往往会出现个别学生不参与交流的情况，能保证全体参与的最佳活动方式是同伴活动。

再以下面案例为例。

【案例展示】

Step 1 师生谈话

T：Halloween is coming. The students in National School invite us to take part in their party this evening. Would you like to join them?

　　Ss：Yes! Of course.

　　T：We will get there at 5：00 p. m.

　　Ss：How can we go there，by school bus?

　　T：Yes. We'll go there by school bus.

　　Ss：Are they all foreigners? / Are they in Grade 5? / What will we do their? /What should we take…

　　T：Sorry，I don't know，either. I only know their headmaster，Mr. Fang will take part in the party. You can discuss who will in the party and what we will do.

　　Step 2 小组讨论

　　同伴讨论关于今晚万圣节晚会的情况。如：带什么东西，会见到什么样的人，见到他们该怎样打招呼等。

　　Step 3 模拟见面情境进行表演

　　根据小组讨论的情况进行角色模拟表演。教师指导。

　　情境：(1)遇到国际学校的校长或老师；(2)遇到国际学校的学生

　　Step 4 模拟万圣节晚会的情境进行表演

　　根据小组讨论结果，学生想象今晚的晚会会有什么样的活动，分角色表演出来。

　　Step 5 学生分头准备参加宴会必带的物品

　　在上述案例中，师生谈话的时间很短，大部分时间都是学生在交流。是教师真的不知道谁是接待者？真的不知道今晚参加活动的是否为五年级学生吗？也许只是教师卖了个关子而已。其真正目的在于启发学生思考，把大部分时间交给学生去交流。本章第六节"光明小学学生迎接外教"案例中的师生谈话交流时间就比较长。在这个活动中，互动的双方是教师和学生，交际的主体形式为教师个体对学生个体。这种单兵对话的方式会使一部分学生不参与交流，成为忠实的倾听者。学习英语的最终目的是为了交流，因此学生必须张开嘴，才能学会自如地表达。在模拟交际活动中，教师将学生分成若干小组，增强了互动性和参与率，不交际的现象得到了一定的改善。如果教师让学生以同伴交流的方式进行对话交流，则可以提高学生的参与率，使交际范围最大化。

2. 保证既有身体参与又有认知参与

在交际和任务活动中不仅要有语言的参与，还要有身体的参与和认知的参与。身体参与是指交际中的身体语言，比如站姿与坐姿，交流时的眼神、面部表情以及与人交流时的距离等。认知参与指的是学生在活动中要对情境、材料、任务进行感知、注意、思维和想象。这在交际或任务活动中尤为重要。没有认知参与，就无法真正习得知识与技能，更无法发展认知能力。

以本章第六节"光明小学学生迎接外教"案例为例，学生在与教师交流的活动中先要从谈话中获取人物信息，通过想象，构建外教相貌特征，这是认知的参与。在模拟迎宾的活动中，学生要学会如何问候，如何接待。在上述案例中学生模拟见面的情境和万圣节晚会的情境交流时，同样需要懂得问候礼仪和交往礼仪。还要注意不同的人物之间说话的方式不同。接人待物的礼节是交际中应该注意的。

(三)注意交际和任务的趣味性

趣味性的活动能使学生保持持久的参与热情，激发表达欲望，增强活动的效果。

【案例展示】

教学目标：

1. 通过完成教师布置的任务熟练运用"What's your telephone number?"询问电话号码并能用"My/His/Her telephone number is…"介绍电话号码。

2. 读准数词1到9。知道"0"在电话号码中的表达方式。

教学过程：

Step 1 学习数词1到10

(1)教师利用实物、图片及PPT课件呈现图形及数词，学生跟读。

(2)听录音指读单词。

(3)听音表示数量(手指表示数)。

(4)图文匹配(单词与图片连线)。

Step 2 学习对话

(1)教师呈现对话情境，识别对话人物。

(2)听录音，初步感知人物对话。

(3)分角色跟读对话。

(4)同伴活动：朗读对话。

Step 3 任务交际活动

(1)5分钟内互相询问同学的家庭电话号码，记录在小小电话簿上。看谁问得多。

(2)以小组为单位，到教师办公室询问任课教师的手机号码(要求各组不能重复询问，与教师交流有礼貌)。

(3)自己设计并制作"亲密一家"电话簿。

询问电话号码是小学低年级英语课堂学习的内容。上述案例中，教师在带领学生复习了数词、学习了对话后，布置了三项任务：限时询问并记录同学的电话、以小组为单位到教师办公室询问任课教师的电话号码、制作电话簿。在这三项活动中，任务一比较简单，只要直接询问便可。为了增强活动的趣味性，教师限定了时间，增加了活动的紧张感。第二项任务比第一项任务复杂一些，语言交际的内容要广泛，如进入教师办公室要会打招呼，要使用礼貌语言等。教室以外的环境中用英语对学生来说也比较新颖。最后一个活动是学生自己设计并制作电话簿，不仅增加了活动的趣味性，而且培养了学生的创造力。

听天气预报了解天气情况是人们日常生活中的一件常事。而让学生以weather reporter的身份介绍世界各地的天气情况对小学生来说是一件很有趣的事情。教师布置此任务，目的在于让学生通过合作能用所学语言描述天气情况。活动改变了传统的听说方式，使学习在趣味性的任务中进行。充分体现了学生的自主性和合作性。学生可自主选择国家，自主选择获取信息的方式(电脑、电视、ipad、手机)，制定本组汇报的形式。听几遍、怎样记录信息、如何汇报……教师都没有给学生过多的限定和要求，只是规定了活动时间。这种开放学习的方式和听说任务的挑战性都给任务活动增添了趣味性。

角色扮演是小学阶段英语教学中比较常用的交际活动。学生可以在不同的情境下变换身份扮演交际活动中的人物，体验不同角色带来的快乐。以"看病"活动为例。在语言交际活动中，我们经常发现教师把听诊器、小药瓶等用品带到教室，给学生穿上医生的白大褂，让学生扮演对话中的医生和病人进行交流。学生在这个情境中结合自己看病的经历模仿医生的语言和动作，模仿病人的表情和神态，在活动中获取快乐。

趣味性的交际活动或任务活动可以使学生保持学习热情，但不能为了快乐忽视活动的目标——语言能力的发展。

教学组织的有效性

本章要点

◆如何有效组织教学

◆如何评价组织的有效性

◆如何促进学生的参与

◆如何促进学生交互

引言

科学的教学设计是有效教学的前提，有效的教学组织则是有效教学的保障。日常教学中，我们经常发现同一份教学设计由不同的教师执教，其效果可能截然不同；同一份设计用于不同的学生，即使是同一位教师执教，效果也会有别。影响教学组织的因素除教师自身的因素之外，更有环境的因素、学生的因素。本章，我们将从课堂教学的过程入手，从课堂导入、活动组织和师生互动等方面与教师们一起讨论如何促进教学组织的有效性，通过具体的案例与老师们一起讨论如何调控各种影响因素，达到最佳组织效果。

一、如何有效导入

【案例展示】①

这是一节故事教学的导入部分。教材材料为北师大版小学英语第六册"Unit 11 Uncle Jack's farm"的第一课时。故事讲述的是 Ken 一家人到 Uncle

---

① 本案例由北京市丰台区丰台第五小学宋红莉老师提供。

Jack 农场的故事。其中，农场的概念对学生来说比较陌生，学生很难充分理解故事发生的背景。因此，在导入时教师采用了师生共同表演唱有关"动物"的歌曲的活动，然后针对歌曲中的小动物开展讨论的活动。[①]。

上课伊始，教师播放了学生喜爱的歌曲 Old MacDonald had a Farm。

歌曲内容如下：

Old MacDonald had a farm，e i e i o

And on his farm he had some cows，e i e i o

with a moo moo here and a moo moo there

here a moo there a moo

everywhere a moo moo

Old MacDonald had a farm，e i e i o

Old MacDonald had a farm，e i e i o

And on this farm me had some ducks，e i e i o

with a our our here and a our our there

here a our there a our

everywhere a our our

Old MacDonald had a farm，e i e i o

Old MacDonald had a farm，e i e i o

And on his farm he had some ducks，e i e i o

with a quack quack here and a quack quack there

here a quack there a quack

everywhere a quack quack

Old MacDonald had a farm，e i e i o

Old MacDonald had a farm，e i e i o

And on this farm me had some Cows，e i e i o

with a mu mu here and a mu mu there

here a mu there a mu

everywhere a mu mu

Old MacDonald had a farm，e i e i o

当歌声响起，欢快的音乐将学生带入了生活着各种动物的农场。随着歌

---

① 本案例由北京市丰台区卢沟桥二小乔菲老师提供。

曲中 duck、cow、cat、sheep 等动物的逐一呈现，教师走近不同区域的学生，并用动作示意邻近的学生表演唱相关的动物，学动物们的叫声。在整个演唱中，教师打着节奏、做着手势示意学生，学生时而齐唱，时而分组演唱，不亦乐乎。歌曲演唱结束后，教师与学生交流：

T：This song is very interesting. Yes? This song is about old MacDonald's farm. And on that farm，what kinds of animals can you see?

S：I can see a cow.

T：Oh，you can see cows.

S：I can see cats.

T：Yes，and…

S：And sheep.

S：And ducks.

T：Yes，we can see ducks，cows，cats and sheep.

PPT 依次出现 ducks、cows、cats 和 sheep。

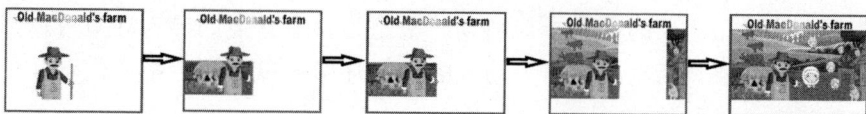

T：So we can see many kinds of animals on the farm. Today we want to know a story about a farm. But it is not old Mac Donald's farm. It is…

Ss：Uncle Jack's farm.

就此由 farm 的情境导入本课课题，Unit 11 Uncle Jack's farm。

【案例指引】

导入是一件事的起始或开端。一年级是整个小学英语教学的导入阶段，开学第一节课是一个学期的导入阶段，第一课时是一个单元的导入阶段，课堂的第一个环节是一节课的导入环节，一节课中两个环节间的衔接处是后一环节的导入。俗话说，良好的开始是成功的一半，可见有效的导入是提高教学实效的重要因素。本案例中教师以歌曲导入，起到了导入话题、创设情境、激发兴趣、营造氛围的作用，从心理、语言、内容等方面为接下来的学习做了应有的准备。

英语课堂教学的导入，就像一出戏的"序幕"，有介绍背景、渗透主题、烘托气氛、引起注意、带入情境和唤起期待的作用。有效的导入能够吸引学生注意、激发学习兴趣、创设语用背景、激活学生思维、激发求知欲，有助于学生进入良好的学习状态。因此，在分析一节课的导入是否有效时，我们有必要考虑其直观性、趣味性、启动性、情境性、真实性和关联性。

(一)注意导入的直观性

儿童思维成长的特点是从具体的形象思维逐步过渡到抽象的逻辑思维的过程。可见，在小学阶段的教学要尽量采用具体事物吸引学生的注意。儿童心理学指出无意注意是小学生尤其是中低年级学生参与学习活动的注意状态。它是一种由事物本身所引起的、没有既定意图的、不需要特别努力的注意状态。因此，在导入阶段要采用直观、具体的事物引起学生的无意注意，快速进入学习状态。教师可以利用实物、模型、图片、挂图、简笔画等直观教具或具体动作来建立起语言文本、声音和其所指的直接联系。具体来说，教师可以根据教学主题的背景，利用PPT呈现图片或将教室布置成模拟的情境。也可以在导入时，根据教学内容选用感官或肢体参与的直观导入活动。例如：主题为颜色的导入环节可以采用兑颜料水变色的视觉参与的活动；主题为动物的导入环节可以采用听声音的听觉参与的活动；主题为水果的导入环节可以采用摸袋子里水果的触觉参与活动；主题为食品味道的导入环节可以采用尝一尝的味觉参与活动；内容为动作的导入环节可以采用听指令做动作的肢体参与活动。再如：

【案例展示】①

这是北师大版小学英语一年级下册"Unit 12 I can swim"的第一课时故事课的导入部分，故事是围绕"Mocky can swim"展开的，讨论Mocky及它的朋友们能做的事情。为配合动物的主题，教师创设了Animal School的情境。

T：（PPT呈现图片）Look! It's a…

Ss：School / Animal school.

T：Yeah, it's an animal school.

T：What can you see? What can you see in Animal school? What can you see?

图片中依次出现五种动物，学生争先发言。

---

① 本案例由北京市丰台区卢沟桥二小乔菲老师提供。

S1：I can see a dog.

S2：I can see a fish.

S3：I can see a cat.

S4：I can see a frog.

S5：I can see an elephant.

T：Good! Do you still remember the rhyme we learned last semester? Do you still remember that?

T：Let's say the rhyme together.

学生坐在座位上，跟老师一起说韵文。

An elephant can walk, walk, walk, walk;

A frog can jump, jump, jump, jump;

A fish can swim, swim, swim, swim；

An egg can roll, roll, roll, roll.

说唱韵文第一遍时，学生坐在座位上跟着教师一起唱。说唱第二遍时，学生起立和教师一起演唱，一边唱韵文一边模仿小动物的动作。

案例中，教师通过屏幕呈现图片和动画，即使是吟唱环节教师都配上了直观的图片，这样学生就可以轻松地将所说的英语与图片中的动物联系起来，就可以将英语语言、自己所做的动作与动画联系起来。研究表明，只有当学生能将所学内容与生活中的相关事物联系起来才算真正的理解。图片、视频、动画的直观性使得学生能够把所指内容与英文表达直接联系起来，减少汉语的干扰。

（二）注意导入的启动性

英语课堂教学是一门应用性非常强的学科，需要学生在课堂中积极思考、主动发言、积极实践的学科。在日常教学中我们常常看到，有的课堂中学生能够积极主动的参与，而有些课堂上学生参与的积极性却不高，甚至有时教师会遇到启而不发的窘状。造成这种现象的原因很多，可能是学生对教学活动的设计不感兴趣，可能是学生不明白活动要求，也可能是学生当时的心情不好。还有一种可能，就是学生对之前的活动不感兴趣，因此受惯性驱使，当下活动的参与度边不高。因此，能否让学生在上课的一开始就能积极地投入、就能"动起来"是保证课堂教学实效的关键。所谓"动起来"包括学生的身、心两方面的参与，即身体兴奋和思维的参与。

要想让学生身体兴奋，首先要结合儿童好动、爱说、爱唱的特点来设计导入活动，让学生在活动中能兴奋起来。再以前面提到的 I can swim 的案例为例，教学内容是询问及回答是否具有某种能力 Can you…?，其中涉及的大多数动词都涵盖在以前学过的韵文"An elephant can walk"之中。为此教师再次使用了动物这个主题，在导入阶段教师就呈现了一个"Animal School"，要求学生说出自己看到的动物，接着老师请同学们一起跟着动画唱之前学过的"An elephant can walk"韵文，边唱边做动作。在动画配合的行为活动中，学生很自然地将动作与声音符号联系在一起，调动了学生的言语智能、音乐智能和肢体动作智能，调动了视觉和听觉感官以及肢体动作。说、唱、做一体的活动的确使所有的孩子都动了起来，这个动不只是身体方面，更包括思维方面，启动了学生可能"沉睡"的神经，将儿童的精力全部集中到课堂学习中来，为接下来的学习从语言、心理、动机等方面做好了准备，为积极参与后续教学活动打下了很好的基础。

有时，教师设计了让学生"动起来"的活动，而学生未必就能"动起来"。要让学生有效地参与"动起来"的活动还有一个关键的因素就是教师的执行能力，这也正是我们在本章所强调的。具体来说，有效组织需要训练教师具有亲和力、行为表现和组织能力。例如本章第一个案例中，教师的教态亲切自然，有很强的亲和力。课堂一开始，在引导学生唱歌时，优美的前奏音乐响起，教师身体前倾，一边提要求一边走到学生中间，一下子就拉近了师生间的距离。指导唱歌时，教师像是一位大姐姐给学生打着拍子，走到哪里就示意哪里的学生学唱哪一种动物，学生们一边唱一边模仿着小动物的特征，把一首原本冗长的歌曲唱得绘声绘色，学生快乐不已。教师的组织能力造就了师生间的完美配合。

(三)注意导入的趣味性

人们常说兴趣是最好的老师，这在小学阶段的教育教学中尤为明显。研究表明，小学生好奇心强，但是感性思维起主导作用，会关注自己感兴趣的东西，参与自己认为有趣的活动。因此根据学生的心理特点，了解学生的兴趣爱好选择恰当的导入方式，是提高导入有效性的前提。例如，在本章第一个案例中，教师根据本班学生爱好唱歌的特点，选择了与本课故事贴近的名为"Old MacDonald had a Farm"的歌曲。从课堂活动可以看出，学生十分喜欢这个活动，参与度很高。可以说，结合学生兴趣爱好的活动可以增加学生的参与实效，教师创造性地使用学习材料更能提高学生的参与兴趣。

在选择如何导入时，教师要注意分析儿童的兴趣特点，尤其是本班儿童的兴趣爱好。即使在小学阶段，文化不同、区域不同、经历不同，儿童的兴趣爱好也会表现出不同程度的差异。但是，一般情况下，学生对简笔画、吟唱、猜测性活动等还是比较感兴趣的，比如教师一边画一边请学生猜测答案，或是用PPT呈现图片的一部分，请学生猜测，或是用布遮盖实物的一部分请学生猜测都有助于激发学生的兴趣。

（四）注意导入的情境性

情境对于语言的学习至关重要。教师可以通过视频、图画、音乐、语言描述等呈现一种学生熟悉或想象中的情境，帮助学生身临其境体验和感受。比如，学习打招呼用语就要创设新生入学或化装舞会的情境；学习询问饮食喜好可创设在餐馆就餐或在家里吃饭或在学校吃午餐的情境；学习购物用语可创设商店里购物的情境；学习就医用语可创设在医院看病的情境。创设情境的方式有很多，可以把教室布置成相应的场景，如商店、餐馆，可以在黑板上画出或贴出相应的背景图片，可以观看相应的视频或动画，也可以请学生一起演唱歌曲或做游戏。

【案例展示】①

这是北师大版小学英语第四册"Unit 7 At the restaurant"的第一课时故事教学的导入部分。故事讲述了Ken，Ann和Mocky去餐馆点餐的故事，涵盖了询问对方是否喜欢某种食品和回答，如何表达自己对食物的喜好的句型以及相对应的食品词汇等语言点。

上课伊始，教师开门见山地引入点餐主题，教师自制的短片中呈现了教师的点餐经历，短片中介绍了自己和父母分别喜欢什么食物。

然后，PPT中呈现教师的儿子不喜欢的食物图片，并提问：What does my son like? 随之，PPT呈现出一年级学过的歌曲"I like pizza"学生在歌曲中，了解了教师儿子不喜欢的食物，也自然地回忆出以前学过的 I like... 的句

---

① 本案例由北京市丰台区丰台第一小学杨慧芳老师提供。

型和食品词汇。之后，教师就歌曲中呈现的食品展开交流：

T：There are so many food. My son likes pizza, juice…What do you like?

S：I like…

教师跟随学生表达自己喜欢的食物引出本故事发生的地点 restaurant，并呈现故事主题图中的 restaurant，引导学生观察餐馆的名字。然后，教师将板书设计成学生熟悉的餐馆样式，并在师生交流时贴出餐馆的招牌"Family Restaurant"。

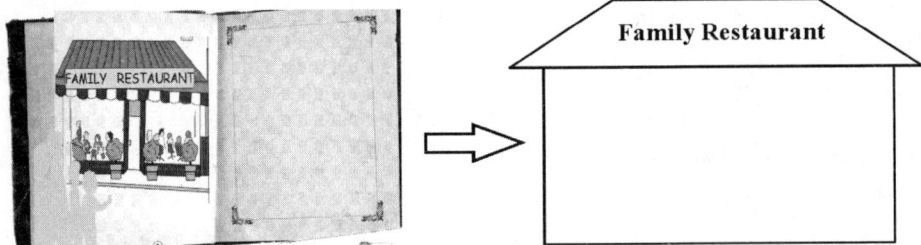

在短短的三分钟导入时间内，教师先将学生带入了食品王国，然后聚焦到故事发生地，即"Family Restaurant"。首先，教师向学生介绍了自己的就餐经历，呈现餐馆的照片、了解餐馆的名字，然后以图片和唱歌曲的形式介绍了家人爱吃和不爱吃的食物，接着教师邀请学生仿照歌曲中的介绍说一说自己爱吃的食物，最后教师在板书中描画出一个餐馆，并告诉学生我们现在就身处这个餐馆之中。学生在教师创设的食品王国中了解到了教师家人的喜好，表达了自己对食品的喜爱，同时跟随教师的介绍来到新故事的发生地 Family Restaurant。导入过程为接下来的学习创设了模拟故事的情境，有利于学生在情境中理解和学习语言。

（五）注意导入的真实性

在导入环节，教师创设的情境越真实学生越能身临其境；教师选取的教学材料越真实，学生越容易理解和产生共鸣。

【案例展示】①

这是一节六年级的复习课，话题是谈论朋友，以对话形式展开。开课伊始，教师引导学生"I know all of you. You are in grade six. I'm going to say goodbye to you. So I have a very good gift for you. Do you want to see it? Let's look. That's all about you."教师播放视频，接着说"This is our school…"

针对学生即将毕业的现实，教师给上课的班级制作了一个本班学生的短片，学生在短片中看到自己的学校、自己的班级、看到班中的每个同学，看到自己在上课、在联欢。这个短片带领学生回忆起自己六年的学习生活。可是，要如何记住这些同学呢？视频过后，教师接着交流说"We know you are at school for six years. And all of you will study together for six years. And you play together for six years. So do you want remember your classmates. Do you want to remember them? But how can you remember them? Take pictures? What else can you do to remember your classmates?"学生受到启发，纷纷发言"QQ""diary""email"教师顺势拿出自己制作的纪念册，翻看起来，然后和学生谈论起应该在这个册子上写些什么呢？"You can also make a classmates book. Just like this. I have one. And on this one maybe you can write down your name? and the QQ, telephone number, MSN, hobbies…"就这样，展开"了解朋友""谈论朋友"和"记录信息"的一系列教学活动。

从学生观看短片和师生讨论的过程中的表现可以看出，学生看到自己的照片出现在大屏幕上，看到自己的真实生活一幕幕地呈现在短片中，学生渴望交流的兴致大增。在导入阶段，谈论真实的信息、展示真实的照片和物品、引入学生的真实生活都能激发学生的参与热情，对整节课的学习都能起到促进的作用。

(六)注意导入的关联性

在课堂中，我们经常看到教师以唱歌或游戏的形式导入课堂。例如，在一节主题为未来的阅读中，教师选择了一首美国乡村歌曲"Country Road"导入课堂；在一个学习国家名称的词汇教学中，教师选择了 Listen and do 的 TPR 活动导入。在这两个案例中学生唱得开心，玩得快乐，形成了很好的课堂氛围，但是这些歌曲和游戏的内容与后续学习内容的关联不大。课堂教学

---

① 本案例由北京市丰台区丰台第五小学杨雪老师提供。

时间是有限的，如果导入与其后的学习没有关联，这就有可能影响后续教学任务的完成。在这里我们所说的关联是指导入环节中能够渗透相关图式、语言和主题。

【案例展示】①

这是北师大版小学英语第十册"Unit 8 In the emergency room"第一课时故事教学的导入部分。故事讲述的是主人公受伤后被送到急诊室检查和救治的经过。故事中自然呈现了本单元的核心句，即附加疑问句。在谈话热身中教师与学生交流如下。

T：What's the weather like today?

Ss：It's cold.

T：It's very cold，isn't it?

T：I feel cold；my hand is cold and painful. It really hurts. I hurt my finger last week. You can see I have a band-aid here. Have you hurt your body before? Were you badly hurt ?

Ss：Yes.

T：Did you go to the hospital? Who took care of you?

S1：One year ago my hand hurt. My grandmother took care of me. I just stayed at home.

S2：Five years ago my knees was injured.

T：Your knees injured?

S2：Yes, I went to the hospital and stayed at home for one week.

T：Sometimes when we hurt our body，don't be afraid. Have a rest and you'll be fine.

接着，教师出示前一单元故事结尾的图片（该故事是本单元故事的前序），与学生接着交流：

T：In last story, Matt had an accident. What's the matter with him?

S：His ankle hurts.

T：Is he hurt badly? Can he move? What should they do for Matt?

S：They should take Mat to the hospital.

随后教师出示本单元故事的主题背景图，展开新故事的学习。

---

① 本案例由北京市丰台区丰台师范学校附属小学王柳老师提供。

在本案例的导入中，教师先后与学生讨论了天气、教师手指受伤、学生受伤经历和故事前序中"主人公受伤后应该怎么办？"，这都很好地将导入与核心教学内容关联了起来。正是由于导入的关联，才真正起到了在导入中激活图式和语言准备的作用。比如，教师利用学生都可能有受过伤的经历激活了相关图式。教师要求学生谈论相关经历，而学生们的语言基础各不相同，语言基础稍差的学生从其他学生的谈论中了解了相关语言知识，导入也因此起到了语言准备的作用。再如前面提到的 Unit 7 At the restaurant 第一课时的故事讲述的是到餐馆点餐谈论对食物喜好的过程。教师在导入时，就用餐馆的照片和黑板上的餐馆图片点明了本课的主题。用教师自己的就餐经历以及谈论家人爱吃和不爱吃的食物帮助学生回忆自己的经历和喜好，激活了相关图式和语言。

二、如何有效组织课堂活动

【案例展示】①

这是一节听说课，教材材料为北师大版小学英语第六册"Unit 8 I like Bobby"第三课时中的一个对话教学。对话材料中的两个小朋友正在交流考拉的内容，对话中先后问到了彼此是否了解考拉、是否喜爱考拉以及考拉来自哪里的内容。

T：(手拿玩具考拉)Do you like koala bear?

Ss：Yes，I do.

T：I like koala bear，too.

T：(PPT 呈现对话图片)Look at these two kids. The girl is Cherry. The boy is Joseph. What's in the girl's hands?

Ss：Koala bear.

T：Yes，it's a book about koala bear. Can you guess what they are talking about?

S：Do you like koala bear?

T：Oh，maybe they're talking about the koala bear. Thank you. Now let's listen carefully and answer the question"Do they know koala bears?"

---

① 本案例由北京市丰台区芳群园二小刘洁老师提供。

教师通过问题导入话题，鼓励学生预测对话中两人谈论的内容，接着播放动画呈现对话，听力内容如下。

Cherry：Do you know this animal?

Joseph：Yes，I do. It's a koala bear. I like them a lot.

Cherry：They are so lovely. I like them，too.

Joseph：Where are they from? Do you know?

Cherry：Yes，I do. They are from Australia. But you can see them in a zoo.

学生观看动画后，教师提问。

T：Do you know koala bears?（教师观察到绝大多数学生要举手回答。）Tell me together.

Ss：Yes.

教师逐一拿出玩具考拉、玩具袋鼠与学生交流，交流中重点理解 know 的含义。

T：Do you know koala bears?

S：Yes，I do.

T：Do you know kangaroos?

S：Yes，I do.

T：Do you know this animal?

S：No，I don't.

T：Does she know this animal?

Ss：No.

T：Sorry, sit down please.

教师板书主要功能句 Do you know…/ Yes，I do. / No，I don't.

教师与一位学生示范对话内容：

T：Do you know this animal?

S：No，I don't.

T：Oh，let me tell you. It's a kangaroo. Now，do you know this animal?

S：Yes，I do.

T：Do you like this animal?

S：Yes.

接着教师发出指令"Two pupils in one group. Talk about your animal

toy, please."随后教师安排了两分钟的同伴讨论，期间教师走进每个小组参与讨论。

但由于对话内容比较简单且讨论时间过长，有的学生在讨论后有玩玩具的现象。反馈时，教师采用同伴对话的方式，对话涉及"Do you know this animal? What is it?"等。

【案例指引】

相同一份教学设计由不同的教师来执教效果也会不同。造成这种现象的原因很多，而其中之一就是教师的课堂组织。假设一节课的设计是科学的，却未能达成教学目标，那就说明教师的教学组织效度不够。如何评价一节课中教师的教学组织呢？

教学活动的组织是否有效要看学生表现出的兴趣如何，是否能积极参与，教师是否保护了学生的积极性；上课时教师是否能发现和改善学生的不参与行为，能否养成良好的课堂常规。本章将从如何有效组织活动、提高课堂管理策略、管理课堂秩序、纠正不参与的学生和有效反馈来说明组织课堂活动的策略。

（一）如何有效组织各种活动

课堂的组织形式很多，不同的组织形式适用于不同的教学内容和活动。要正确选择适当的组织形式，有必要先了解常见的课堂组织形式。

常见的课堂组织形式包括全班活动、小组活动、同伴活动和个体活动四类。全班活动是指由全班学生共同参与的活动，如全班学生齐读单词、句子，共同完成一项任务，集体做游戏等。比如，教师或学生说出一个谜语，全班学生一起猜。小组活动是指由两个以上的学生参与的活动，比如前一个案例中学生讨论采用的就是小组活动形式。小组活动的内容比较灵活，如小组讨论、角色扮演、故事表演、海报制作等。同伴活动是指两个学生之间交流的活动，可以是同桌两个同学的活动，也可以是座位相邻的学生之间的活动。同伴活动主要用于形成信息差的交际或者半交际活动，比如两人根据互补的图片内容对话以补全自己的信息，再如两人对话询问喜欢什么食品、动物等。个体活动是指由学生独立完成的活动形式。比如让学生独立朗读、阅读，独立写出信息或词句等。

在课堂教学中要保证活动组织的有效性，不仅需要教师选对活动组织形式，而且在具体的实施过程中需要教师的执行力，需要教师具有很好的监控、管理和指导能力。

1. 如何提高全班活动的效果

在全班活动中，如果每位学生都能参与到同一个活动中，就可以增强学生的归属感。这种活动可以在同一时间内最大限度地增加参与活动的人数，可以使掌握不熟练的学生增加练习机会，使胆小的学生放下包袱。在调查类型的活动中，学生的交流对象不是由教师指定，也不一定只是身边熟悉的同学，而是可以由学生自主选择，这样的安排大大增加了学生的参与兴趣。学生可以按照自己的想法寻找交流对象，然后问他一些自己感兴趣的问题。因此，全班活动是提高教学实效的重要活动形式。

【案例展示】①

这是北师大版小学英语第九册"Unit 3 Redrock bay Health Club"第三课时的一个复习环节。该环节的教学目标是巩固一些动词短语。课上，教师首先快速出示动词短语的卡片，如 sing a song、go swimming、do homework、play tennis、go blowing、watch TV、walk the dog、play the drums 等，学生看到卡片后大声读出上面的英语。在开始读卡片前，教师提出要求"First, read the phrases and remember to them. Let's see who is the fastest ."随着教师节奏的加快，学生读的速度也越来越快。之后，教师对每组的第一个学生说"Now first one come here, stand up in a line, face your classmates. "，然后面对其他学生说"You act"又指向站在前排的学生说"You guess."活动开始时，教师手拿一组动词卡片紧贴黑板站立，教师每出示一张卡片，各组下面的学生都会同时做动作，由前面站成一排的学生来猜。只要是能猜对的学生，都可以替换本组的第二名学生到前面来继续猜测，直到至少有一组学生全部都猜对了短语，游戏结束，该小组为获胜小组。

在这个活动中教师加入了小组间的竞争，看似简单的做法增加了学生参与的热情和积极性。活动中每位学生都有到前面猜谜语的机会，每位学生都在为了自己的小组能获胜努力做动作积极动脑猜测词汇。活动的组织使每位学生都有事可做，调动了每位学生的参与积极性。

【案例展示】②

这是一节一年级的词汇教学，主要学习 walk、dance、sing 等动词和 Can you… 来询问对方的能力。在巩固运用的环节，教师设计了全班参与的问答活

---

① 本案例由北京市丰台区草桥小学周春梅老师提供。
② 本案例由北京市丰台区卢沟桥二小乔菲老师提供。

动。教师先与一名学生对话"Hello，××！Can you jump?""Yes，I can."当学生顺利交流后，教师给他提出了一个新的要求"You can go around the class-room，and ask others. Go!"教师的命令一下，该学生立刻找到另一名学生对话，"Hello，××！Can you walk?""Yes，I can."紧接着教师又下了一条新命令"You two can go around the classroom. And ask others. Go!"在这两位学生明白要分别找另一位学生继续对话时，教师也完成了与另外两个学生的对话，指导学生去找新的同伴。

可以看出，本案例中参与对话的学生人数不断快速增加，仅用一分钟的时间学生们就完成了这个全班性的活动。可以看到学生们在活动中表现积极踊跃，没有一个学生"逃过"被询问的机会，没有一个学生游离在活动之外。

但是，这种活动毕竟给一些不学习的同学偷懒或者是滥竽充数的空间。在之前提到的六年级复习动词短语的环节中，教师在请学生做动作猜短语之前，先组织看词卡齐读短语的活动，活动中学生有机会选择不读或不做动作，这就要求教师布置任务时必须具体明确，活动组织必须具有激励作用。如果教师不能较好地控制出示卡片的节奏，也许就难以调动所有同学的积极性。

与前一案例相比，此案例的组织形式可能会造成有的同学得不到锻炼的机会。这种组织形式很难控制学生参与的有效性，因此教师要慎重使用这种组织形式。想要提高全班活动的效果，教师就要保证活动时所有学生同时有事可做，反馈时所有学生同时关注，否则全班活动只能流于形式。

2. 如何提高小组活动的效果

小组活动是常见的课堂活动组织形式。小组构成的方式很多，比如有些教师习惯将英语水平不同的学生安排在一个小组，以便小组活动中基础较差的同学在优秀同学的帮助下获得语言能力的发展。也可以将不同智能优势，不同认知特征的同学安排在一个小组，以便能够胜任多样化的课堂学习任务。如果组织不好小组活动，同样很容易流于形式，造成很多小组任务由部分学生代劳的现象，致使有的同学得不到锻炼。

比如，在之前提到的 Unit 8 I like Bobby 第三课时的对话教学中，教师布置学生小组讨论，但是部分同学却趁机玩玩具，没有实质性的参与。如果要保证小组活动的效果，小组任务必须明确，要求必须具体，每个同学在小组活动中必须扮演不可替代的角色。教师同时也必须建立小组活动的秩序。教师可以让学生自己管理小组活动，做活动中的主人，以提高学生的自我管理能力，形成小组活动策略。

有些教师在学生活动时会感到自己无事可做。其实，小组活动时，教师的行为十分重要。教师要在小组之间巡视，观察学生的活动，保证学生的安全，对学生给予及时的帮助，必要时还可以参与学生活动。当发现各小组存在相同问题时，教师不必逐一向各小组解释，可以临时中断学生的活动，提醒学生注意。当然教师屡次打断学生活动，会影响学生的活动秩序，因此要限制使用。学生的小组活动主要依靠学生的自我管理，因此教师要帮助学生逐渐形成自我管理的小组活动策略。

(1)人员固定：一般小组活动的人数在 3～6 人。在开展小组活动的初期，小组的人数要固定，组成各小组的成员也要尽量固定，这样便于小组成员之间交流感情和合作。教师同样可以给各小组同学布置固定的任务。首先，各小组推选一位组长或由教师指定组长，然后根据需要选定计时员、记分员或记录员等。

(2)倾听示范：教师要帮助学生养成认真倾听示范的习惯。学生活动开始之前，教师一般会安排示范。在示范中，学生能够明确活动的内容，形式和步骤。在低年级学生活动之前，有的教师会安排两次示范。在第二次示范中教师一般会独立演示活动的内容和步骤，此时学生要明确这是一个什么样的活动。然后教师邀请相同人数的学生来参与活动。第二次的示范活动能帮助学生明确活动中的每一个步骤要说什么，怎么说，要做什么，怎么做。因此，学会倾听示范，是学生顺利完成活动的前提。

(3)合理分工：一般情况下示范的人数和小组活动的人数是相同的，因此小组成员的分工也可以和示范中相同。当然也有一些活动需要学生自主分工，如表演课本剧的活动。学生需要根据各自的能力选择力所能及的角色，组长有责任确保每位学生都有事可做。

(4)倾听同伴：倾听是一种习惯，也是有教养的标志。我们必须让孩子明白，要想获得别人的尊重，首先自己要能够尊重别人，理解别人，善于倾听别人的意见。告诉学生遇到与自己不同的意见时，要心平气和地等对方说完后自己再补充或提出反对意见。在活动中教师可以根据学生的表现适时进行这方面的教育。

(5)解决问题的策略：在小组活动时难免会遇到困难。这时我们可以告诉学生不要着急，先自己静下心来想办法，如果自己不能解决就向组内成员求助，小组也解决不了时可以请老师帮忙。

3. 如何提高同伴活动的效果

同伴活动是课堂中常见的活动形式，我们经常听到教师说"OK. Now work in pairs"，可是什么样的同伴活动才是有效的同伴活动？是不是临近的两个人在一起做事情就叫同伴活动呢？其实不然，在两个学生在一起读单词、读句子的时候，的确可以相互帮助，但这不是真正意义上的同伴活动。这样的活动只是同伴之间的互助。真正意义上的同伴活动一定要有活动双方的信息沟通，包括互通信息、猜测答案、竞争类游戏等。互通信息的活动可以是信息沟通的活动，即 A 和 B 双方分别知道一半的信息，学生要想获得未知信息只能通过询问对方才能获得。猜测答案的活动可以组织触觉、视觉、听觉类型的活动。比如在学习字母后教师可以安排学生两人一组活动，学生 A 在学生 B 的后背上用手指写字母，由学生 B 来猜测字母；在学会时间的表达方法后，可以让一个学生做手势或做动作由另一个学生猜测表示的是什么时间；可以让一个学生做手势或动作表示动物，另一个学生猜测。竞争类游戏可以是纸牌类游戏。比如每组准备两套卡片，一套写着单词，另一套画着相应的图画。游戏时两套卡片打乱顺序正面朝下摆在桌面上，学生 A 翻过来一张卡片并读出单词或图片代表的单词，学生 B 翻过并读出另一张卡片，如果两张卡片的内容相同，同学 B 则获得这两张卡片并继续翻牌游戏，如果两张卡片不一样，则还原两张卡片由学生 A 继续翻牌。游戏一直延续到所有的牌都被取走，纸牌获得较多的学生获胜。在以上几种同伴活动中，无论是说者还是听者，都是带有目的、有意义的交流，说者有听众，听者有目的。

4. 如何保证个体活动的效果

在个体活动中，学生可以获得独立思考的时间和空间，可以自主选择自己感兴趣的内容、自主选择适合自己的节奏完成语言知识的自我内化过程。但是，由于这种活动是由学生自我控制、独立完成的，教师很难监控。因此，教师要培养学生良好的习惯，如倾听习惯、朗读习惯、阅读习惯等。

以倾听习惯的培养为例，首先要给学生树立正确的倾听观。学生有必要知道，倾听同学的发言能够体现出对他人的尊重，是社交活动中结交朋友、增进交流的重要技能；倾听小组活动或讨论中的同学发言是参与小组活动的前提。学生同样需要知道，倾听同学的发言是获取信息的途径之一，多听同学的发言可以增加练习听力的机会。当然，教师要以身作则，用自己的行动向学生传授听的策略。教师在倾听学生的发言时要以亲切、期待、欣赏、鼓励的目光注视学生，让学生明白老师在倾听他的发言。在学生发言时，教师要有耐心，一定不要打断学生发言。等学生发言结束后，教师先要表示明白学生的发言，然后再对学生表达的内容加以评述，切忌以生硬的语气直接指出学生的语法错误或观点不正确。教师要尊重并接纳学生与自己不同的观点，切忌教师"一言堂""一个人说了算"。在课堂中教师倾听的状态和态度会潜移默化地影响学生，要让学生明白倾听同学发言时要尊重别人，要耐心听人把话说完，然后再发表自己的观点。教师的这种身教胜过言传。

(二)提高课堂管理策略

课堂由环境、教师和学生三个元素组成，其中环境是指教师为学生营造的学习氛围。学生就是在教师营造的这个环境中学习和提高的。因此，欲提高教师管理课堂的策略，就要从改善环境、改善教师行为和改善学生行为三个方面入手。

1. 营造宽松的学习氛围

作为一名教师，首先必须要了解学生。比如，有些学生自尊心比较强，会因为怕说不好或说错而羞于开口，引起情绪上的焦虑。这就需要教师多用一些积极的话语鼓励学生，用积极的情绪、灿烂的微笑关爱和鼓励学生，用欣赏的眼光看待学生，捕捉学生身上的每一个闪光点，帮助学生树立自信。教师要善意地看待每一个有问题的学生，以高调表扬和低调批评来表达对他们的理解和鼓励，让他们也能感受到自信和尊严。当学生发言有错或说不出来时，教师可以用宽容、鼓励的口吻对他说"It's OK"或"You mean …"此时，教师的宽容和善意的帮助可以消除学生的紧张情绪，学生将敢于暴露自己的真实想法，不再害怕自己说错话。学生在愿意说、想说的心理状态下，能够自觉梳理和充分运用他们的已知信息和语言知识，进而逐渐变得能说、会说，为学生今后有效学习英语奠定坚实的基础。

2. 针对不同年级的学生使用不同难度的教师用语

教师的课堂教学用语需要规范，但同时还必须根据不同年级的学生水平做适当调整。以指令为例，如果指令过难，学生不能理解教师的指令，就不可能遵循教师的意图完成教学活动。因此在课堂中，教师要依据学生已经具备的英语水平，采用通俗易懂、深入浅出的课堂用语，帮助学生理解教师意图。例如，如果欲请学生"将单词和图片匹配"时，教师面对高年级的学生教师就可以说"Now, let's read the following words and match the correct pictures below."面对中年级的学生，就可以简单地说"Now, let's read the words and match the pictures"；面对低年级的学生，则可以用几个词来代替"Read and match"；如果是初始年级的学生，我们可以遵循"show, not tell"的方式，在不用语言或者少用语言的情况下让学生明白要做的事情。

3. 面对同一班级教师要兼顾不同层次的学生

不同年级学生的英语水平会有较大的不同，在同一个班级中，学生的英语水平也会有较大的区别，因此教师在跟学生交流时要充分考虑不同水平学生的需求。假定将学生的水平划分为低、中、高三个水平。教师不可能只照顾高水平学生，否则大多数学生会听不懂教师用语。教师也不可能只照顾低水平学生，否则大多数学生会"吃不饱"。教师可否以中等学生的水平来组织教学呢？这样大多数学生可以理解教师意图，只有少部分低水平的学生听课会有困难。这固然是照顾大多数学生的最佳选择，但是低水平的学生已经跟不上大家的步伐了，如果再听不懂教师用语，恐怕他们就没有机会赶上大家了。因此，教师在选用中等水平的教师用语时要随时观察学生的反应，要保证所有学生都能理解教师的意图。如果有学生目光涣散，面露难色，教师就可以一边说一边配以恰当的动作和表情加以解释说明。

【案例展示】①

这是一个五年级的词汇教学片段，该片段是围绕月份主题词汇的巩固环节设定的。教师要求学生集中跟随课件朗读单词，单词为一月至十二月。跟读单词前，教师用清晰的指导语告诉学生一边跟读单词一边用动作表示出自己对不同月份的感受"Show me your actions of your feeling. Maybe it's very hot. Maybe it's very cold."，同时教师用"扇扇子"表示"热"，用双肩抖动表示"冷"，解释了如何用动作表达"感受"。果然，学生在跟读单词时能够一边读一边做动作表示在这个月份中自己的感受。

4. 控制学生的小组活动

小组活动是最难控制的教学活动，每个小组需要的活动时间不尽相同，经常有的小组提前完成了活动，而有的小组还在艰苦奋战。这时，教师要根据情况随机应变。比如，给已经完成任务的小组新的任务，或者将已经完成任务的小组成员分编到还未完成任务的小组帮忙等。一些有经验的教师会在布置任务时，与学生商定活动的时间，这样教师就可以根据学生的需求和教学的需要调整活动的时间。但是，具体执行中仍需要教师分析各种因素，掌控全局。

---

① 本案例由北京市大兴区北京小学翡翠城分校张杰老师提供。

【案例展示】①

这是一节六年级阅读课的读后环节，教学材料来自于北师大版小学英语第十册 Unit 9 中的语篇阅读"Why do we need forests"。教师安排了学生可以独立完成的 Worksheet 活动。

Worksheet 的内容如下。

Match the causes(起因)**with the results**(结果).

1. If there is no oxygen,　　　　　　　a. sea level will rise.

2. If we cut down too many trees,　　b. we won't be able to breathe.

3. If the world becomes hotter,　　　c. we will have a better future.

4. If all the ice becomes water,　　　d. there will be less oxygen.

5. If we plant more trees，　　　　　e. the ice in the north will become water.

T：We know the forest has many uses，so I have an exercise for you. This is Exercise Two. Match the causes with the result on your paper. How many minutes do you need this time?

Ss：Two minutes.

T：OK. Two minutes. Maybe if you finish quickly you can discuss with your partner.

50 秒过后，教师低声对一些已经完成连线任务的学生说：Hello，boys and girls. If you finish，you can discuss with your partner. OK?

30 秒的时间内，全班学生都在展开同桌讨论了。

在布置任务时，教师讲清了活动内容和活动方式，然后和学生商量了所需时间，此时学生纷纷希望用两分钟完成一项活动，可以看出在商量时间时教师对于两分钟的活动时长是有异议的，但是教师并没有直接说出自己的想法，而是在要求的结尾补充了一句"如果你提前完成了可以和同伴说一说你的答案"。果然，在活动 50 秒之后，有的学生就已经完成了。此时，教师又强调了一句"如果你提前完成了，可以和同伴说一说你的答案。"之后，我们看到教师的话音刚落，有四分之一的学生已经开始向同伴口语汇报了。30 秒之后，全班学生已经都在做口语练习了。由此可见，教师的预见是正确的，学生索要的两分钟时间超出了实际需要，尤其是那些英语程度比较好的学生只用了不到一分钟就完成了任务。

---

① 本案例由北京市大兴区第七小学齐斌老师提供。

(三)如何管理课堂秩序

1. 建立良好的课堂常规

课堂常规就是课堂中的规矩。俗话说没规矩不成方圆，学生参加课堂活动自然也是如此。教师面对几十个性格迥异的学生，如果没有恰当的方法将他们组织起来，再有效的教学活动设计都将无法顺利进行。因此教师有必要将一些有效的组织方法固定下来，形成学生的课堂行为规范并严格监督执行。这样不但可以提高课堂管理效率，避免教学秩序混乱，同时一旦学生适应并习惯这些规则，便会形成稳定的情绪和习惯动作。

课堂常规不只是指课堂中的规范约定，同时也包括课前和课后。课前，学生在前一节课的下课休息之前，要准备好英语学习的用品，然后再开始课间的休息。在预备铃声响起后，学生要快速地停止户外活动进入教室坐在座位上，静下心来等待正式上课铃声响起后快速进入学习的状态。开始上课后，学生要专心听讲、积极参与课堂活动，课上不开小差、不做小动作；回答问题时要领会教师的意图或直接回答或先举手，发言时声音洪亮；别人发言时要认真仔细地听，虚心学习，取长补短。课后要主动复习，保质保量地完成作业，并预习下节课的学习内容。

课堂常规的养成绝对不是一蹴而就的事情。学生在养成常规初期，经常会因为自制力不强而违反常规。此时教师一定不要急躁，教师可以采用一些恰当的方法帮助学生规范行为，如口头提醒、动作提醒和借用媒介提醒等方式。口头提醒和动作提醒都是直接的提醒方式。例如，希望学生认真听讲或听录音时，教师可以一边用手指着耳朵一边说"Listen"。媒介提醒是指师生间约定好的具有特殊意义的某种媒介物，可以是声音或图示等。教师可以将这些图片制成标志牌。上课时，教师一边说指令语一边举起相应的标志牌。这样学生就可以很快理解教师的意图。

Read　　　Listen　　　Write　　　Speak　　　Be quiet

Repeat　　　Answer　　　Sing　　　Start　　　Stop

Wait   Pair work   Group work   Team work

2. 用激励强化良性行为

课堂中建立了良好的课堂常规，但常规的贯彻和养成需要教师不断强化的。在课上，教师要细心观察学生的举动，一旦发现学生做出符合课堂常规的良性行为，教师就要及时表扬和鼓励，包括精神奖励、物质奖励或安排参与奖励性活动等。精神奖励可以是教师竖起大拇指、轻拍学生的头或口头表扬"Good!""Good boy!""Good girl!""Super!""Well done!""You did a good job!"等。物质奖励可以是教师亲手制作一些表示鼓励的小画片(如上图)奖励给表现好的学生，或者是发放奖品给那些做出"突出贡献的学生"。参与奖励性的活动是指，教师请表现突出的学生优先参与下一项活动。例如，在北师大版小学英语第七册"Unit 4 Mocky's birthday"的第三课时[①]中有一个教学内容是棋盘活动，教师可以将这个教学内容改编成一个棋盘游戏。游戏中，只有积极练习对话的学生才有资格参加。学生虽然处在五年级的阶段，但是有趣的评价活动还是激励了学生积极参与教学活动。对于一、二年级的小学生来说有趣又形象的激励评价更为重要。

【案例展示】[②]

这是一年级课堂中向学生介绍评价方式的环节。

在前一个表演唱活动之后，教师开始评价。" I think Group 3 did a very very good job."教师在黑板上的六棵大树中的第三棵上标注上了"3"然后在其余的树干上也注明了"1~6"的数字。一边标注，教师一边说"This is number 3. And this is number 1. This is number 2. Number 4，5，6."一部分学生们还跟随教师一起数起来。

随后，教师接着说"Just now, I think Group Three did a very good job. So…"教师贴上红色的小脚丫，"Two feet for you." "And now, I think group two, good. Two feet for you…"就这样，教师为每一组贴上了一个小脚丫以示鼓励。接下来，教师马上组织了两个新的游戏"Listen and do"和"Listen and touch"并为表现好的小组再次加分，即小脚丫向上走一格。

---

① 本案例由北京市丰台区丰台第五小学杨雪老师提供。

② 本案例由北京市丰台区丰台第一小学崔莉老师提供。

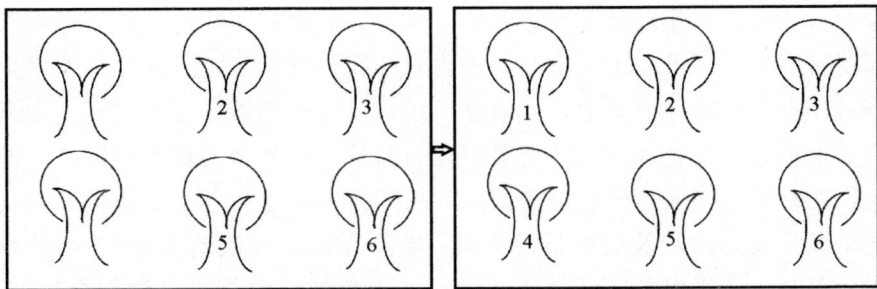

在这节课上，教师一上课就明确了评价方式，即每组有一个"小脚丫"代表小组的表现，表现好的小组可以向前走一步。面对一年级的小学生，教师没有一下子给学生解释全部评价的规则，而是在开始评价时边评价边解释。教师先奖励了表现好的小组一个"小脚丫"，然后示意每个"小脚丫"代表一个小组。接下来，教师安排了两个简短的听指令做事情的活动，对活动中表现好的几个小组分别奖励"小脚丫"向前走了一步。这样，学生们一下子就明白了"小脚丫"代表的意义，开始自愿规范自己的行为。

在以上两个案例中，教师都能够根据学生的年龄特点采用不同形式的评价手段。低年级的评价形式更为简单，奖励的物品更形象生动、色彩鲜艳，激发学生投入课堂的积极性。高年级的评价形式，则要更贴近学生生活，奖励的形式更要有一定的思维内涵。

（四）保证所有学生有效参与

教师在上课时，总希望学生能在活动中积极地参与，但是在实践中我们经常发现，即使再有趣、再有意义的活动，总会有个别学生不专心听讲，跟不上教师的节奏。有些教师为了保证教学进度，面对这样的学生，先是劈头盖脸地批评一通，然后继续上课。这种做法，不但伤害了学生的自尊心，而且教师经常批评学生会降低他们的自信。事实上，造成学生不专心听讲的原因是多方面的。因此，教师要细心观察学生的表现，分析主要原因。比如，有个别学生在听讲时会故意做出违反课堂常规的行为，但这些行为暂时还不会影响其他学生的学习和教学的正常开展。例如，有些学生感到自己被忽视，就会故意发出怪声或接教师话茬儿，希望以此引起教师的注意。教师面对这种学生行为可以采用隐性的纠正策略。例如，教师在纠正时，在不影响教学正常进行的情况下可以走下讲台，走到有问题的学生身边，轻拍一下学生的肩膀或用批评的眼神看着他，让他意识到自己已经被教师注意到了。如果此时教师不适合走下讲台，则可以用相应的图示或用教师的目光频繁关注他来制止问题行为。如果这样也没有效果，教师可以叫这位学生回答问题，或者安排他做一些力所能及的事情，例如，教师在讲解时请他来帮忙做"助教"，在做示范时请他来参与，在做游戏时让他当裁判或记录员，教师的有意"关注"会暂时制止这类学生的问题行为。待下课后教师可以私下找这些学生谈心，以避免相同问题的再次发生。

(五)如何有效反馈

反馈是教师检验学生学习效果的必备环节。无论是全班活动、小组活动、同伴活动，还是个体活动之后，教师都需要了解学生的现有水平，并根据学生的现有水平调整下一步教学活动。在反馈时，不同类型的活动可以安排不同形式的反馈。例如，竞技性活动可以请学生汇报比赛成绩，调查类的活动可以安排学生介绍自己的调查结果，表演类型的活动可以安排学生展示排演的成果。

有趣的教学活动会激发学生反馈时的积极性。例如，深受学生喜爱的表演课本剧。但是，教师经常会遇到这样一个难题：在分组展示时，每个小组都希望把自己排练的成果展现给大家。面对这种情况，有的老师会在选择小组时事先告知只有两个机会，下节课可以继续表演。可是大家都知道，每节课都有不同的教学任务，教师如果经常将前一节课的教学任务推到下一节课完成，一学期下来教师就很难完成教学计划。有的教师会安排没有表演的小组在课下找老师表演，但是这样做就剥夺了学生在全班展示的机会，学生会认为不公平。如何才能公正、和平地解决这一问题呢？有些有经验的教师会随时准备一些抽签的小道具，例如扑克牌，教师可以为每个小组编号，然后抽签决定可以表演的小组，靠运气决定那些不易摆平的事情。解决课堂突发事件的方式很多，每种方式都可能有利有弊，教师要注意权衡。同时，教师更要明确的是组织管理课堂的能力是需要在日常的教学中逐步锻炼出来的。

三、如何有效促进课堂交互

【案例展示】

这是一节一年级的新授部分，教学材料是北师大版小学英语一年级上册"Unit 5 Numbers"的第一课时中名词复数的理解部分。教师选用了学生熟悉的歌曲作为本片段的导入，教师先带领学生演唱歌曲，边唱边做"stand up"和"sit down"的动作。之后，教师利用书包作为道具，从书包中依次拿出文具，用"What's this?"问答，之后让学生一起跟着数数。接下来，教师利用PPT逐个呈现了水果，通过数量的增加呈现名词的复数形式，最后教师提问学生"How many…?"整个过程主要是教师与全体学生互动，时而有与个别学生的互动（具体案例描述见本章后附录案例1。）[①]

【案例指引】

课堂教学中的交互，亦称互动，是指在课堂教学中教师与学生之间或者学生与学生之间发生的各种形式、各种性质、各种程度的相互作用或相互影响，是教师与学生个体或群体之间多维度、多层面的交互过程。

互动不只是教师组织教学的一种手段，更是激发思维、促进儿童认知发展的一种工具。课堂上教师所提供的互动机会的多少，以及反馈的积极性的高低可能造成学生学业成绩的差异，影响儿童情感态度的发展。互动有师生互动、学生互动；有言语互动，非言语互动；有显性互动，隐性互动；有思维互动、行为互动以及情感互动。本案例选自一年级课堂教学，教师与学生的互动方式主要是语言和行为方面的互动，但是学生与教师或唱，或做动作的一致性和同时性，却降低了互动的作用。教师与学生问答中的互动属于表层的IRE（即教师发起，学生回应，教师评价，Initiation Response Evaluation）互动。

要提高课堂交互的效果，教师就需要注意语言交互中的多话轮交互，注意提问策略的使用，注意思维互动和情感互动的应用，提升提问的艺术，通过互动营造良好的课堂学习氛围，通过互动促进学生理解，通过互动激励学生学习，培养良好的情感和自主意识，促进学生语言能力和综合素养的提高。

（一）如何与学生互动

教师与学生之间的互动是指在课堂教学中教师和学生借助语言、视频、

---

① 本案例由北京市丰台区草桥小学张越超老师提供。

图片、实物、声音等多种媒体，在彼此之间的思维、情感和语言等方面产生的循序渐进的相互作用或相互影响。师生互动是课堂互动的主要方式，互动的质量将直接影响课堂教学的效果。在师生互动中建议注意以下几点。

1. 增加语言互动的信息性

信息沟通是语言交流的重要内容之一，不包含信息的语言是没有意义的。日常教学中我们不难发现，课堂上教师提问"Yes or No"的问题居多，经常是一呼百应，学生齐声回答。看似师生之间有交流，气氛热烈，其实形式大于内容，属无意义互动。通过课堂观察得知，学生面对"Yes or no"的问题时总是回答"Yes"，而面对选择疑问时也总是选择后面的答案。有时，教师为了方便控制教学进程，利用学生回答的习惯设计提问，忽视了学生是否真正理解。有些教师为了追求语言的准确性，简单地将教材中的对话范例照搬到课堂上，造成教师与学生互动良好的假象。

互动可以是教师反馈的一种手段，如果教师不注意互动的信息性，互动就有可能变成教师组织教学的工具。

【案例展示】[①]

这是一个句型操练的片段，教师呈现一组图片，请学生看图说话。在开始活动前，教师明确要求"Now use this sentence to say. I usually use the computer to play that game. Now let's have a competition."图片内容涉及 drawing and designing，surfing for information，word processing。在个别学生看图说话的互动过程中，教师不时地停下来对学生的回答进行重复、板书和反复朗读。例如，教师借助互动中学生的回答呈现了"word processing"，然后就是朗读训练。

从互动中，学生没有获得应有的信息和启发，而只是成了教师组织教学的工具。当然，有时师生的互动也只表现为师生对练的形式，这样的互动也就不是真正意义上的互动。

这是不是看似包含实质信息的互动，就能够提供真实的信息呢？也不尽然。比如，下面的一则对话[②]（笔者听课时摘录的教师与学生的互动）。

T：What are you doing this Friday?（教师指向一位学生）

S1：I'm playing tennis.

---

① 本案例由安徽省蚌埠市中小学教师进修学校教务处牛婷婷提供。
② 本案例摘自北师大版小学英语第九册"Unit 3 Red rock Bay Health Club"第二课时的会话教学课堂观察。

T：How often do you play tennis?

S1：Twice a week.

T：Good.（教师指向另一位学生）What are you doing this Friday?

S2：I'm skiing.

T：How often do you skiing?

S2：Once a month.

T：Thank you.（教师指向第三位学生）What are you doing this Friday?

S3：I'm playing volleyball.

T：How often do you play volleyball?

S3：Once a week.

T：Very good.

师生对白看似有来言有去语，教师与每位学生都开展了两轮对话。但是，教师的提问是条例型、公式化的，缺少针对性，且不真实。学生周五白天只能在学校上课，除此之外不可能有其他活动。教师的提问没有意义。如果教师将其改为周末或假期则更为现实。在教师失真问题的带领下，学生回答也是机械的、非真实性的。上课的时间正值十月秋季，学生不可能去户外滑雪，而且每月一次的频率也不符合实际。打羽毛球和排球是没有条件限制，但是每周两次的打球这在学业繁重的毕业班也不符合实际的。可见，如果教师的提问中缺乏传递信息的意识，学生必然也只关注语言的形式，忽略语言交互的信息性。这个会话练习只起到了操练句型的作用，并没有信息的实际交流。只能证明学生学会了句型结构，但这并不意味着学生已经学会使用。

2. 注意多话轮互动的应用

互动的工具性使得师生的对话往往停留在第三话轮。教师提问，学生回答，教师肯定学生的回答，互动便结束。如果要提高互动的质量，除注意互动的信息性以外，还必须注意如何利用第三话轮启发学生，引导学生的第四话轮乃至第六话轮。以本章第一节中提到的北师大版小学英语第十册"Unit 8 In the emergency room"的第一课时，故事教学的导入部分为例。反馈互动中教师在学生回答的过程中插入"Your knees hurt?"的问句，不仅起到了情感交互的作用，还能引导学生继续说而不打断学生。

【案例展示】①

这是前面提到过的语篇教学一节六年级阅读教学 Why do we need forests? 的 Consolidation 环节。

(1)教师与学生交流："Oh, it's time for us to look at our home. Just now we've learned something from the passages 'It's why we need forest'. I will show you a video. It's about our home now. Do you want to watch it. Please watch it carefully."

教师播放一段有关"环境污染、人类和动物生存环境面临威胁"的视频，学生观看。

(2)视频结束时，画面停留在"Do you like it? What should we do?"教师提问。

T：The video leaves us the question. What should we do? Just now when you watch the video how do you feel?

S1：I feel angry because the animals don't have homes.

T：I agree with you. Anyone else?

S2：I feel sad.

T：Oh, you feel sad. Why?

S2：Because I see that animal is dying.

T：I agree with you.

在观看视频后的师生互动中，教师运用重复和追问技巧将对话由第三轮延长到第五轮，引导学生解释自己的感受，最后通过解释确定达到情感互动。

其实，多话轮互动所体现的是互动的 IRF(Initiation, Response, Follow-up)模式。"Initiation"(I)指教师提问，"Response"(R)指学生对教师的提问做出的回答，"Follow-up"(F)指教师对学生回答所做的评价或反馈。继续性问题的提出是互动得以延续的保证，教师要注意提问的启发性、拓展性，以及问题的开放性。

3. 注意教师语言的激励等正面效应

师生交互中教师的评价十分关键，尤其是当学生回答错误时，或者是当学生不能给出完整答案时。这时，师生的交互就不再只是语言交互，其中所

---

① 本案例由北京市大兴区第七小学齐斌老师提供。

传达的信息也不只是语言，更有情感内容。再以前面提到的语篇教学为例。

【案例展示】①

这是前面提到过的语篇教学，一节六年级阅读教学 Why do we need forests? 的 lead in 环节。

教师在课件中出示故事主题图片并与学生交流：

T：Hello，everyone．Today we are going to talk about forests．Now，let's look at some pictures．Who were in the forests?

S：I think（an）official（was）in the forest．

T：Oh，you think officials were in the forest．Boys and girls，do you agree with him?

多数学生回答 Yes，个别学生回答 No。教师请回答 No 的学生表述自己的观点。

S：I think this man is a teacher．

T：Oh，you think this man is a teacher．Maybe we can say he is a teacher or an official．Another question for you．What did they do in the forest?

S：They plant（ed）some trees and picked up the trash．

T：Oh，they planted some trees and picked up the trash．（教师做手势表示捡垃圾，并引导学生说）We can say…they cleaned up the forest．

T：Do you know why they planted the trees?

S：I think because there weren't many trees in this part of wood．

T：Oh，you mean in this part of woods there weren't many trees．Boys and girls，can you see clearly?（教师指向图片中没有树木的部分。）

Ss：Yes．

T：What else? What about other opinion?

S：I think trees can produce the oxygen．

T：Oh，you know oxygen．

以此进入了语言知识点的学习。

_____

①　本案例由北京市大兴区大兴七小齐斌老师提供。

在案例中，当第一个学生回答"(An) official (was) in the forests"时，教师对学生的答案没有直接评价，而是转问其他学生"Do you agree with him"，部分学生回答"Yes"，部分学生回答"No"教师请有异议的学生继续表达观点"I think this man is a teacher"此时教师才总结了答案"Maybe we can say he is a teacher or an official"交流中，教师关注学生回答所用语言的内容，没有刻意要求学生语言上的准确。虽然学生回答 official 重音有误，教师并没有要求学生改正，只是宽容地重复了一遍正确的发音。教师这样的做法保护了学生的自尊心和参与交流的积极性(当然，交互中信息是焦点，official 的重音并不影响信息交流)。教师对于语言准确度上的宽容，给学生留出了很大的心理空间和交流空间。另外，教师对于没有标准答案的问题也给予学生很大的空间，让学生展开想象自由发言。在与学生交流第二个问题时，教师提问"What did they do in the forest"一学生回答"They plant(ed) some trees and picked up the trash"教师用动作解释了其含义后，又补充提问"Do you know why they planted the trees"一学生回答"I think because there aren't many trees in this part of woods"听到这里，帮教师助学生指着图片的相应位置，解释到"You mean in this part of woods there aren't many trees"然后再请其他学生补充"What about other opinion"一学生回答道"I think trees can produce the oxygen""Oh, you know oxygen"教师用惊讶兴奋的语调表示了对学生回答的肯定、鼓励。由此可以看出，教师与学生的互动不但在语言上，而且在思维层面上，对整个课堂教学来说积极有效的。

4. 注意非语言交互

有时非语言交互在课堂教学所起的作用可能比语言交互更为重要。非语言交互指没有语言参与的行为交互、情感交互等。非语言交互对营造课堂氛围，培养良好的师生关系，培养学生良好的情感态度具有积极的影响。

【案例展示】①

这是二年级故事教学的产出环节，教师为学生设计了一个动手制作"动物"家庭或"植物"家庭。在下面的片段中呈现了任务布置的片段。教学材料来自于北师大版小学英语第二册"Unit 9 How many?"的故事教学。

T: This is a crocodile's family. Boys and girls, here comes a carrot family. It is made by Wang Hui. Wang Hui, can you introduce your carrots? (教

_____

① 本案例由北京市丰台区丰台第八小学张国平老师提供。

师请王慧来示范介绍她的小制作 carrot's family。)

　　Wang Hui：This is a carrot's family.

　　教师引导其他学生一起问：How many carrots are there?

　　Wang Hui：There are five carrots.

　　教师引导其他学生一起问：Who are they?

　　Wang Hui：This is father carrot. This is mother carrot. They're baby carrots.

　　教师先后拿起一个或全部"小胡萝卜"请全班学生回答。

　　T：Is this a carrot? Are these carrots?

　　交流后，教师面向全体学生，布置任务：Now it's your turn. Can you make a family? Have a try.

　　在整个布置任务的过程中，教师始终面带微笑，笑容可掬，教师的态度拉近了教师与学生之间的距离，让学生感到亲切。仔细观察老师就会发现，教师在介绍"是谁做的水果家庭"时"Here comes a carrot family"，语调缓慢，面带微笑；在说到"It is made by Wang Hui. Wang Hui, can you introduce your carrots?"其语调以及邀请王慧的手势时，让孩子们感觉到一种温暖，传达出教师对学生作业的赞赏。在王慧介绍"This is a carrot family."时，教师能够用手势、口型引导全班学生与之互动，一起问"How many carrots are there?"当王慧说"There are five carrots."时，老师能够带动学生一起问"Who are they?"营造出了友好的气氛。这期间，其他同学能围绕身边观看。在布置小组任务时，教师面带微笑，以商量的口气交流。教师时而表示惊讶的语气，时而做出赞美的手势。教师利用其良好的语调、语速、表情以及肢体语言营造了宽松、和谐、安全的氛围，给学生以安全感、归属感和自豪感。对学生情感态度的发展起到了积极的促进作用。

（二）如何促进学生间的互动

　　课堂教学的有效性依赖于教师的有效组织，需要教师掌握互动的技巧。通常情况下我们更注意教师与学生的交互而忽视学生之间的交互。其实，学生之间的交互与师生交互同样重要，在学生的发展中起着十分重要的作用。研究发现，拥有相同能力的同伴能够为其他同伴提供高层次的思维和学习的脚手架，从而促进学生的知识建构和能力发展。

　　学生互动一般表现为，同伴活动中的同伴之间互动，小组活动中的小组成员之间互动，还包括展示、反馈时展示学生与其他同学的互动。影响互动的因素很多，但是要提高互动的质量，仍需要注意以下几个方面。

1. 创设语境提升交流的必要性与真实性

同伴活动是一个能够保证学生全体参与的活动，但是未必能够保证学生的交互。通常情况下，教师能保证学生问答问题，但这并不一定是实质性的信息交流和情感互动。想要促进学生之间的交流，就要保证交流的双方有交流的需求，有获取信息和提供信息的需求，这些都最好在真实的语境中进行的。

【案例展示】[①]

这是一节四年级的句型教学的操练环节，教学材料来自于北师大版小学英语第五册"Unit 9 Where is it?"第二课时。该环节的教学任务是操练"Where is…? It's…"教师安排的是一个同伴交流活动。活动中，两位同学每个人只知道信息的一部分，需要双方通过询问，并从对方那里获取信息才能补全自己的信息。教师将本课新学的 chair，sofa，bed，desk 以及以前学过的表示物品的词汇图片分成两组，画在背景相同的图片中。每位学生都需要通过询问同伴，才能获得全部信息。例如，学生 A 的图片中有猫的图片，但是没有猫的位置，学生 B 的图中包含猫和它的所在位置。活动时学生们彼此不能相互看，学生 A 只有通过询问学生 B"Where is the cat"，才能从学生 B 的口中得知小猫的位置，并将自己手中的小猫贴到相应的地方。

活动中信息差的设置制造了交际需求，保证了交流中有实质性的信息交流。但是，我们也同时看到，由于活动的情境上缺乏语境和角色感，学生之间的交互只能停留在语言方面。如果配以真实的语境，如"为小动物找家""为新家布置房间等"，便于学生理解并且感兴趣的活动背景，或采用角色扮演的方式，也许就可以在信息交互的同时，也融入情感的交互。

2. 角色清晰、任务明确、适时指导

很多教师习惯于开展小组活动，比如小组讨论、小组调研、小组表演故事等。但是，小组活动中，如果角色不清，任务不明，就很容易出现部分学生不参与互动，造成交互空白。除小组讨论的话题本身必须具有吸引力，能够激发学生的兴趣以外，还应该注意情境设计，角色分配，任务要求等。角色分配和任务布置是教师在设计教学活动时就要完成的事情，但是如果教学过程中教师监控不够，指导不力，就会影响学生之间的交互。

---

① 本案例由北京市丰台区丰台师范附属小学王水老师提供。

【案例展示】①

本案例呈现的是四年级学生在猜谜游戏中体现的学生之间的交互。教师在屏幕上展示一个场所单词，如 swimming pool，school 等，下面的同学以小组为单位通过动作和语言提示前面背对屏幕的同学，背对屏幕的同学根据提示猜测。例如 PPT 中呈现图片 swimming pool，站在台上背对图片的学生请一名下面的学生来描述图片，该学生描述说"You can swim in this place"台上的学生猜测"Is it a swimming pool?"描述图片的学生肯定回答"Yes，you are right"。再如，PPT 中呈现图片 school，站在台上背对图片的学生请一名下面的学生来描述图片，该学生描述说"You can see many teachers and you can study in this place"，台上的学生猜测"It is a school?"描述图片的学生肯定回答"Yes，you are right. You are clever!"

在这个活动中学生间的对话是真实的，有意义的，因此参与度比较高，从学生猜测的效果来看，达到了信息交互的目的。而当下面的同学表扬猜测的同学时，学生之间的交互就不只是语言信息的交互，还有助于学生之间情感的交互。

再如，前面提到的二年级故事教学产出环节中布置任务的片段，小组活动的过程中教师走到每个小组旁边，探身向前，微笑与小组交流指导，促进了小组内同学的交流。因为这些小组活动中角色分配不明确，学生又不像同伴活动中因为信息差的原因学生有交流的必要，很容易出现流于形式的交互，或者是交互空白。教师的监控指导可以起到一定的作用。我们很高兴地看到该案例中大部分小组能够参与互动，但是互动的深度如何，讨论是否能够促进思想的交流就不得而知了。当然，由于学生年纪小，小组讨论的问题可能都比较肤浅，难以激发学生的思维，也因此难以促进有深度的思维交互。

能够促进学生交互的方式很多，每位教师都有自己的诀窍。影响学生互动的因素也不只是设计和组织因素，还有环境以及学习者的因素。不管是什么，就有效教学而言，我们都要做好需求分析，完善设计，提升执行力。

附录

第四章案例 1

这是一节一年级的新授课片段，由北京市草桥小学张越超老师提供。教

---

① 本案例由北京教育学院丰台分院附属学校刘志敬老师提供。

材材料为北师大版小学英语第一册"Unit 5 Numbers"第一课时中名词复数的理解部分。

开课伊始，教师利用 PPT 播放歌曲的动画引导学生一边做动作一边跟唱。

歌曲内容：

Stand up. Sit down. Stand up. Sit down. It's a book. It's book. It's a chair. It's a chair. Stand up. Sit down. Stand up. Sit down. It's a pencil. It's pencil. It's a book. It's a book. Stand up. Sit down. Stand up. Sit down. （演唱两遍）

随后，教师拿出书包，与学生交流

T：Please look. What's this?

S：It's a bag.

T：Yes，it's a bag. There are so many things in it. Now，let's have a look.

T：（教师拿出一支铅笔）What's in the bag?

S：It's a pencil.

T：（教师拿出第二支铅笔）Is it a pencil?

S：Yes.

T：（教师拿出第三支铅笔）What's this?

S：It's a pencil.

T：（教师拿出第四支铅笔）Is it a pencil?

S：Yes.

T：（教师拿出第五支铅笔）Is it a pencil?

Ss：Yes.

T：Now this time. Let's count. （教师逐一拿出五支铅笔，引导学生数数）

T：One，now use your finger. （引导学生数数的同时，用相应的手势表示）

Ss：One，two，three，four，five.

T：Five pencils.

T：Now I have some books. （教师拿出一摞书，并逐一引导学生带着手势数数）Let's count.

Ss：One，two，three，four，five.

T：Five books.

T：Now I have some rulers. （教师拿出五把尺子，并用手势逐一引导学生数数）Let's count.

Ss：One, two, three, four, five.

T：There are five rulers.

T：Now I have some balls. （教师逐一拿出小球，用手势引导学生数数）Let's count.

Ss：One, two, three, four, five.

T：There are five balls.

T：Now I have fans. （教师逐一拿出小扇子，学生开始主动数起来）Let's count.

Ss：One, two, three, four, five.

T：There are five fans.

T：Now I have flowers. （教师逐一拿出小花，学生主动数数）Let's count.

Ss：One, two, three, four, five.

T：There are five flowers.

PPT 呈现图文并茂的香蕉、苹果、气球、蚂蚁等信息，引导学生逐一识别。

T：Please look at the screen. （PPT 出示香蕉的图片）What's this?

S：It's a banana.

T：Yes, there is…

PPT 出示文字，教师引导学生说。

Ss：One banana.

PPT 出示两个香蕉的图片，教师引导学生数。

Ss：One, two, two bananas. （同时出示文字 two bananas）

以同样的方式数香蕉，three bananas, four bananas, five bananas.

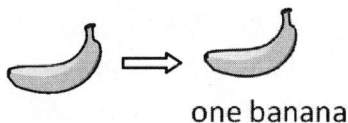

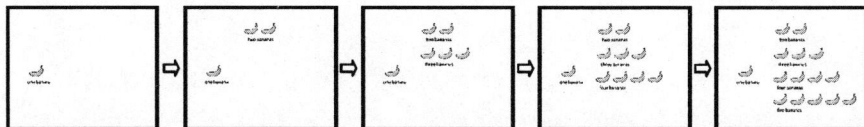

接下来，教师用与数香蕉相同的方式，依次数了 five apples 和 five balloons。

然后 PPT 对比出现 one ant 和 two ants，one ant 和 three ants，one ant 和 four ants，one ant 和 five ants。学生逐一直接说出。

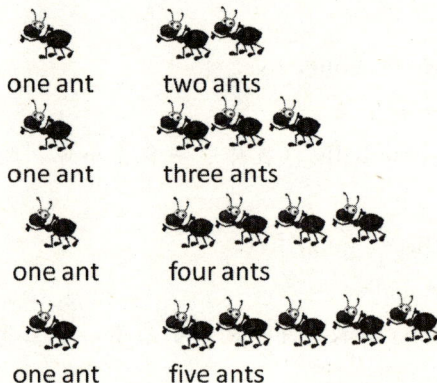

one ant two ants

one ant three ants

one ant four ants

one ant five ants

接着 PPT 呈现两只小猫、三只小狗、五只鳄鱼、五只鸭子、三只猴子，师生开始交流。

T：How many cats?

S：Two cats.

T：How many dogs?

S：Three dogs.

T：How many crocodiles?

S：Five crocodiles.

T：How many ducks?

S：Five ducks.

T：How many monkeys?

S：Three monkeys.

第五章

教学评价的有效性

本章要点

◆如何评价教学评价的有效性？

◆小学英语应该评价什么？

◆小学英语课堂如何开展形成性评价？

◆小学英语课堂如何开展终结性评价？

引言

当我们对小学英语教学的有效性进行评价时，其实我们是在依据某种标准，课标的标准或是我们所信奉的标准，根据某种证据，对教学是否达成了应该达成的目标所进行的价值判断。小学英语的教学评价同样也是一种价值判断，包括对教学是否达成了课程教学目标的判断、对学生是否达成了学习目标的评价，同时还包括对学生学习行为、学习过程、学习表现的评价。我们通常所说的评价多指学业评价或学期或学年评价，包括对课程目标达成与否、对学期教学目标达成与否的终结性评价，以及学期之中对学生的学习过程和阶段性目标达成情况所做的形成性评价。本书侧重课堂教学的有效性，因此本章我们将重点介绍小学英语课堂教学评价，包括课堂教学的终结性评价和课堂教学形成性评价，探讨如何提高课堂评价的有效性。

一、如何评价教学评价的有效性

【案例展示】

这是一节阅读课。教材材料为北师大版小学英语第十册"Unit 9 Life in the year 2050"①。阅读以保护森林为主题，读前教师通过下列图片复习上一节所学内容，呈现环保的话题。

然后，通过三幅连续的图片呈现"there are fewer and fewer trees"的现状。讨论森林的用途。

在阅读环节，学生阅读三段文字，第一段介绍森林的用途，第二段介绍人类砍伐森林带来的危害，第三段比较简短，只是一句"Trees can help us to reduce the pollution, but now there are fewer and fewer trees in the world"。学生阅读三段文字时可按照教师的要求了解森林的用途和砍伐森林带来的危害，教师可以要求学生判断哪一段与主题相配。阅读后教师播放反映环境现状的视频，呈现问题，学生小组讨论应该如何保护环境。（具体案例描述见第二章附录案例2②）。

---

① 本案例由北京市大兴第七小学齐斌老师提供。
② 本案例由北京市大兴区第七小学齐斌老师提供。

【案例指引】

评价是课堂教学中不可缺少的一种教学行为。教师需要通过了解课堂教学目标的达成情况，同时让学生感知自己知识的增加和能力的提高，因此，需要开展终结性评价；为了更好地组织教学，达成课堂教学目标，教师需要开展形成性评价，诊断学生的阶段性学习效果和学习状态。评价在有效教学中起着不可替代的作用，评价是否有效将直接影响有效教学的实施。

课堂教学评价可分为课堂终结性评价和课堂形成性评价，评价是否有效关键看终结性评价是否能够评价课堂教学目标的达成，形成性评价能否够帮助教师诊断学生的学习状况，能否帮助教师监控学生的学习、管理学生的学习、完善教学组织提供有力的支撑；教师是否依据形成性评价信息做出适当的调整，从而达成教学目标。如果评价未能实施其评价功能，则不能称其为有效评价，不管是什么因素影响评价的实施。

影响评价有效性的因素很多，比如评价活动设计是否合理，是否能够达成评价目标？如果能达成评价目标，那么目标设置是否适当？如果过高或过低都有可能影响评价的有效开展。本案例中学生未能在规定的时间内完成最后一个应用活动，因此我们则无法获知教学目标是否达成。从某种程度上说明，最后一个活动超出了目标要求，也从某种上说明教师未能有效利用形成性评价信息调整教学过程。

本案例中教师能对学生在每个活动中的表现进行评价，既能关注结果，也能关注过程，在学生阅读、讨论的过程中能实时观察，提供有针对性的指导。但是，如果教师能根据每个活动的反馈信息调整活动安排，则可以省出很多时间，学生可能就会有足够的时间完成最后一个活动，从而达成最终的教学目标，提升评价的有效性。

评价除关注课堂教学目标、课堂阶段性目标之外，还必须关注儿童在多元智能、学习能力等方面的差异。教师自身也必须能够有效利用形成性评价信息调整教学安排，促进教学过程的合理化，保证教学的有效开展。

本案例的可取之处还在于教师有很好的课堂评价意识，尤其是其对课堂目标的评价。教师不仅具有良好的形成性评价设计意识，把学习活动与评价活动整合，比如利用下面的活动评价学生的语言理解能力以及理解语篇中因果关系理解的能力，同时还涉及德育目标的评价(具体见附录第五章案例1)。

(一)评价活动必须能够检测教学目标

任何一节课都有其终极目标，也有阶段性目标。既有核心目标，也有辅助性目标。课堂教学的终结性评价必须能够评价终结性目标的达成，尤其是核心目标的达成。如果教师能通过评价了解是否实现其预期课堂教学目标，那么终结性评价就取得了预期的效果。但是，如果教师不能根据最终的评价活动了解儿童是否掌握了应该掌握的知识，是否在技能、情感态度、学习能力、认知等方面得到发展，那说明评价活动不具有应有的内容效果。

1. 评价必须能够评价所要评价的内容

评价应该能够评价所欲评价的内容，这是所有评价必须遵循的第一原则：效度原则。不管是形成性评价还是终结性评价都应该根据教学目标确定评价内容。以本章开篇"案例指引"中呈现的案例为例，教师预设的教学目标有以下三个方面。

【案例展示】

(1)知识与技能目标

①学生能够借助图片和课件，理解语篇大意并了解人类过度砍伐森林的后果。

②学生能够认读、理解以下词汇：

oxygen/the largest/be able to/cut down/disappear/forever/temperature/north/sea level/reduce/fewer and fewer

③学生能够结合"环境保护"的主题，描述在日常生活中如何落实环保的具体行为。

(2)情感态度目标

学生通过学习语篇，一方面能够了解森林对人类的重要性；另一方面能够增强日常生活中的环保意识。

(3)学习策略目标

通过语篇阅读训练，提高学生将已有的预测、联系上下文猜测词义等基础阅读技巧加以综合运用的能力。

如果我们针对上面的目标逐一评估就会发现，不管教师是否设计了终结性评价活动评价这三项目标的达成情况，通过课堂中儿童的表现我们可以判断课堂达成了"知识和技能"目标1，但是2就很难判断，因为教师只是反复朗读了"oxygen"，通过询问了解学生是否知道"cut down, disappear, reduce, fewer and fewer"的意思，至于其他词语学生能否认读则无从知晓。

如果我们手头有教师设计的评价或者学生上课时使用的题页(下面的案例展示)就会发现，其实教师通过学生在练习中的表现判断学生是否理解 sea level，rise，pollution，temperature 等单词，而学生能够写出森林的用途也说明他们能够应用语言传达信息。但是，要保证练习1能够评价学习目标中应该是否掌握知识的所有内容，教师有必要增加练习内容。不过，教师要求学生匹配图片是评价学生理解的一种有效方式。

【案例展示】

练习1：Match the pictures with the sentences.

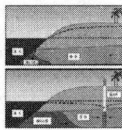

a.　　　b.　　　c.　　　d.

1. The sea level will rise. （　　）

2. There will be more pollution in the air. （　　）

3. The ice will become water. （　　）

4. The temperature will rise. （　　）

练习3：Write out some other uses of the forests.

1. They are the home for many animals.

2. They can hold the water on land.

3. _____

4. _____

5. _____

由于时间的原因，学生没有完成下面的表格填充，因此我们无法判断学生是否能够"描述在日常生活中如何落实环保的具体行为"。如果我们把最后一个活动视为终结性评价活动，这个活动也的确能够评价学生是否可以描述落实环保的方法。但是，由于学生没有完成，我们也只能说"知识和技能"目标没有达成，或者是评价无效。

About me：

  Name：_____

  Class _____, Grade _____

  (choose one to finish：任选其一完成)

  1. I think the forests _____

  _____

  _____

  2. I think I should _____

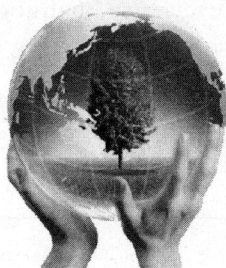

  _____

  _____

按照评价的要求，如果情感态度目标和策略目标是课堂教学的主要目标，教师就需要设计相关的评价活动。一般情况下，情感态度与策略如果是作为附带的教学目标，不是核心教学目标，可以不在课堂结束时评价，但是教师在课堂教学过程中仍要通过观察、反馈等方式评价。

常规课堂上，教师往往凭借经验判断教学目标是否达成。但是，从评价有效性的角度出发，只有设计了相关的评价活动，我们才能收集有效数据，评价才是有效的、可信的。

2. 目标制订必须合理

有时目标无法达成与目标制订不够合理有关。这里所说的目标制订合理包括三层含义。第一层含义是评价目标必须与教学目标契合。换句话说，完成评价任务所需要的知识和能力是要评价的内容。

以本章案例 1 为例，核心是阅读，读后让学生描述为了保护森林我们应该做什么。而学生描述环保行为所用到的语言可能与本节所学内容无关。也就是，如果把小组讨论环保作为评价活动，就要保证学生在这个活动中用到课堂所学内容才能完成任务。

目标制订必须合理的第二层含义是，小学英语以培养儿童的初步语言应用能力，促进儿童心智发展，提高综合素养为目标，那么小学阶段的评价也必须指向学生的心智发展和初步的语言运用能力，而不能是语法知识。比如，学生能够识别比较级，说出比较级的用法等，评价效度再高也不是有效评价，因为教学目标违背了小学英语的课程理念。

目标制订合理的第三层含义是，课堂教学的阶段性目标为达成最终目标服务。以本章案例 1 为例，共有 6 个活动，活动 1 和活动 2 为阅读做准备，帮助学生更好地理解课文，了解人类为什么需要森林以及砍伐森林的后果，阅读后 3 个活动，一个是逻辑理解，仍旧属于阅读的范畴，而撰写更多森林的用途是活动 2 的延伸。如果操作到位，可以评价学生是否知道哪些知识课文中已经提到过，但是反馈时教师未能关注这一点。更何况活动 5 有可能是活动 2 的重复，虽然我们欣喜地看到回答问题的同学在活动 2 的基础上增加了新内容，但是，如果评价能够引导学生关注哪些知识在读前的讨论中已经涉及，哪些是同学们新增内容，就可以诊断活动是否达成活动的目标(Write out other uses of the forests)。最后一个活动是学生讨论应该如何做，从逻辑上是课文的延伸，但是从语言应用上与课文无关。由此来看，从语言角度上讲，本节课的活动缺少必要的前后链接，活动 6 也不能起到终结性评价的作用。也就是说，教师没有设计对课堂目标达成与否的评价活动。如果以活动 6 评价学生是否能够应用本节课所学缺少应有的效度，并且有失公平，从某种程度上来说对学生是一种惩罚。即使学生有能力完成任务卡，也不是本节教学目标的展示。

(二)评价活动必须关注过程

课堂教学评价由终结性评价和形成性评价组成，评价也因此不仅要关注课堂教学目标的达成，关注阶段性目标的达成，更要关注学习过程。关注教学过程中学生的表现、学生的参与，给予有针对性的指导。

1. 关注阶段性目标的达成

课堂教学由不同的环节和一系列活动组成，每个环节有其阶段性教学目标，每个阶段的活动帮助达成阶段性目标。评价的作用在于帮助教师了解阶段性目标达成情况，以便教师决定下一步的操作。教师可以通过课堂观察了解儿童完成学习任务的情况，可以通过反馈诊断学生是否真正理解所应理解的内容，诊断学生是否能够使用所应使用的语言。

在本章"案例指引"部分呈现的案例中，在学生完成练习或者小组讨论森林用途以及如何环保时教师能够观察学生的行为，这是每位教师都应该采用的最基本的评价方式。尽管教师通过观察可以确认学生已经完成任务，但是，教师仍旧询问同学们是否完成，是否都完成，然后再反馈，避免了反馈时有的同学还在艰难地继续教师布置的任务，无法参与反馈活动。反馈时教师也能够问其他同学是否同意回答者的观点，以确保所有的学生能达成每个阶段应该达成的目标，比如了解森林的作用，提取有关砍伐森林可能造成的后果的信息。

2. 关注学生的学习过程

形成性评价不仅要关注阶段性目标达成的情况，更要关注学生的学习过程。比如学生是否积极参与，如果不参与是什么原因；学生是否与他人合作，如果不合作，原因是什么；学生能否按照要求完成任务，遇到了什么问题，需要什么帮助。只有了解到学生学习的真实情况，教师才能给予有针对性的个性化指导。

就小学而言，关注过程更为重要的是关注儿童认知的发展和思维能力的发展。这似乎很难评价，因为很难收集相关信息。但是，最起码我们可以关注儿童是如何阅读的、如何理解的，比如下面的案例[①]。

【案例展示】询问 Ken's mother's birthday

T：When is Ken's mother's birthday?

S：Ken's mother's birthday is October，27th.

T：How do you know?

S：Because the emails says yesterday was Ken's mother's birthday. Today is October 28th，yesterday was October，27th.

本案例中，教师在反馈过程中能够引导学生说出自己判断 Ken 母亲的生日的方式，其实就是对思维过程的关注。就阶段性目标达成评价而言，过程远比结果更为重要。教师能关注学生的阅读过程，了解学生的阅读方式，发现阅读中可能存在的问题，有助于学生阅读能力的提高，进而确保教学的有效性。

3. 形成性评价必须起到促进的作用

即使教师通过形成性评价了解到学生的知识掌握情况，了解学生的学习状态，但如果不能基于其所获得的信息调整课堂操作，评价不能称之为有效评价。以本章案例 1 为例，尽管学生齐声回答知道"oxygen"的意思，包括汉语，教师还要不厌其烦地按照课前设计给学生示范讲解什么是"oxygen"，尽管通过询问教师已经知道学生都知道"cut down"和"fewer and fewer"的意思，教师仍旧未能省去多余的解释。如果教师能够根据形成性评价信息调整自己的课堂操作，就会提高课堂效率，评价也就真正起到了评价的作用，从而帮

---

① 本案例由北京市大兴区第七小学毛莉老师提供。

助教师达成教学目标。

（三）评价必须以学生为主体

传统的评价施评者总是教师，学生永远处于被评价的状态。期中期末考试是老师评价学生，单元测试是教师评价学生，回到家里是家长评价学生。虽然儿童是价值主体，但是很少变成评价主体。如果儿童总是处于客体地位，没有评价的主动权，评价也很难成为有效评价。

1. 评价要满足儿童的多元需求

评价方式的选择一是要适应评价内容的要求；二是要适应儿童的需求。儿童的语言基础不同，学习能力也不一样。那么，通过一节课的学习能够达成的最终目标也不同。因此，要适应儿童的多元需求首先终结性评价的评价标准应该多元，允许学生达成不同等级的目标。在设计评价活动时也因此应该考虑到最终目标的差异，设计开放性活动，或者给儿童提供不同难度的评价活动供儿童选择。本章"案例指引"中所呈现的案例中教师要求所有小组都写出保护环境应该采取的行为，对语言表达能力较强，语言水平稍低的同学可能无法完成。在回答砍伐森林的后果时用汉语回答也预示着其不能完成最后的表达任务。

儿童的多元差异还表现在优势智能倾向和认知学习风格等方面。为了评价的公平性，也为了儿童能够按照自己习惯的方式，或者力所能及的方式展示自己所学，课堂评价要避免手段单一，避免反馈中一律要求儿童用英语回答。如果教师能允许学生用汉语回答问题，给学生展示自我的机会，教师也可了解到学生的理解程度以及其口头表达能力方面的不足，为教师提供个性化指导提供了依据。比如，在反馈砍伐森林的害处时教师的提示学生可以用行为、图画、汉语等方式回答问题（因为教师评价的是学生的理解，而理解的表现形式可以是行为、图画或者是汉语解释等），这样会有更多的儿童品尝成功的喜悦。

2. 适当开展学生自评和互评

开展学生自评和互评是让学生行使评价主体权利的最为直接的方式，很多教师在课堂教学中都采用学生自评或互评的方式。比如下面的案例为例，在学生做完值日汇报后，教师能够让其他同学通过提问的方式评价听众同学是否记住了值日汇报中的有关生日的信息。这种操作不仅体现了学生主体，同时此环节还可以保证所有的学生都能参与到课堂活动中来，评价起到了监控和督促的作用。

【案例展示】

T：Who is on duty today?

S1：It's me.

T：Please.（学生走向讲台，做了20秒的自我介绍）

T：Any questions about him?（教师示意举手）

S2：When is his birthday?

S3：His birthday is July 21st.

S1：Yes，you are right.

S3：×××（S4）

S4：How old is he，×××（S5）?

S5：He is ten years old.

S1：Yes，you are right.

S5：×××（S6）.

S6：What is his favorite month，×××（S7）?

…

T：OK. Thank you. You did a good job.

（根据北京市大兴第七小学毛莉老师授课视频转录）

再如，很多教师在课堂结束时提供自评表，让学生对自己的课堂参与和自己在听说读写中的表现进行自我评价。

（四）评价必须具有正面导向性

不管是终结性评价还是形成性评价，都应该在让学生看到自己的学习状态或学习成效的同时给予学生正面引导，能够让儿童体验成功，给学生安全感，激励学生进一步参与。为此，评价应该注意以下几点。

1. 评价要以肯定为主

要提升评价的效度，在对学生的表现评价时应关注其好的一面，给予正面的肯定，避免揭示其弱点。也许儿童回答的并不正确，我们可以肯定答案以外的东西，比如这次孩子的语音语调是否比以前好了，回答问题是否比以前主动，甚至是否不像以前那样害羞，声音比以前洪亮等。

2. 提升评价的指向性

当学生回答正确时，教师习惯于用"great，good，wonderful"语言表扬学生。其实，很多情况下，这种评价由于缺少实质信息，只能起到告知学生"回答完毕，可以轮到下一个同学，可以回答下一个问题了"的作用。如果我们注意观察，就会发现很多教师在课堂上说的自己以为是表扬的话语都形式大于内容，不管是 Good 还是 Wonderful，还是 OK。因此，教师有必要变化自己的语言，根据儿童的具体表现，根据评价的具体内容选择适当的评价语言，增加评价的指向性。

　　3. 慎用物质激励

　　很多教师都会使用小贴士、小红花、小星星等奖励学生的优秀表现。但是，由于使用的随意性，我们很难感觉到这种奖励带来的激励作用。为什么要给一个贴士，或者两个贴士。在并没有明确奖励标准，没有竞争机制，而教师提问又是随机的(很多举手的同学并没有被提问)情况下，这种奖励有失公允，也难以起到应有的效果。教师要慎用物质奖励，否则就会给儿童一种暗示，造成为了小贴士、为了小红花而回答问题。由于篇幅所限，我们无法将视频全部转录。其实，本章"案例指引"呈现的案例中，齐老师在对一男孩的回答(Trees can produce oxygen)评价时所采用的方式值得借鉴。齐老师没有给出常见的"good，excellent"等，也没有给物质奖励，而是以惊讶的语气说"You know the word oxygen"，表现对男孩回答的高度认可，使其有成就感，提高自我效能。

二、如何有效选择评价的内容与形式

【案例展示】

　　本案例基于北师大版小学英语第七册"Unit 4 Mocky's birthday"，是本单元的第六课时——复习课。上课开始的值日汇报环节，教师让学生基于值日汇报的互相提问评价学生对值日汇报的理解。在接下来的 email 阅读环节，通过提问的方式评价学生对 email 内容的理解，并且通过 How do you know? 的提问引导学生解释自己的回答。在第二遍 email 阅读环节，教师同样通过提问关注学生对 email 细节的理解，并且要求其解释自己的回答。谜语编写环节采用同学互评的方式评价学生对谜语的理解，教师通过与学生的互动对学生的谜语编写提出了建议。在最后的写 email 环节，要求学生将自己的 email 读给同伴听，同时邀请两名同学到前面展示并对一名学生的写作中的语言进行评价，指出了其中的时态错误，并要求其他同学核对自己的写作内容，看是否犯了同样的错误。(具体内容见第五章附录案例2[①])。

【案例指引】

要保证评价的有效性,评价本身比较具有很高的内容效度,这就要求我们能够根据评价的目的选择评价的内容,根据评价内容选择适当的评价形式。本案例中教师在学生汇报环节要求学生就值日汇报提问,评价侧重儿童是否听懂了值日汇报,是否能够记住相关信息。同时,要求学生问答,而不是教师提问,体现了儿童在评价中的主体地位。

在邮件阅读评价中,教师不仅关注儿童回答的正确性,并且请儿童解释自己是如何知道email中Ken妈妈的生日,如何知道妈妈的具体年龄。评价既包括阅读信息的获取,同时包括阅读的过程。而在对学生所写email的评价中,教师则侧重语言形式的正确性,具体地说,give的形式是否符合一般过去时的要求。对第二个儿童写作的评价反映了教师对非语言信息的重视。"You did so many things. I think you're a good boy."评语反映了教师更看重学生非智力方面的发展,注意儿童人文情怀的培养,因此评价内容从语言转移到做人方面。

本案例中教师设计了若干同伴活动和小组活动。在学生的活动过程中教师能够实时观察,能给学生有针对性的指导。同时能够根据自己的观察,提醒学生注意时态的运用。

不同的教学阶段,教师所关注的对象不同,评价内容和形式也就不同。不同的教学内容,不同的教学活动所指向的教学目标不同,评价也因此应该根据教学内容和教学目标调整评价内容和评价形式。儿童学生在认知和多元智能等方面的差异也要求教师在选择评价方式时关注儿童的需求。

(一)如何选择评价内容

在设计评价活动时,教师必须明确的一个问题是评价内容。要评价的问题其实就是教师想通过评价了解信息的问题,是想了解学生能否掌握所学习的知识,还是学生是否具备应有的能力;是学生能否理解所要求阅读的文章,所听的对话,还是学生能够按照应该阅读的方式阅读;是否掌握了基本的听力技巧;是学生能够运用英语传递信息,表达思想,还是学生心理的发展、认知的发展或者是生存能力的发展。在选择评价内容时我们应该遵循以下

---

① 本案例根据北京市大兴区第七小学毛莉老师授课视频转录并编辑。

原则。

1. 根据教学内容选择评价内容

评价内容的选择应该视教学内容而定。比如，如果教学以词汇为教学内容，评价的内容自然应该是词汇理解或词汇应用；如果教学内容是 email 阅读，那么评价内容显然就是对 email 中信息的理解。对阶段性目标达成评价时我们尤其要注意每个阶段每个活动的内容是什么。以本章案例 2[①] 为例，由于评价的是学生写的 email，而本单元的核心语法是一般过去时，在对该同学写作进行评价时教师侧重了对其语言的评价，尤其是 give 时态使用是否正确。就小学生而言，语法评价超出了学生的水平。所以，教师采用了教师施评的方式，指出其中存在的语法错误，然后由学生对照检查自己的 email。

在对学生编写的谜语进行评价时，针对评价内容的不同，本章案例 2 中毛老师采用的方式也不同。比如，当评价内容为学生是否理解了谜语时，采用的是学生提问的方式，由学生提问检查下面的同学是否听懂。在对小组编写的谜语是否符合要求评价时，采用的是教师评价的方式，侧重如何把谜语编的符合所属月份的要求。教师没有纠正语言问题，只是关注所反映的信息是否正确，比如这一个月应该是 cold 还是 hot 等，但是评价并没有完全采用独立评价的方式，而是与学生互动完成。

课堂中每一个活动都是基于具体的教学内容而设计的，在选择评价内容时我们应该考虑活动的内容是什么，目标是什么，从而确定评价应该集中的内容。

2. 根据教学目标选择评价内容

不管是知识教学还是技能教学，不同的教学阶段(包括课堂教学的不同环节和不同课时中同一项目的处理)教学目标有别。以语法学习为例，最初接触现在进行时可能只是要求学生理解即可，但是最终目标是要求学生能够应用。那么，不同阶段的评价内容也就应该有所不同。而在具体的课堂教学中，学生第一次看一个故事能够识别故事情节即可，但是课堂的最终目标可能是要求学生能够复述故事。那么，在不同的教学环节评价内容也应该不同。以下面的案例为例。第一次和第二次"Lost and Found"活动是学习衣物的英语表达方式，要求学生能够认读，评价自然侧重学生的认读能力，而最后的 Game Time 和 Let's Act 要求学生找到衣物的主人，则要求学生能够应用，评价也

[①]　本案例由北京市大兴区第七小学毛莉老师提供。

应该侧重于学生的应用能力，看学生能否完成任务，在完成任务的过程中学生是否能够正确表述衣物，能否运用阅读中学习到的内容。

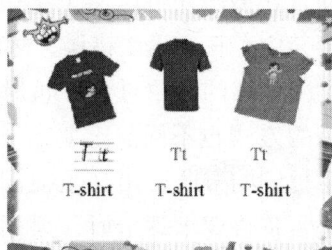

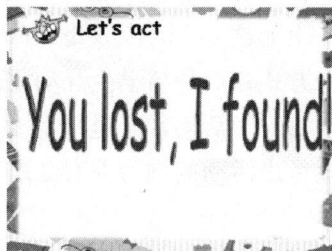

（摘选自北京市第二中学亦庄学校张思敏老师的课件）

3. 根据教学过程选择评价内容

一节课由若干环节构成，不同的环节教学目标不同。以词汇教学为例，其教学过程可能包括呈现（学生认识词汇，了解词汇的发音、词形和意义）、训练（学生根据提示反复使用词语以掌握词汇的音、形、意）和应用（学生应该用所学词语完成具体的任务）；听说教学可能由词汇学习、听对话识别具体信息、听识别交际用语、根据情境提示做替换练习和在具体情况下交际等环节。在选择评价内容时应关注不同阶段的教学内容和教学目标，使评价内容适合教学过程要求，以便教师能够了解课堂教学阶段性目标是否达成，从而根据教学评价管理课堂教学，适时调整教学组织，提高课堂教学效果。

4. 注意评价内容的综合性

如果我们关注教师每节课的教学设计就会发现，他们不仅制订了知识与技能目标，更制订了过程与方法，情感态度与价值目标。那么，在我们选择评价内容时就需要考虑评价内容的综合性。以本章案例 2 为例。虽然这是一节复习课，教师仍旧设计了三维教学目标(见下面的案例展示)，那么评价就应该涉及这三方面的内容。既要有对知识与技能的评价，又要有对学习策略的评价，同时还必须有对学生的情感态度和价值观的评价。从本案例的设计来看，教师通过询问学生在母亲生日时自己都做了什么，以及阅读学生写的 email 后的评价("You did so many things. I think you're a good boy. ")来看，教师把情感态度和价值观纳入了评价的范畴。而在反馈过程中要求学生解释自己如何获取答案的(如 How do you know?)也反映了教师对阅读过程的关注，虽然没有凸显其目标所列出的具体学习策略。每个教师都会在教学的不同环节对学生的各种表现进行评价，但是我们只有关注了评价内容的综合性，才能了解儿童的综合发展，才有助于达成小学阶段的教学目标。

【案例展示】

(1)知识与技能目标：

①学生能够在图片和文字的支持下，理解文本内容、了解 email 的书写格式，以介绍妈妈生日为主题，写一封 email 回信。

②学生能够通过自我检测练习复习月份及节日，并结合生活实际进行谜语创编。

(2)学习策略目标

①在阅读过程中培养学生找读、略读的阅读策略。

②引导学生在学习中注重合作学习，通过多次的小组合作学习，培养学生合作学习的意识和能力。

(3)情感态度与价值观：

培养学生的合作精神及关爱父母、关爱家人的积极情感。

(选自北京市大兴区第七小学毛莉老师的教学设计)

(二)如何选择评价方式

评价方式指收集评价信息的方式，包括终结性评价的测试、量规，包括形成性评价中的观察、互动对话、反馈，更包括课堂教学中教师所设计的评价活动。根据真实性评价的理念，教学活动本身既可以是帮助学生理解文本、应用语言的活动，也可以是评价学生理解和应用能力等的活动。评价方式的选择决定教师是否能够获取其想要的信息，评价方式不当就会影响数据的采集，从而影响评价的效度。虽然每位教师都有自己习惯的、倾向的评价方式，但是如果我们能够遵循以下原则，则可以提升评价的有效性。

1. 根据评价内容选择评价方式

评价内容不同，对评价方式的要求也有可能不同。比如，知识和能力的评价方式存在很大差别。当大家抱怨传统的标准化测试无法测量学生的语言运用能力时，这也就暗示着大家都理解，标准化测试只能评价学生的知识，不能评价学生的语言应用能力。而要评价学生的语言应用能力就需要设计真实的任务，通过学生完成任务的质量，通过其完成任务过程中语言的表现才能评价其能够运用语言传达信息、表达思想、交流感情、解决问题等。

比如，如果我们要评价学生使用物主代词和"Whose…Is this…"句型的能力，可以要求学生为失物找主人；如果我们仅仅是评价学生能够正确书写形容词物主代词，就可以采用翻译、填空的检测方式。如果我们要评价学生是否能够听懂"How can I get to…"等问路用语，可以让学生听问句回答问题，可以让其听然后选择对问句的解释；如果要评价学生能够用英语问路、指路，就最好设计真实性的问路活动，让学生通过角色扮演完成任务。但是，同一评价内容可以采用的评价方式不止一种。那么，又应该如何在众多的评价方式中选择最为适当的评价方式呢？这就需要我们关注儿童的差异，关注评价内容的认知要求。

2. 根据评价目标的认知需求选择评价方式

评价内容和评价目标不同对儿童的认知要求不同。布卢姆教育目标分类学中将知识目标分解为知识、领会、应用、分析、综合和评价 6 个层次。虽然小学阶段学习的内容不会涉及全部 6 个层次，但是仍然包括知识、领会和应用三个层次。知识表现为再认知，只要学生能够记住单词的音、形、意就达到了知识目标；只要学生能够复述对话同样也就达到了知识目标。但是，知识不代表理解。我们常说的鹦鹉学舌就是这个道理。学生能够重复但是未必能够理解。比如有些孩子小小年纪就能唱成人才会唱的歌曲，但是如果你要问他什么意思，回答多数都是"不知道"。那么，什么是领会呢？领会也称理解，其表现形式是用非文本符号表达文本符号所表达的内容。比如，用实物、图片、行为、图表呈现理解就属于领会的认知层次。当我们要求"Please open the door"时学生能把门打开，就说明学生理解我们的指令。当我们要求学生按照说明将物品摆放在教室里的具体位置，而学生能够做到，就说明学生能够读懂指令。如果学生能解释所读、所听，不管是用英语还是汉语，同样代表领会。我们常说的推理、推论自然属于领会的范畴。应用指在新的语境中学生能够在没有提示的情况下运用所学语言完成任务，在课堂语境中如果学生能够完成真实的交际、问题解决等任务也属于应用的范畴，即使教师可能给出语言提示。

3. 根据儿童的认知特点选择评价方式

知识、领会和应用的表现形式不同，对评价方式的要求不同。即使是同一认知层次的目标也会有多种表现形式。以故事阅读为例，学生是否理解了故事可以有多种表现形式。比如，学生可以用汉语讲英文故事，学生可以表演故事，甚至是哑剧表演。如果故事涉及不同的人物的不同职业，我们甚至可以让学生到屏风后面穿上与其职业匹配的衣服展示自己的理解。那么，到底应该选择哪种方式更为合适就需要我们考虑儿童的认知风格。我们知道，虽然每个人都可能具有 8 种，甚至 9 种智能，但是其优势智能不同；另外，儿童在学习风格和习惯于的表现形式也不同。为了评价的公平性，也为了每个儿童都可以展示其知识与能力，有必要根据儿童的特点选择适当的评价方式。最起码当评价目标是领会(理解)时，我们不要要求儿童非要用英语来回答，应允许其用任何方式，比如汉语、行为表演等。

4. 注意评价方式的多元性

既然评价目标表现形式各异，既然知识、理解、应用都可能有多种表现形式，而我们的儿童又表现出不同的智能优势、不同的认知风格，课堂评价方式最好多种多样，体现出对儿童差异的尊重。评价方式的多元要求我们在同一课堂上要变化评价方式，不能只是回答问题，不能只是小组展示，不能只是教师评价。可以帮助我们实现评价方式多元的方式很多，比如评价时可以明确学生可以选择任何表现形式，甚至给儿童提出可以选择的评价方式。这样就可以满足评价公平的要求。

三、如何有效开展形成性评价

【案例展示】

本节所选用于解读形成性评价的案例同本章案例 2(具体见附件第五章案例 2)。建议教师结合下面教师对评价的设计对照阅读(根据北京市大兴区第七小学毛莉老师的教学设计编辑)。

全班共分成三个大组，每个大组里有 3～4 个小组，每个小组有 4～5 名学生。课堂上，学生每回答完一个问题，其所在的大组长就通过翻牌的方式为本组记录所得分数。

【设计意图】

评价是英语课程的重要组成部分，恰当的评价方式不仅能促进学生自主学习能力的发展，还能帮助学生建立积极的学习情感。每节课，从上课伊始运用"记分牌"计分的评价方式，激发和调动学生的积极性，培养小组团结协作的意识。

教学资源运用：选用记分牌评价标志

Step 1 Warming-up

教师提问导入，学生根据问题进行回答。

（1）Duty report 值日生报告后，由各个小组的小组长打分，将得分写在记分表上。

（2）Free talk 根据值日生报告的内容，学生进行提问，并选择其他学生回答。

T：Who can ask any questions?（预设） S1：How old is she/he?

S2：…

（预设）S3：When is her/his birthday? S4：…

（预设）S5：What did she/he do on her/his birthday? S6：…

教学资源运用：积分表和记分牌。

Step 2 Reading

第一次阅读邮件，获取信息。

学生观察，了解 email 格式，回答教师问题。

预设 1：学生观察 email 格式，能够获取信息。

预设 2：学生观察 email 格式，回答问题。老师通过提问引导学生观察邮件格式，获取信息。

Step 3 Write an email

预设 1：学生回答：Yes，教师继续提问 What did you do? 引导学生相互提问。

预设 2：学生回答：No，教师引导学生思考 What can you do for mother's birthday?

教师根据学生的回答，在黑板上贴出相应的图片或写出相应的短语并且根据学生的回答内容适时进行情感教育。

【案例指引】

课堂教学中的形成性评价包括对阶段性目标达成的评价，主要通过活动反馈环节完成。本案例的可贵之处不只表现在具体授课过程中教师评价的操作，更表现在其在备课时对评价的设计。从上面的展示中教师们可以看到毛老师对每个阶段评价的设计。在具体的操作过程中，反馈时教师不只是关注学生的回答是否正确，同时还能关注学生阅读的过程，注重阅读策略的应用；不仅能关注学生语言能力的发展，更能依据学生的写作表现对其所反映出的情感态度价值观进行评价。

课堂教学形成性评价除关注阶段性目标达成以外还必须关注学生的学习过程，学生的参与，学生在学习中的表现，根据学生的具体表现给予有针对性的指导。本案例中，教师能够在学生活动时观察学生的行为，能够给予有针对性的指导。

（北京市大兴区第七小学毛莉老师授课视频截图）

教师不能不顾学生理解与否而盲目按照教学设计推进教学过程，教师不能不顾学生是否参与只是埋头讲课。课堂教学也因此离不开形成性评价。如下图所示，要达成教学目标，取得预想的教学效果需要依赖课堂教学实践，而课堂教学实践是教学计划的实施，同时又受输入因素的影响。如果课堂教学不能实施基于教学目标所拟订的教学计划（也就是我们常说的教学设计），如果教学计划本身是科学的，那就要分析来自输入因素的影响。我们是否充分考虑了学生的已有基础和需求，在教学过程中我们是否关注了学习者的差异，是否注意到儿童学习表现的变化，我们的教学资源、教学设施能否满足教学的要求，教师自身的执行能力如何。而要了解是什么因素影响了教学计划的实施，就需要教师开展形成性评价。

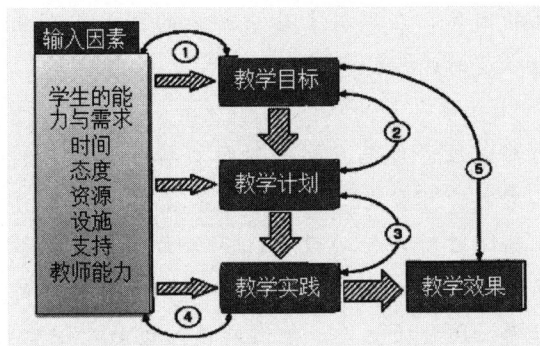

（译自 Genesee，F & Upshur，J. A. 第二语言课堂评估．北京：外语教学与研究出版社，2001：15）

（一）以诊断为目标

课堂教学中的形成性评价的核心功能是诊断，诊断阶段性目标的达成，诊断学生的表现，诊断教学是否正按照教学计划运行，诊断影响教学运行的因素。然后基于诊断信息调整教学活动，调整活动的组织，甚至调整教授的内容，对教学内容进行适当的取舍，达成课堂教学所能达成的教学目标，而不是预设的目标。

1. 诊断阶段目标达成

课堂是由一系列前后关联的活动组成的一个教学过程，教师有必要了解每个阶段目标的达成情况。形成性评价的任务之一就是帮助教师诊断在教学的每个阶段学生是否理解所应理解的文本，是否能够使用所应使用的语言。而对阶段性目标达成的诊断一般是通过每个环节活动反馈进行的。如下面的案例展示，教师通过提问举手的同学诊断同学们是否理解对话。当被提问的同学能够回答出 Liza，Liza's father 的建议时，教师可以判断回答问题的同学能够理解对话。通过反馈，教师同样了解到学生可以从对话中提取询问建议和提建议的方式。

【案例展示】

（1）学生听录音

（2）反馈

T：What about Liza's advice?

S1：She said that she should look at the computer menu.

T：Anything else?

S1：She should tell her father?

T：Yes?

Ss：Yes.

T：What about Liza's father's advice?

S2：You shouldn't play computer games.

T：Yes?

Ss：Yes.

（根据北京大兴小学英语教研员高新明提供的教学视频转录）

在诊断阶段性目标达成情况时我们必须关注所有的学生，而不能只是回答问题的同学。有时我们会发现当逐个提问学生时，会出现学生甲说"Sorry"，教师就把问题转移给乙，当乙同样回答"Sorry"时，教师就提问丙。当丙给出正确答案时，教师的这一轮提问便结束。在这种情况下我们唯一可以确认的是丙能够回答问题，甲和乙是否通过丙的回答就知道了答案，知道了答案是否就代表理解了课文，则无从了解。而至于其他同学的情况更是无从知晓。上面的案例展示中，教师提问时同学们纷纷举手，当老师问"Yes?"时学生几乎齐声肯定被提问同学的回答是正确的，我们可以判断不只是回答问题的同学理解了对话，其他同学同样理解了对话。只有当教师了解到绝大部分同学（95％以上）达成了阶段目标，最终达成了教学目标，才能算得上有效教学。

2. 诊断学习者的进步

课堂学习是学习者由未知到已知，由知识到应用的发展过程。如果评价涉及同类内容，前后评价内容应该有所不同，评价也应该侧重学生第二次的表现与第一次的不同，侧重学习者的进步。下面的"案例展示"部分呈现了阅读课先后两次处理 the uses of forests 时的师生互动。从前后两次学生的回答中我们可以看到部分内容重复。那么，第二次评价时就应该关注学生是否补充了新的信息，应该关注学生的进步，要求学生写出更多的用途。反馈时教师应该关注学生给出的答案与第一次相比有什么不同，比如第一个学生的回答中包含了第一次讨论森林时涉及的内容"The forest can stop the wind and the sand"，教师并且已经在黑板上板书，教师完全可以参照黑板上的板书，关注学生回答中所增加的内容（reduce the pollution）。如果说"I think you did a much better job"我们可以提出好在何处。

【案例展示】前后两次比较

（根据北京市大兴区第七小学齐斌老师授课视频转录）

· First reading：

T：Do you know the uses of the forest? Who can tell me?

S1：They can make the furniture?

T：（老师边重复，边在黑板上板书）Oh，furniture. Do you know the word？（学生齐声说 Yes）Do you remember in Charles' Choice，Unit 2 The bingo case，who does the furniture?

Ss：Liza.

T：Liza does the furniture. Excellent. Anymore?

S2：I think they can make the paper.

T：Good girl. Sit down. Should we use too much paper?

Ss：No.

S3：They can stop the wind and the sand.

T：Do you have any ideas?

S4：They can make the oxygen.

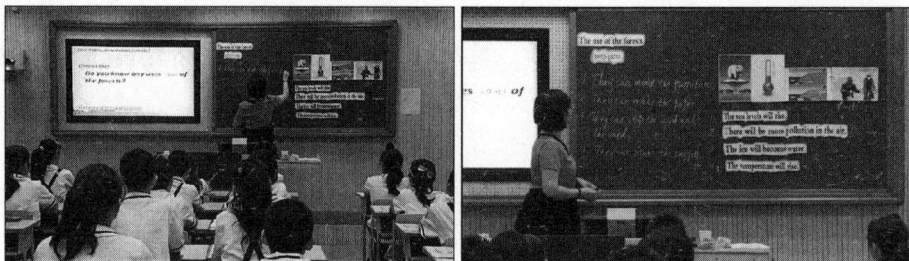

（北京市大兴区第七小学齐斌老师授课视频截图）

· Second reading

T：This time，who can tell me some uses of forests?

S1：I know forests can stop the wind and sand. They reduce the pollution.

T：Mm. They can reduce the pollution. Do you agree with her?

Ss：Yes.

T：I think you did a much better job. Any more?

S2：Let me try. Forests can reduce the noise. Forests can make oxygen.

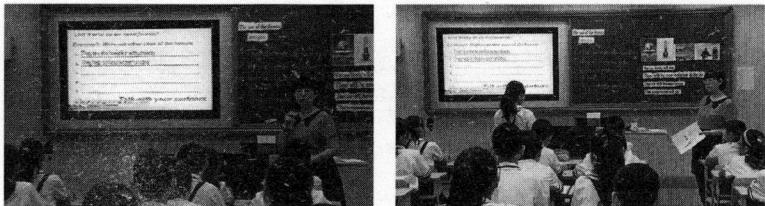

（北京市大兴区第七小学齐斌授老师课视频截图）

如果教师并没有像本案例中的教师一样设计了相同内容的两次评价，也可以从其他角度关注儿童的进步，比如其语音语调方面、流畅度方面、语言正确性方面，甚至课堂教学中所表现出来的主动性等。每个儿童都有其优点，都在进步，只要我们能让学生看到其闪光点，让其他同学也关注到他人的优秀之处，就可以激励儿童参与，提高教学效果。

3. 诊断学习过程

很多情况下学生回答正确未必代表真正理解。形成性评价也因此不能只是关注学生的回答是否正确，还必须关注学生的学习过程。这里所说的学习过程指的学生是如何阅读的，依据什么信息做出判断的。如本章案例展示"询问 Ken's mother's birthday"①为例，在学生回答出母亲的生日后教师要求学生解释自己是如何判断的，学生能够说出自己判断的依据。通过学生的阅读过程的诊断教师不仅了解了学生的理解程度，同时了解到阅读策略的使用。

听力教学中对学习过程的诊断更为重要。常规的课堂组织是学生听录音，然后回答问题。当一个学生不能回答问题时，教师接着问第二个学生，当第二个学生仍旧不能回答时再问第三个学生就失去了意义。因为，当学生不能回答时有可能学生根本就没有听懂，当问第二个学生时学生无法回答还增加了另外一种可能，那就是学生忘记了具体的内容。听力与阅读不同，阅读时学生在回答问题的过程中可以重读文本，但是学生却无法再次听录音。因此，当学生不能回答听力问题时教师有必要判断学生是哪地方没有听明白，然后重新播放相关语句，诊断影响学生听力的因素是词语、句式还是语音，如轻弱读、连读等，然后采用相应的措施，适当增补相关的技能训练。

4. 诊断学习者参与

由于儿童好动、注意力集中时间短，容易为外界所干扰等多种因素，课堂上常会出现个别学生走神、开小差现象，说话、玩游戏、发呆等情况。当

---

① 　本案例由北京市大兴区小学英语教研员高新明提供。

然，造成学生不参与的原因也有可能来自教学本身，比如活动设计忽视了儿童的需求，超出了儿童的认知能力，或者是与学生的优势智能不符等。形成性评价必须关注儿童的参与，更为重要的是当学生参与度不高、兴趣不浓时能够诊断原因是什么，以便根据具体情况管理和组织教学。

（二）评价方式多元化

形成性评价必须能够诊断阶段性目标的达成，诊断学生是否真正参与，诊断教学是否按照预设的流程运行。评价也因此必须评价多元化的内容，多元化的内容要求多元化的评价工具。那么，形成性评价都可以选择什么评价方式，如何才能提升形成性评价的有效性呢？

1. 合理选择反馈方式

反馈是教师获取学生学习状况的最主要方式，反馈方式选择是否合理决定着教师能否获得准确诊断信息。一般情况下，教师习惯于提问，或是教师点名提问，或是鼓励学生自愿回答，而学生也都想当然地认为教师要求学生用英语回答，造成语言表达能力较低的同学只能回复一个"Sorry"，或干脆就一句话不说。如本章第二部分所述，评价内容不同，评价目标不同，评价的方式也应不同。教师应根据不同的评价内容和评价目标选择不同的反馈方式，比如让学生到前面表演、绘画等。

一般情况下，反馈多是教师行为，学生处于被动的被评价位置。其实，反馈时教师应发挥学生的主体作用，让学生提问检查其他学生是否理解，同时监控其他同学的参与积极性。例如下面的谜语猜测的反馈。教师采用小组描述谜语，然后小组成员提问检查同学们是否听明白，是否能够猜测出词语的方式，不仅体现了学生主体，也丰富了反馈的方式。

【案例展示】谜语编写反馈

首先教师要求一个小组前面展示。

S1：It's very cold.

S2：I like this month.

S3：It starts with"J".

S4：It has four letters.

S4：Which is this month?

S5：It's July.

S4：（迟疑一下）Yes. You are right.

T：You are so clever. But I think. Listen. It's very cold? You can say it's very hot.

（教师引导四名学生把自己的句子再重复了一遍）Maybe it is June. It's July. What can you say? Maybe you can say the last letter is "y".

（根据北京市大兴区第七小学毛莉老师授课视频转录）

2. 多话轮交互

师生对话是一种十分有效的评价手段。活动中教师可以通过对话了解学生的学习状态、感受等。反馈更是通过对话完成。但是，多数教师与学生的对话只有两个话轮，即学生回答问题，教师给出"Good, Wonderful, Excellent, Good job"对话即结束。这种形式化的语言只有一种功能，即"你的回答是正确的，你可以坐下了，我们可以转移到下一个问题了"，起不到表扬鼓励作用。教师随意说的奖励方式，比如给学生一个小贴士，或者一个星星，一个笑脸等都变得是那样的苍白。

要提高反馈的效度，提升评价的有效性，教师就应该关注第三、第四，甚至第五话轮，通过与学生的互动引发学生思考，加深理解，促进思考。比如本章案例展示 "How do you feel" 为例，教师利用疑惑和追问的方式鼓励学生说出对森林砍伐自己为什么会感到气愤和担忧。

【案例展示】How do you feel?

T：If people cut down trees, how do you feel?

S1：I am angry and worried.

T：Mm, you are angry and worried（语调表现出疑惑）. Why?

S1：Angry because people cut down trees, many trees. I am worried because the trees are cut down,（there will be）not enough oxygen, and we cannot…

T：（学生似乎说不出来，教师利用手势口型配合）We won't be able to

T/S：Breathe.

（根据北京市大兴区第七小学齐斌老师授课视频转录）

再如下面的 Where is the Amazon rain forest? 的案例展示，教师与学生的交互多达十几轮，评价学生是如何了解亚马孙雨林。教师有效利用与学生的互动，通过追问的方式了解学生是如何获取知识的，不仅可以诊断学生的课外学习行为，同时也是一种学习策略的教育。

【案例展示】Where is the Amazon rain forest?

T：So the Amazon rain forest. Where is it?

S1：Is it in French?

T：You mean in France?

Ss：No，no.（学生纷纷举手）

S2：I think the Amazon rain forest is in Brazil.（重音错误）

T：He means…you mean Brazil.（示范正确的读音）

S2：Yes，Bra'zil.

T：Oh，do you know Brazil?（面向全班同学）

Ss：巴西。

T：How do you know this word?

S2：In book，in my English book.

T：In your English book.

S2：Not this school English book.

T：You mean maybe the New Concept English book.

S2：Yes.

T：Oh，thank you. Sit down please. Boys and girls，it is the largest rain forest. In Brazil，they have the largest rain forest. Are there any forests in China here?

…

（根据北京市大兴区第七小学齐斌老师授课视频转录）

(三)有效利用诊断信息

形成性评价的信息用于帮助教师调整教学活动和教学组织，完善教学过程，提高教学效率。如果教师不能有效利用诊断信息，教学就会受到影响。如果教师能够有效利用诊断性信息，有效调控课堂教学，有效管理学生的学习，则能促进教学的有效性。

1. 利用诊断信息调整教学设计

受环境等现场因素的影响，教师预设的教学设计未必能够完全实施。教师认为熟悉的内容学生有可能已经忘记，教师认为学生不会的内容学生可能已经掌握，这就要求教师根据课堂评价信息随机调整教学设计。以下面的"oxygen 教学"案例为例，按照教学设计 oxygen 是本节课的重点词汇，教师设计了 oxygen 的讲授活动，准备了卡片，教学中要反复朗读。但是，反馈中教师的诊断显示学生已经熟悉 oxygen，并且在回答问题时能够使用 oxygen，那么教师就可以省去原来的 oxygen 教学设计，而不是机械地按照原有设计处理教学内容。不管是听说、读写，还是词汇和语法，课堂教学中都会出现与设计不符的情况，教师要利用形成性评价信息调整教学设计，以促进有效教学的发生。

【**案例展示**】oxygen 教学

T：Yes，they plant trees. Anybody else，do you have other opinions?

S1：Because trees can… I think trees can produce oxygen.

T：Oh，×××knows the word"oxygen". Boys and girls，do you know this word?

Ss：Yes.

T：Now listen. I will show you what is oxygen. You see，oxygen is a kind of gas. We cannot breathe（教师深呼吸吹气）without oxygen. Do you understand?

Ss：Yes.

T：Oxygen. You see，if we don't have enough oxygen，we won't be able to（学生一起说）breathe. Now，show me your hands. Put your hands on your mouth. Can you breathe?

Ss：No.

T：That's oxygen. OK. Let's read the word together. Oxygen.（*领读两遍后*）Oxygen means?

Ss：氧气。

T：Oxygen。（*领读2遍*）

（*根据北京市大兴区第七小学齐斌老师授课视频转录*）

2. 利用评价信息为学生提供指导

很多教师都会为无法满足学生的多元需求所困，即使我们根据学生的语言基础、学习风格、多元智能差异，甚至是兴趣爱好，设计了多种多样的活动，采用多元的评价方式，仍旧难以无法满足学生的个性化需求。这就要求课堂教学中教师利用形成性评价手段，通过观察、互动，根据学生的具体表现发现其个性化的需求，提供有针对性的指导。比如，从下面图中教师的行为可以看出，教师能够关注学生的具体表现，指导学生完成任务。

（北京市大兴区第七小学齐斌老师授课视频截图）

（北京市大兴区第七小学毛莉老师授课视频截图）

3. 利用评价信息管理课堂

日常教学中常会有不参与、甚至是调皮捣乱的学生，需要教师维持纪律。但是，如果只是强迫其参与活动，强迫其学习，即使学生不再捣乱，也难保证其学习。正如"You can lead a horse to the river, but you cannot make it drink"一样。教师要诊断这些学生为什么不参与，为什么不感兴趣。是因为不会，无法参与；是因为不感兴趣，不想参与；还是被忽略，想得到教师的关注。只有当教师了解其影响因素才能采取具体的应对措施。比如，有的学生，尤其是坐在边沿或者后排的学生容易被教师忽视，当学生举手几次教师都视而不见得不到发言的机会时，这些同学就会放弃。教师要关注所有的同学，为了所有学生的成长而教学，为了所有学生的进步而评价。只有当所有的孩子都成长了，都全面发展了，我们的教学才能称得上是有效教学。

四、如何有效开展终结性评价

【案例展示】

本案例是一节词汇课，根据北师大版小学英语教材第七册"Unit 5 Mocky's birthday"设计。下面展示的是其教学目标和终结性评价设计。①

———————————

① 本案例由北京小学翡翠城分校张杰老师提供。

教学目标

1. 学生能够正确认读 January，February，March 等 12 个月份的单词和 spring，summer，autumn，winter 表示季节的词汇；能够识别 year，month，date，forgot 等词汇。

2. 学生能够根据听力信息区别日期，正确指认图片。

3. 学生能够运用 "How old are you ?""When's your birthday?"等语句准确描述、询问或回答自己及他人的年龄和生日。

4. 学生通过制作生日贺卡的活动，了解同学的生日信息，培养学生团结友爱、关心他人的情感。

教学设计

一、布置任务："制作生日贺卡"

(一)将生日贺卡模板展示给学生，说明填写要求。

(二)与一名学生进行对话，作为范例给学生示范。

1. 呈现问题，与学生进行交际。

Hi，How old are you ? When is your birthday?

2. 填写生日贺卡，呈现范例，明确任务要求。

二、组织学生进行调查记录。

【案例指引】

终结性评价以判断课堂教学目标达成情况为目标。评价内容是否得当，评价方式是否适合将决定评价的效力。教师有必要了解目标达成的确切信息，分析影响目标达成的因素，以便调整接下来的教学设计。课堂教学也因此不可忽视终结性评价，教师也必须具有终结性评价的意识，同时也必须在教学设计中关注终结性评价，在具体课堂教学中实施终结性评价。

本案例中教师将最终的课堂目标定位在制作生日贺卡，是符合课堂目标设计要求的。因为，卡片的制作过程有学生的交互，有所学语言的应用，可以评价学生能够听懂年龄等信息，能够表达年龄等信息，同时还能评价学生的笔头写作能力。而制作生日蛋糕的活动还可以培养学生的情感态度，培养学生之间的情感。

终结性评价的方式很多，但是要保证评价的效度和信度，在设计评价活动时就必须考虑教学目标的多元性、差异性，关注评价目标的认知需求，关注学习者的差异，同时尊重学生在评价中的主体地位。

(一)评价要关注目标的多元性

任何课堂不可能只有一个目标，任何课堂也不可能只有一种目标，但是每节课都有其核心教学目标。尽管《课程标准》提出由语言技能、语言知识、情感态度、学习策略和文化意识共同构成课程目标，尽管我们也都认可小学英语教学除英语语言知识和技能以外，我们还必须把儿童的认知能力、学习能力以及生存能力作为教育的目标之一，但一节课不可能达成所有的目标。在我们设计和实施终结性评价时首先必须关注目标的多元性，在此基础上注意区分核心目标与辅助目标。

1. 终结性评价应侧重儿童的语言应用能力

受应试教育的影响，有些教师习惯于将考试中的评价方式迁移到课堂教学之中，比如在课堂快要结束时做一下选择填空等。这种现象虽然在小学阶段相对较少，标准化测试仍旧占据终结性评价的核心位置。但是，目前的标准化测试很难测量儿童的语言应用能力，更难评价儿童的综合素养。即使是期末考试，在小学阶段目前也提倡任务性的测试，比如让儿童做一个故事节目表演就比做一张标准化测试的卷子更能评价儿童的语言能力以及非语言素质。由于语言学习的阶段性，某些课堂教学并不要求达到应用的程度，但是最终应以评价儿童的语言应用为目标。也就是说，如果我们把有关同一内容的几节课综合起来考虑，其课堂的终结性评价最终应该是以应用为目标。

应用能力的评价需要我们设置语境，儿童为了一个真实的目的，通过阅读、听、对话等方式完成一个真实的任务。以本部分的案例指引中的词汇课上的终结性评价为例，课堂最后一个活动既是应用活动，也是评价活动。活动要求学生询问对方、了解对方的生日，然后制作生日贺卡，任务具有真实性，而要完成这个真实的任务，学生就需要运用本节课所学的词汇和句型获取信息，并且在贺卡上表达出来。由此来看，本案例的终结性评价能够评价学生的语言运用能力。

2. 终结性评价目标应该具有多元性

尽管具体的课堂评价中终结性评价有可能侧重语言知识和理解，尤其是词汇学习中可能会出现这种现象，但考虑到小学英语教学的课程目标，课堂评价不应只是对语言知识，乃至语言应用能力的评价，应该包括非语言目标。本部分案例指引中的课堂教学目标描述中提到要"学生通过制作生日贺卡的活动，了解同学的生日信息，培养学生团结友爱、关心他人的情感"，那么终结性评价也应该将此作为评价内容之一。案例中要求学生询问同伴生日，并为其制作生日贺卡的活动不仅可以评价学生的语言运用能力，同时还可以起到培养团结友爱和关心他人的情感。至于如何评价儿童是否具有这种情感，就要通过学生在同伴问答中的表现来判断。一般情况下，我们很难、而教师也不习惯设计专门评价学生情感态度的终结性评价活动。这不等于说我们可以忽视对这种非语言目标的评价。

3. 终结性评价应该指向课堂核心目标

很多教师都会设定多项课堂教学目标，有阶段性目标，有终极目标；有知识与技能目标，有过程与方法目标，也会有情感态度目标。那么，终结性评价应该选择什么为评价对象呢？是选择其中一部分，还是针对每项目标设计一个活动？如果我们设计的终结性评价活动能够同时评价多项目标自然最好不过，如本部分案例指引中的评价活动。但是，当我们很难用一个活动评价所有目标时就有必要分析哪是核心目标，哪些是在评价核心目标时可以附带评价的目标。以下面的案例展示[①]为例，教师预设了三维目标，从案例最后设计的"Lost and Found"游戏来看，教师把语言运用能力作为核心目标，而情感态度和学习策略的培养隐含在教学过程中。

【案例展示】

教学目标

知识与技能目标：

1. 学生能够初步听懂、会说、认读词汇 skirt 和 T-shirt；能够初步听懂、会说、认读句型"Is this your …"及肯定回答语"Yes. Thank you"；能够听、说、认读和书写字母 Ss 和 Tt。

2. 学生能够理解课文对话大意，并进行简单的交流。

3. 学生能够唱英语歌曲。

---

① 本案例由北京市北京第二中学亦庄学校张思敏老师提供。

过程与方法目标：

1. 利用歌曲、图片，进一步学习对话中有关单词和句型。

2. 初步渗透联想、猜测、学科整合，知识迁移的学习策略，运用"拍苍蝇""接龙游戏"等活动，帮助学生听懂、理解，并学会和使用新单词和句型。

3. 通过教师示范"创设情境，活学活用"学习策略，使学生能根据对话角色扮演，从而培养学生运用语言进行交际的能力。

情感态度与价值观目标：

1. 通过本课的学习，引导学生初步养成良好的听、说、读的习惯。

2. 通过丰富有趣的活动，初步培养学生的合作意识，树立助人为乐的精神和看管好自己物品的良好行为习惯。

3. 通过对英语歌曲的学习，学生能够体会到学习英语的乐趣。

终结性评价设计

Lost and Found 失物招领

T：We have a very good time，but there are still many things in the "Lost and Found"．It's all yours．And now let's help your classmates find their lost things．Whose pencil-box?

S：It's mine.

T：Is this your pencil-box?

S：Yes．Thank you.

T：Take care of your things．Now who wants to help? Who wants to be me?

教师示范结束后让学生完成这个活动。

设计意图：将新旧知识结合，帮助学生运用"创设情境，活学活用"的学习策略，与实际生活相联系，积极运用所学词汇和句型与老师、同学进行交流。让学生从认识单词和句型转化为在生活中的运用。在学习过程中，培养乐于助人精神和看管好自己物品的良好行为习惯。

(二)评价要关注评价内容的多元性

评价目标提出了评价的标准，同时规约了评价的内容。课程提出了培养儿童语言运用能力的目标，语言运用能力也因此就成为评价的内容与目标。内容指评价应评价什么，而目标则代表应该达到的水准。从内容的角度而言，终结性评价应该涵盖语音、词汇、语法、功能、听说、读写，包括学习策略、文化、世界知识，同时还应该包括听、说、读、写的能力。北师大教材小学英语教材中的"Self-assessment"就很好地展示了这一点，既有词汇的评价，也有语法评价，更有听、说、读、写能力以及学习态度、兴趣爱好的评价。

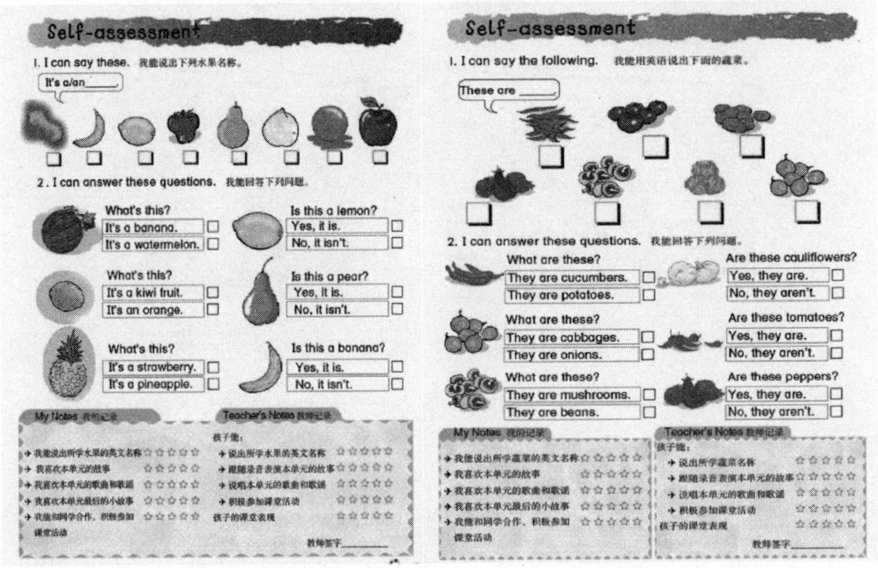

（程晓堂，王蔷，Ken Methold. 英语第四册. 北京：北京师范大学出版社，2007：13，25）

1. 根据课堂教学目标选择评价内容

每节都会涉及很多内容，既有词汇、语法，还会有听、说、读、写，更有学习策略与文化。那么，终结性评价应该选择什么内容呢？我们首先要考虑的是这节课的目标是什么，尤其是核心目标，没有必要把课堂中涉及的内容全部纳入评价的范围。以下面的 Unit 3 School sports day 为例，教学涉及与运动相关的很多内容(参见下图)，词汇方面包括"run, win the race, jump high, decide, prize"等；语法方面包括一般过去时、情态动词"can"和"be going to"，更包括祝贺用语"congratulations"。那么，假设我们以知识与技能作为评价的主要内容，该如何选择呢？是否应该包括这诸多内容呢？显然不是，内容的选择应该基于课堂教学目标。

（程晓堂，王蔷，Ken Methold. 英语第七册. 北京：北京师范大学出版社，2007：26，27）

如果课堂目标是能够用 first，second，third 和一般过去式描述比赛结果，如下面的案例展示所示，那么，评价的内容就应该以"first，second，third"，一般过去时和故事复述为内容，而不是包括所有的单词和语法，而该案例最后的复述故事的设计也许可以评价学生次序的表达能力，但是由于教师提供的模板给出了动词的一般过去时，这个设计就很难评价学生一般过去时的应用。

【案例展示】

知识与技能目标：

1. 能够在图片情景中理解连环画故事内容，对配图故事进行朗读和分角色朗读。

2. 能够在连环画故事的情景中阅读理解语篇故事，找出比赛的结果，并运用表示次序的词汇：first，second，third 和过去时态简单描述比赛结果。

3. 能够在板书图片、文字和老师的帮助下简单复述故事。

情感态度目标：通过故事的学习，学习 Mocky 的集体荣誉感。

学习策略目标：能够就不知道的内容提出质疑并能通过阅读和交流解决学习中的问题。

评价设计：

复述故事

> Yesterday was school sports day.
> ＿＿＿ ＿＿＿ and ＿＿＿ ran in the first race.
> ＿＿＿ was ＿＿＿. ＿＿＿ was ＿＿＿. ＿＿＿ was ＿＿＿.
>
> ＿＿＿ ＿＿＿ and ＿＿＿ ran in the second race.
> ＿＿＿ was ＿＿＿. ＿＿＿ was ＿＿＿. ＿＿＿ was ＿＿＿.
>
> Mocky was sad. He decided to do the high jump. And he was ＿＿＿

教师示范根据板书复述故事。

Do you like the story? Can you retell the story?

Let's try together.（引导学生根据板书简单复述故事）

（摘自北京市大兴区第八小学刘宝莲老师的教学设计）

2. 评价应关注非语言内容

翻阅各地各学校的期末考试、结业考试或升学考试的试卷就不难发现，目前终结性评价仍旧以语言知识和语言技能为内容。但是，课堂终结性评价应该将非语言内容纳入评价范围。这里所说的非语言知识指英语学习中的语音知识、词汇知识、语法知识以及听说读写知识以外的知识，包括儿童的兴趣、态度、生活知识、学习方式等。我们并不提倡在课堂结束时教师单独设计一个活动，或者用评价量规对这些非语言知识进行评价，但是在选择评价内容、评价方式时我们有必要考虑我们所选择的评价方式是否能够从某个方面反映儿童非语言以外的东西。

3. 注意评价内容的典型性与代表性

评价是通过学生在个别任务中的表现推断其所掌握的知识以及运用语言进行交际的能力等，评价内容也因此都是在众多学习内容中选取的样本。如果样本选择不够典型、不够有代表性或者缺乏类推性，评价的效度、信度和公平就会受到影响。课堂教学终结性评价虽然不算什么高利害评价，但是我们仍需考虑评价内容的典型性与代表性。以词汇评价为例，应该选择使用频率较高的活跃性词汇。如果单元话题不是水果名词，我们就需要考虑是否需要将颜色名词列入评价内容。如果要评价颜色，我们也要考虑选择哪些颜色名词，尽管教材中的"self-assessment"包括了颜色名词，水果名词（如上面的"self-assessment"案例）。

（三）评价方式的多元性

传统的终结性评价常以测试为主要评价工具。测试也许能评价学生的语言运用能力和部分信息知识，但是却无法评价学生的情感态度、过程与方法。那么，应该如何选择终结性评价方式呢？

1. 评价方式应符合评价目标的要求

评价方式必须符合评价目标的要求，尤其是符合所评价内容的真实表现形式。如果评价的是学生是否能听懂问路，可以让学生在地图上画出行走路线，而没有必要让学生听选项，或者用英语回答。如果要评价儿童是否理解方位介词 on, in, under, 可以让学生听画出物品的位置, 或者在所给图片上标出物品的位置。如果评价学生是否理解故事的情节, 可以让学生根据故事选择图片。但是, 如果评价目标是语言的应用, 比如本部分案例指引中的案例, 就需要设计任务型活动, 要求学生询问对方的生日为其制作生日贺卡等。如果评价学生是否能使用 should 提建议, 那就要设计问题情境, 要求学生给出相应的建议。

2. 评价方式要具有唯一性

评价必须保证通过评价所展示的信息是学生的真实理解水平, 真实应用能力。如果学生不能表现自己的知识、理解和应用能力, 那只能是因为其缺乏相应的知识, 没有理解或者根本就不会用, 而不能是其他因素。也就是说, 评价要杜绝干扰变量的影响。如果评价的是学生能够听懂"How can I get to Tian'anmen Square?"就应允许学生用汉语说问路者问的是什么, 也可用汉语说从某地如何去。而如果让学生用英语回答, 那评价的就不是学生是否能够听懂, 而是能否会表达(尽管这里指路是以听懂别人问路为基础的)。如果评价的内容是儿童是否听懂每个人是做什么工作的, 可以是让其将人物与职业图片匹配; 如果条件许可也可以让学生穿上相应职业人员穿的衣服, 或者是做一个该职业的典型的动作。我们同样可以通过纸笔测试的选择进行评价。如果学生不是根据听到的内容选择适当的图片, 如服饰、工作场所、典型动作等, 而是选择英文单词, 那么我们评价的就不只是学生能否听懂, 同时还包括能否识别职业的英语表述方式。要确保评价的效度与公平, 就必须遵循唯一性原则。

3. 评价要关注评价目标的认知需求

不管是词汇、语法, 还是听力、阅读, 都会包含知识、领会(理解)和应用等不同的认知层次。认知层次不同, 对评价方式的要求也就不同。以对食品名词和"I like…"句型的评价为例。如果只是理解, 我们要首先明确是听力理解还是阅读理解。如果是应用, 我们也要首先区分是口头应用还是笔头应用, 然后根据理解和应用的认知要求选择适当的评价方式。

如果目标是听力理解, 我们可以让学生听客人点餐, 选择食品图片。如果是阅读理解, 可以让学生阅读, 将食品图片与客人匹配。但是, 如果是口头应用, 就要求学生根据提示口头点餐, 如果是笔头应用可以让学生写出自己要点的食品。

小学阶段有很多对话教学, 教师倾向于采用学生对话的方式评价课堂目标达成程度。这时，我们必须明确自己的课堂具体要做什么。有些出版社提供的小学英语教材没有设计阅读活动，更没有设计阅读评价。我们教师也往往忽视阅读理解的评价。如果对话是借东西的对话，评价目标又是阅读理解或者笔头输出那应该如何评价呢？只要我们考虑一下评价目标的认知层次与认知表现就不难设计。对"Can I borrow your…?"的阅读理解评价可以是让学生阅读纸条，判断要借的是什么东西，然后选择适当的图片。如果是笔头应用，可以让学生给同伴发短信(根据信息技术的发展也可以设计成微信等方式)借东西。在选择评价方式时必须注意有没有必要要求学生笔头输出，应允许学生用汉语、动作、图画等方式回答。

4. 设计真实性评价活动

鉴于小学课程目标的要求，根据儿童学习的特点，我们提倡在小学英语课堂上设计真实性的评价活动，这样不仅可以评价学生的语言应用能力，同时还可以评价学生与人交流、相处、合作的能力，评价儿童的情感态度，培养良好的习惯，促进孩子的成长。

真实性评价活动的设计需要教师考虑所要评价的内容在现实生活中的表现，根据其现实生活中的表现设置场景、选择角色、布置任务。以上面提到的食品和"I like… Do you like…"的评价为例，可以设计到朋友家做客的场景，也可以设置饭店场景。由于是儿童，可以让学生扮演家长或者是小朋友的角色(不宜让学生扮演服务员)，要求小朋友通过询问为做客的朋友选择水果或者是食品。在设计任务时，我们要关注儿童的年龄特点，不要超出儿童的年龄认知，以有利于儿童的成长为目标。

(四)评价要体现学生主体

评价的发展要求我们评价必须关注儿童的多元需求，尊重儿童的差异。不仅要评价预设目标是否达成，同时也要评价目标制定是否合理。所有这些所反映的都是对儿童在评价中主体地位的尊重，目的在于使评价有利于儿童的发展，促进儿童的发展。

1. 评价要具有选择性和开放性

儿童已有基础、学习习惯、学习能力的差异使得我们不得不关注教学目标的差异性。而为了让不同层次的同学都可以看到自己一节课的收获，评价也因此必须使不同水平的学生能够展示自己所学，展示自己的发展。这就要求评价必须具有开放性或选择性。比如故事理解的评价就可以让学生阅读故事将图片排序，可以是哑剧表演，甚至可以是用汉语讲。但是学生也可以用英语讲述故事，或者采用短剧的方式表演出来。教师不限制学生如何表演，同时表示欢迎学生以任何方式展示自己的理解。

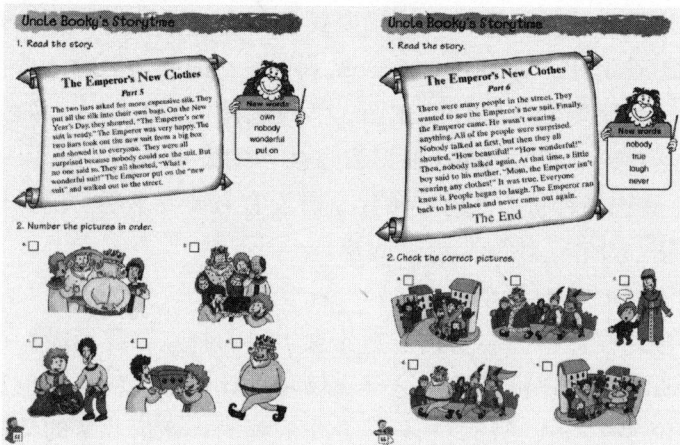

(程晓堂，王蔷，Ken Methold. 英语第十册. 北京：北京师范大学出版社，2007：58，66)

　　评价的开放与选择还体现了对学生优势智能差异的尊重。如果评价只是要求学生以一种方式展示就会有潜在的惩罚的威胁。如果学生只能以表演的方式展示自己对故事的理解，那么，表演能力差的学生就很难充分展示自我；如果评价要求学生根据故事画连环画，那只有绘画能力强的同学能够胜任，对其他同学就是一种惩罚。当然，我们总是习惯于让学生阅读后选择，阅读后回答问题。但是，语言表达能力欠佳的同学同样会在某种程度上受到不公平待遇。评价方式如果不能适应儿童的差异，那就不只是公平与否的问题，不只是是否体现了学生主体的问题，而关系到我们能否得到我们想要的信息。我们也因此必须慎重选择评价方式。

　　2. 协调教师评价与学生评价

　　随着评价理念逐步为广大教师所接受，很多教师开始重视学生自评和互评在学习中的作用。北师大版小学英语教材每单元后的"self-assessment"体现了对学生评价主体的尊重。然而，要提升评价的有效性不是学生自评和互评本身就可以解决的问题。就终结性评价而言，本质上还是教师对学生的评价。课堂活动由老师设计，测试题由教师编写，成绩由教师判定，学生仍旧处于被评价的客体位置。课堂教学是教师实现学生主体的有力平台，但是如果把终结性评价的权利移交给学生，同样会影响评价的效果，因为学生还不具备实施教师所要评价的能力。因此协调教师评价和学生评价的关系十分重要。

附录

第五章案例 1

这是一节阅读课，由北京市大兴七小齐斌老师提供。教材材料为北师大版小学英语第十册"Unit 9 Life in the year 2050"。

课堂教学开始教师呈现两幅图片，教师通过 Who were in the forests? Where did they do? 与学生交流导入话题。当一名学生给出对 Who were in the forests? 的回答之后，教师问 Do you agree? 其中一名学生说 no，教师便鼓励其发表自己的看法。

在学生回答完问题后，教师提问 Do you know why they plant trees? 一名学生给出自己的回答后，教师鼓励其他学生 Anybody else? Do you have other opinion? 当学生回答出能够产出氧气时，教师能够诊断其他同学是否了解 oxygen? 如：

S：I think they can produce oxygen?

T：Oh, you know oxygen? Boys and girls, do you know oxygen?

接着教师通过形体语言和英语解释阐释什么是 oxygen，领读 oxygen。

然后老师用三张图片，通过与学生的交互让学生了解 there are fewer and fewer trees，同时也设置了问题情境"Why there are fewer and fewer trees"再接着播放视频。

视频之后教师引导学生思考"What happened to the forests?"

T：What happened to the forest，who can tell me?

S：People are cutting down the trees.

T：Oh，people cut down the trees. Do you know "cut down"? Cut down means cut down trees(学生一起同时重复 trees)，trees will fall down(学生与教师同时一起重复 fall down). If people cut down trees，how will feel?

S：I am angry and worries.

T：You are angry and worried. Why?

S：I m angry because…(在此期间教师不时引导学生，学生给出了很好的解释)Excellent. Do you understand her?

Ss：Yes.

T：(Summarize)…told us if we cut down trees，we won't be able to…(学生一起说出 breathe) maybe we will die.

这之后教师领读 oxygen，又邀请两个学生说出自己的感受。

教师提问 Do you know the uses of forests? 教师把学生的回答书写在黑板上。然后领读。

在总结学生给出的森林的基础上导入阅读课，学生阅读回答两个问题(提示学生在文章中标出答案)。

1. Why do we need the forests?

2. Which is the largest rain forest in the world?

学生阅读过程中教师穿行于学生中观察学生的阅读情况，反馈采用学生自愿举手教师提问的方式，学生回答后教师问学生是否赞同，然后教师给出参考答案。在问及 Where is the largest rain forest in the world? 时通过交互引导学生说出 Brazil 以及如何知道的。

Ss：Is it in French?

T：You mean in France?

Ss：No.

S2：I think the largest rain forest is at /brenzil/.

T：He means(升调)(引导该学生说出 Brazil). Oh，you mean Brazil? Do you know Brazil?

Ss：巴西。

T：How do you know this word?

S2：In book，in my English book. Not this English book.

T：You mean the New Concept English book.

S2：Yeah.

接着教师询问学生是否知道中国的森林都有哪些，并且询问学生是如何知道的。

学生阅读第二篇文章，回答 If we cut down more trees，what will happen?

（与学生协商他们需要多长时间阅读。）

反馈时教师屏幕呈现文本，学生说出能够回答问题的句子，教师在屏幕上画线。之后，教师领读提前写在黑板上的句子（其实就是问题的答案，说明砍伐森林带来的危害），并且要求学生将其与图片匹配。

If we keep cutting down more trees

a.　　b.　　c.　　d.

1. The sea level will rise（ c ）
2. There will be more pollution in the air（ d ）
3. The ice will become water（ a ）
4. The temperature will rise（ b ）

学生阅读 passage 3

反馈时教师利用图片让学生了解空气污染。

教师问学生"Well ，boys and girls，there are three passages. Which shows the idea of the title?"当学生回答："I think it is passage 3"时教师追问道"Why do you think is passage 3"。

要求学生完成题页上的练习 Match the causes with the results.

在学生活动的过程中，教师小声提示"If you have finished，you can discuss with your partners"，反馈采用学生举手教师提问的方式。

学生讨论完成 Exercise 3，写出 other uses of the forests，教师首先给出两个 examples，学生朗读，之后学生两人一组讨论。反馈仍旧采用的是 volunteer 的方式。

教师一句话总结所学，然后播放一个视频，让学生看看我们现在的家庭，感受环境被破坏的程度，然后由视频呈现问题 What should we do?

教师首先问 How do you feel? 两名学生回答后，教师说 It's time for us to discuss what we should do next.

小组讨论问题解决方式，如何环保。教师监控，不时参与个别小组的讨论，或与个别同学交流。

课堂上，教师并没有完成学生讨论如何解决问题的环节，教师交代下一节展示每个小组的答案。

下面是教师的设计。

Group Discussion(小组讨论)

1. Talk in your groups(小组讨论)

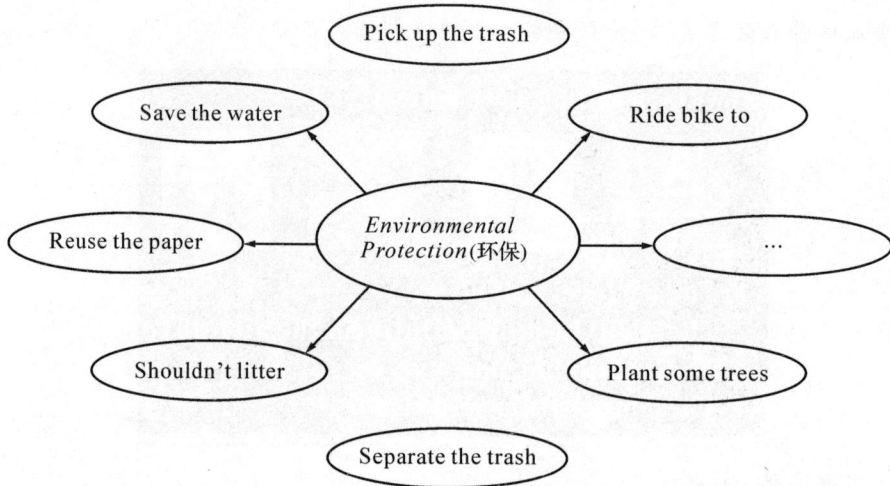

Group leader(组长)：Now let's begin our group work. What should we do? / Why?

Group member(组员)：I think we should…/because…

2. Group leader：Let's write down what we should do here.

About me：

Name：_____

Class _____, Grade _____

(choose one to finish：任选其一完成)

1. I think the forests _____

_____

_____

2. I think I should _____

_____

_____

第五章案例 2　执教老师设计的学习效果评价

学习效果评价

【目标 1】检测活动：练习 2

通过完成读后练习 2，检测学生理解语篇大意的能力。

Match the causes(起因)with the results(结果).

1. If there is no oxygen,　　　　a. sea level will rise.

2. If we cut down too many trees,　　b. we won't be able to breathe.

3. If the world becomes hotter,　　c. we will have a better future.

4. If all the ice becomes water,　　d. there will be less oxygen

5. If we plant more trees,　　　e. the ice in the north will become water.

　　学生在学习完整语篇后，完成此项练习。在语篇学习过程中，学生在图片、视频的支持下，有效地了解了森林的作用和人类砍伐森林带来的后果。比对课堂中完成练习的实际效果，学生能够很好地根据起因找到相应的结果，并在文中找出相关的描述。

【目标 2】检测活动

　　通过读后练习 1 和练习 3，检测学生认读理解 the largest /be able to/cut down/disappear/forever /temperature/north/oxygen/reduce/sea level/fewer and fewer 等词汇的能力。

　　在完成练习 1 的过程中，学生能够较为熟练地完成图文匹配，并朗读出含有 temperature/north/ sea level 等词汇的句子。在完成练习 3 的过程中，学生根据板书和图片提示，能够用 oxygen/reduce/fewer and fewer 等词汇描述森林的作用。

（习题内容见下方）

练习 1：Match the pictures with the sentences.

 a.　b. 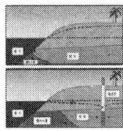　c. 　d.

1. The sea level will rise. （　）

2. There will be more pollution in the air. （　）

3. The ice will become water. （　）

4. The temperature will rise. （　）

练习 3：Write out some other uses of the forests.

1. They are the home for many animals.

2. They can hold the water on land.

3. _____

4. _____

5. _____

【目标 3】检测活动

　　通过小组讨论形式，让学生描述生活中落实环保的具体措施。

　　Talk in your groups（小组讨论）

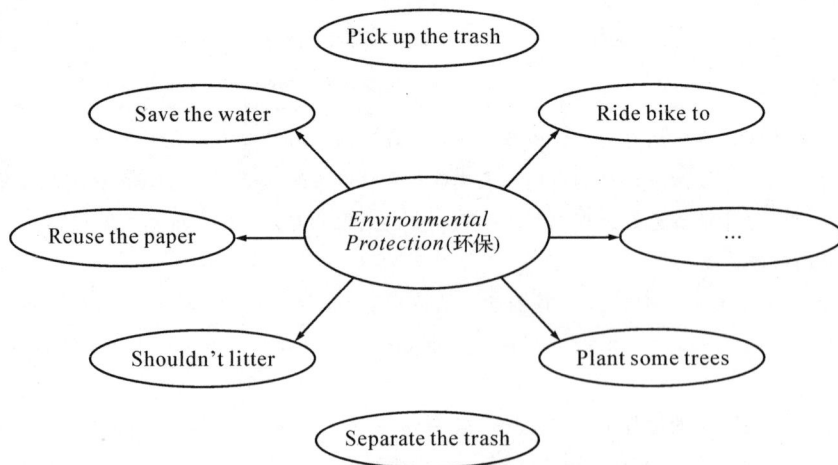

续表

Group leader(组长)：Now let's begin our group work. What should we do? / Why?

Group member(组员)：I think we should… /because…

在小组讨论活动中，学生根据自身的环保经验与组内成员进行交流分享，这一点体现了他们已将环保理念进一步落到实处，开始思考环保的实际意义。

【目标4】德育目标

本节课的德育目标就是增强学生的环境保护意识，促进学生在日常生活中落实环境保护。本课时中，通过语篇学习，学生对森林的作用有了进一步认识，同时也增强了学生进行环保的决心。通过观看有关环境问题的两段视频，激发了学生对环保的热情，使他们认识到环保的重要性。通过课前搜集的"环保知识"也是学生对"环保"概念的一次深入了解，使学生明确了环保的意义。

参考文献

- **案例**

1. 蔡连昆. 小学英语五年级上册 1—3 单元 Review

2. 常丽珍. 小学英语二年级下册 Unit 8 Are these tomatoes? 第二课时

3. 陈岩. 小学英语三年级上册 Unit 1 Don't walk 第四课时

4. 崔莉. 小学英语一年级下册 Unit 7 Animals 第一课时

5. 崔晓梅. 小学英语五年级下册 Unit 9 A football game 第六课时

6. 董莹莹. 牛津初中英语八年级下册 Unit 3 Online travel

7. 董宣. 小学英语三年级上册 Unit 4 We love animals 第四课时

8. 付丹丹. 小学英语六年级上册 Unit 4 Choosing a gift 第一课时

9. 郭宇巍. 小学六年级 Unit 5 The broken computer 第三课时

10. 贾颖. 小学英语六年级上册 Unit 5 The broken computer 第一课时

11. 贾颖. 小学英语三年级下册 Unit 11 Green berries 第二课时

12. 李晓娟. 小学英语三年级下册 Unit 7 At the restaurant 第二课时

13. 李效全. 小学英语五年级下册 Unit 9 A football game 第六课时

14. 刘宝莲. 小学英语第七册 Unit 3 School sports day 第一课时

15. 刘洁. 小学英语四年级下册 Unit 8 I like Bobby 第三课时

16. 刘志敬. 小学英语四年级下册 Unit 10 Let's go! 第三课时

17. 宁静. 小学英语五年级上册 Unit 2 Mocky's bad day 第三课时

18. 宁静. 小学英语五年级上册 Unit 2 Mocky's bad day 第三课时

19. 毛莉. 小学英语第七册 Unit 4 Mocky's birthday 复习课

20. 齐斌. 小学英语六年级下册 Unit 9 Life in the 2050 第三课时

21. 齐斌. 小学英语第十册 Unit 9 Why do we need forests? 第三课时

22. 乔菲. 小学英语一年级下册 Unit 12 I can swim 第一课时

23. 宋红莉. 小学英语四年级下册 Unit 11 Uncle Jack's farm 第一课时

24. 孙学晴. 小学英语六年级上册 Unit 6 Review 复习课

25. 王柳. 小学英语六年级下册 Unit 8 In the emergency room 第一课时

26. 王楠. 小学英语六年级上册 Unit 2 It's not easy to be a mother 第六课时

27. 王水. 小学英语四年级上册 Unit 4 Where is it? 第二课时

28. 王洋. 小学英语三年级上册 Unit 3 Whose CDs? 第二课时

29. 瓮学海. 小学英语一年级下册 Unit 8 Shapes 第一课时

30. 瓮学海. 小学英语三年级上册 Unit 3 Whose CDs? 第二课时

31. 杨慧芳. 小学英语三年级下册 Unit 7 At the restaurant 第一课时

32. 杨树华. 小学英语二年级上册 Unit 7 Is it a pear? 第二课时

33. 杨树华. 小学英语二年级上册 Unit 4 Ann's family 第一课时

34. 杨雪. 小学英语六年级下册 Unit 10 Review 第三课时

35. 殷翠. 小学英语四年级上册 Unit 2 I like Bobby 第二课时

36. 殷翠. 小学英语四年级下册 Unit 11 Weather 第三课时

37. 张国平. 小学英语二年级下册 Unit 9 How many? 第一课时

38. 张杰. 小学英语五年级上册 Unit 5 Mocky's birthday 第二课时

39. 张平. 小学英语六年级上册 Unit 4 Choosing a gift 第六课时

40. 张思敏. 小学英语二年级上册 Unit 3 Is this your skirt? 对话教学

41. 张瑜. 小学英语二年级下册 Unit 6 Jia Ming at school

42. 赵玮. 小学英语一年级下册 Unit 11 Clothes 第一课时

43. 张越超. 小学英语一年级上册 Unit 5 Numbers 第一课时

44. 朱文利. 小学英语四年级上册 Unit 2 I like Bobby 第二课时

45. 朱文利. 小学英语二年级下册 Unit 7 Is it a pear? 第二课时

46. 朱文利. 小学英语一年级下册 Unit 7 Animals 第一课时

47. 朱文利. 小学英语五年级下册 Unit 9 A football game 第六课时

48. 周春梅. 小学英语六年级上册 Unit 3 Redrock Bay Health Club 第三课时

- **参考论文及书籍**

1. Genesee, F. & Upshur, J. A. 第二语言课堂评估. 北京：外语教学与

研究出版社，2001.

2. Richards J. C. & Schmidt. Longman dictionary of language teaching & applied linguistics. 北京：外语教学与研究出版社，2003.

3. Thomas Armstrong. 课堂中的多元智能. 北京：中国轻工业出版社，2003.

4. 梁德全. 小学英语游戏教学研究与实践. 广西师范大学硕士论文，2007.

5. 鲁子问. 小学英语游戏教学理论与实践. 北京：中国电力出版社，2004.

6. 鲁子问. 小学英语活动设计与教学. 北京：高等教育出版社，2008.

7. 鲁子问，王笃勤. 新编英语教学论. 上海：华东师范大学出版社，2006.

8. 王笃勤. 小学英语教学策略. 北京：北京师范大学出版社，2010.

9. 王耘，叶忠根，林崇德. 小学生心理学. 杭州：浙江教育出版社，1993.

10. 吴刚. 情境教育与优质教学. 课程·教材·教法，2009(6)：23—27.

11. 义务教育英语课程标准(2011 版). 北京：北京师范大学出版社，2012.

- **资料**

1. 陈琳，Printha Ellis. 英语第五册. 北京：外语教学与研究出版社，2005.

2. 陈琳，Printha Ellis. 英语第一册. 北京：外语教学与研究出版社，2005.

3. 程晓堂，王蔷，Ken Methold. 英语第四册. 北京：北京师范大学出版社，2010.

4. 程晓堂，王蔷，Ken Methold. 英语第七册. 北京：北京师范大学出版社，2010.

5. 程晓堂，王蔷，Ken Methold. 英语第九册. 北京：北京师范大学出版社，2010.

6. 程晓堂，王蔷，Ken Methold. 英语第二册. 北京：北京师范大学出版社，2009.

7．程晓堂，王蔷，Ken Methold．英语第十一册．北京：北京师范大学出版社，2011．

8．程晓堂，王蔷，Ken Methold．英语第十二册．北京：北京师范大学出版社，2011．

9．程晓堂，王蔷，Ken Methold．英语第十册．北京：北京师范大学出版社，2011．

10．程晓堂，王蔷，Ken Methold．英语第三册．北京：北京师范大学出版社，2012．

11．程晓堂，王蔷，Ken Methold．英语第五册．北京：北京师范大学出版社，2012．

12．程晓堂，王蔷，Ken Methold．英语第六册．北京：北京师范大学出版社，2010．